中国糖业高质量发展研究

中国糖业协会　组织编写

中国轻工业出版社

前言

为全面贯彻落实中国共产党第十九次全国代表大会和十九届中央委员会历次全体会议精神、中央经济工作会议和中央农村经济工作会议精神，深入落实重要农产品保障战略，发挥糖业对巩固脱贫攻坚成果、助力乡村振兴的积极作用，统筹行业发展与安全，稳步推进改革，自2021年2月起，中国糖业协会邀请行业专家学者，站位全局思考，坚持点面结合，深入研讨“十四五”期间促进我国糖业高质量发展思路。经过汇编整理，形成《中国糖业高质量发展研究》一书。

本书汇集了行业专家学者和资深人士的37篇文章，以作者个人视角从政策体系、产业安全、区域布局、供需形势、糖料生产、食糖营养健康等角度，破解行业难题，研提发展思路，既注重科学总结多年发展经验和理论成果，又着眼于推进行业高质量发展的未来和实际需要。

本书分为6个专题。其中，政策篇5篇、糖料篇7篇、进口篇3篇、健康篇1篇、地方篇8篇和产业篇13篇。

本书是中国糖业协会“十四五”时期推进行业高质量发展的重要项目，以期能够为广大读者认识我国糖业提供一手资料，为行业相关管理部门决策提供参考。

在本书编写出版过程中，得到了行业内外专家学者和资深人士以及糖业界同仁的大力支持，在此一并深表感谢。

编者

2022年6月

目录

政策篇 1

从中美比较看我国制糖业高质量发展的政策着力点……2
中国食糖产业发展面临的“内忧外患”和对策建议……7
我国糖产业发展面临的新环境、新挑战及对策建议……11
2021年我国食糖市场形势分析与后市展望……17
关于中国糖业政策的几点思考……23

糖料篇 31

近年来我国糖料成本收益变化情况及降本增效对策建议……32
“十三五”期间我国糖料产业回顾及面临的问题与对策探讨……41
论我国甘蔗产业的科技发展……47
我国糖料与食糖产业存在的问题及对策建议
——基于广西崇左市扶绥县甘蔗生产情况调研……52
对国家糖料蔗生产保护区划建管护政策的解读与实施路径探讨……56
集约化、规模化生产是糖料蔗发展的必由之路……60
夯实原料根基，发展甘蔗生产，保障食糖安全，助推乡村振兴……65

进口篇 71

全球糖料与食糖产能的时空发展特征与未来展望……72
我国食糖进口形势及建议……81
基于DCC-GARCH-CoVaR模型的国内外食糖市场风险溢出效应研究……85

健康篇 93

以营养健康为导向，推进我国食糖产业可持续发展……94

地方篇 99

广西糖业现状分析……100
关于广西糖业“十四五”发展若干问题的探讨……105
新形势下云南糖业的高质量发展……109
供需缺口逐步走阔，行业仍然生机盎然……116
提高广东糖业竞争力探讨……119
广东蔗糖产业发展现状及对策……124
海南蔗糖产业出路何在……129
从甜菜糖发展历史看内蒙古糖业未来发展……133

产业篇 139

浅谈广西制糖业发展现状及对策……140
关于如何加快提升中国糖业国际竞争力的六点想法……144
甘蔗产业对巩固脱贫攻坚成果具有重要意义
——来自广西蔗区的实践……148
浅析新形势下我国制糖业面临的困难及对策……152
我国糖业发展面临一些问题的思考和建议……157
统筹谋划一盘棋，构建糖业共同体……161
浅谈我国糖业发展现状及建议……165
聚焦中国糖业发展，成就甜蜜事业……168
把握新阶段，贯彻新理念，构建中国食糖产业新发展格局……171
中国食糖产业安全与发展初探……175
站在“十四五”新的历史起点，促进糖业全产业链高质量发展……178
有效发挥白糖期货功能，助力中国糖业高质量发展……183
深入实施糖业数字化转型，全面推动糖业高质量发展
——广西糖业“十四五”数字化建设思考……188

政策篇

从中美比较看我国制糖业高质量发展的政策着力点

中国电子信息产业发展研究院
陈　娟

食糖是关系国计民生的重要战略物资，是食品加工行业不可替代的重要原料。党中央、国务院高度重视制糖业的发展。2021年中央一号文件明确指出，要深入实施重要农产品保障战略，确保粮、棉、油、糖、肉等供给安全，制糖业战略地位进一步提升。近年来，受人工和土地成本上升、糖价走低等多重不利因素的影响，我国制糖业国际市场竞争力明显下降，产业发展受到冲击。美国是世界上最大的食糖生产国和消费国之一，与我国同属食糖供需基本平衡型国家，对标分析其制糖业发展经验有助于进一步完善我国制糖业政策体系，支撑产业高质量发展。

一、中美制糖业对比分析

（一）糖料种植

与美国相比，我国糖料种植特别是甘蔗种植在全程机械化、高产高糖新品种选育等方面还存在较大差距。美国甘蔗种植以农场主经营为主，土地连片规模大，基本实现生产全程机械化，早熟、高糖、耐寒、抗病优良品种选育也已达到世界先进水平。而我国甘蔗种植多分布于丘陵、山坡地等，土地分散，种植规模化程度低，机械化主要体现在机械化深翻开沟、中耕培土等环节，收获仍以人工为主，据统计我国机械化联合收获率不足5%[1]。且由于糖料育种科研经费不足、人才缺乏等原因导致新品种选育步伐缓慢，特别是甜菜品种几乎全部依赖进口。

（二）原料价格

由于机械化水平低，加之生产资料、人工成本、土地流转、基础设施建设等费用不断增加，我国甘蔗种植成本高企，收购价格远高于美国和其他产糖大国，制约了制糖企业的稳定发展。美国农业部数据显示，2009/2010年制糖期以来，美国各州甘蔗原料收购价逐步稳定下降，近几年趋于稳定。2015/2016年制糖期夏威夷州、佛罗里达州、路易斯安那州、得克萨斯州甘蔗原料收购价格约为40.7、38.7、24.6和20.5美元/吨。而我国甘蔗主产区之一的云南省，2017/2018年制糖期甘蔗原料收购价格约为420元/吨。另外与泰国和印度相比，我国甘蔗收购价格也分别高出199%和78%。

（三）食糖生产

技术装备方面，我国制糖厂多建立于20世纪80年代，技术、装备水平相对落后，与美国的全程全网络自动化生产管理相比，生产效率、生产成本均不占优势。产品方面，我国普遍采用一步法直接生产白糖，产品相对单一，一级白砂糖占比达90%以上，缺乏高附加值产品。而美国主要采用两步法生产精制糖，市面上出售的甘蔗糖大部分都是精炼糖，如精糖、粉糖、颗粒糖、咖啡用糖、方糖、赤砂糖、高级液体糖、酿酒用液体糖、金色糖浆、棕色糖浆、精糖糖蜜、果糖等产品[2]。副产物综合利用方面，我国大部分企业对副产品和废弃物的资源化利用深度不够，产业链条没有得到有效延伸，糖业综合利用产品销售收入占比仅为6.8%，远低于美国等国外糖企60%的占比水平。

（四）食糖消费

消费方面，我国是继印度和欧盟之后全球第三大食糖消费国，但却是世界人均食糖消费量最少的国家之一。数据显示，2021年我国年人均食糖消费量约为11.2千克，远低于美国人均年消费量29～32千克的水平，消费潜力有待进一步挖掘。食糖自给方面，“十三五”期间我国食糖自给率稳步提升，2020/2021年制糖期达到67.5%，但与美国超过70%的自给率相比仍有待进一步提升。一方面，随着我国食糖保障措施到期①，食糖进口成本大幅降低，叠加我国积极主动扩大开放的宏观环境，国内食糖自给率面临严峻挑战。另一方面，进口糖冲击国内市场，国内糖价持续跌破生产成本，在糖料收购市场化的环境下，糖价下跌终将传导到种植端，种植面积的缩减会对行业造成不可逆的损害。

二、美国制糖业发展政策借鉴

政府对农业生产、流通和贸易进行强有力的干预是促进农业经济发展不可或缺的重要手段，无论发达国家还是发展中国家均通过补贴等政策措施达到支持农业发展的目标[3]。美国高度重视制糖业发展，把对食糖的政策干预放在与粮食同样重要的高度[4]，对我国制糖业政策体系的完善具有重要借鉴意义。

（一）通过食糖立法从国家层面保护和支持糖业发展

美国于1934年通过《糖业法》（The Sugar Act），严格管控和保护国内糖业发展。美国糖业法案

① 2020年5月22日起，我国食糖进口配额外保障措施关税取消，配额外食糖进口关税税率从85%恢复至50%。

每5年重新修订一次，不断调整和补充糖业政策，1996年做出重大改革并改称《农业法案》。起初，美国《糖业法》以征收进口糖关税来增加国家财政收入为目的，后来则是通过目标价格管理、市场配额管理、关税等一系列措施调控糖料价格、支持农民增收、维护国内糖价稳定，有效推动了本土制糖业的健康发展[5]。目前，我国食糖主产区地方性糖业法规及条例不断完善，但全国性糖业立法尚处空白状态，面对日益严峻的国际发展形势，亟须加快立法进程。

（二）实施目标价格政策以保障糖厂和农户双向利益

美国目标价格管理政策以无追索权贷款为主，即授权商品信贷公司（CCC）以最低扶持价为贷款利率①向糖厂提供无追索权贷款，而糖厂用所产食糖作为抵押，同时将贷款金额的60%作为糖料收购款支付给农户[6]。贷款到期时，如果市场价格低于目标价格，商品信贷公司无权索回贷款；如果市场价格高于目标价格，糖厂按市价销售并归还贷款。对于商品信贷公司拥有的食糖，通过实物支付计划（Payment-in-kind，PIK）给农场主提供一种期权，以减少一定比例的糖料种植来获得商品信贷公司存货中的糖[7]。同时，为了避免发生以糖抵贷现象，美国还实行原料柔性计划，鼓励企业将未销售完的食用食糖卖给乙醇加工商转向乙醇生产。目标价格政策打造了一条以糖厂为龙头的产业链，使糖厂和糖农形成了利益共享、风险共担的利益共同体[8]，稳定了美国农户与糖厂、精炼糖商的基本收益。

（三）执行严格的配额制度以稳定国内市场糖价

为了避免市场供需的大幅波动和进口糖对国内糖价的冲击，美国还在目标价格管理的基础上，基于对本国食糖生产、消费、库存、进口等供需状况的预测，配套实施了市场配额制度、种植配额制度和进口配额制度，这三个制度成为美国食糖目标价格管理的有力保障。市场配额制度对美国国内市场食糖销售实行总量控制，并给每个加工商分配适当的市场销售配额，任何加工商违背配额原则均按规定承担相应的民事惩罚。相对应的是甘蔗和甜菜种植面积的配额，也由美国农业部（USDA）均衡分配到甘蔗和甜菜农场中。市场和种植配额制度一定程度上避免了种植和生产活动的大幅波动，对于稳定国内糖价具有重要作用。进口配额制度则通过对配额外食糖进口大额征税来限制国外低价糖流入，对于稳定国内糖价和保护食糖产业发展起到重要作用。

（四）加大农业科技支持，助力糖料种植现代化发展

美国十分重视农业科技发展，先后出台一系列政策引导和支持农场主、私人企业等投资农业科研技术研发，有效提高了糖料种植的自动化、信息化水平，在高产、高糖、早熟、抗寒优良品种选

---

① 正常情况下，贷款利率为美国政府规定的最低扶持价，但如果美国农业部（USDA）认为世界其他主要产糖国的出口补贴标准和国内生产补贴标准超过该国与美国政府签订的农业协议中的标准，美国农业部可调整贷款利率增加支持力度。

育方面取得重大突破。近年来，美国政府更是出台多项政策法规促进智慧农业发展，如2018年发布的《中小农场扶持政策》《基于Web的供应链管理政策》《农业改善法》和《创业期农牧场主贷款政策》等，为农场主或农业大户应用智慧农业相关技术提供资金支持，鼓励涉糖企业和科研部门继续进行智慧农业技术的研发，有助于进一步提高糖料种植的现代化水平[9]。

三、我国制糖业政策建议

制糖业是我国巩固拓展脱贫攻坚成果和全面推进乡村振兴的重要抓手，是实现经济发展和社会稳定的重要保障。“十四五”期间，应继续坚持食糖总量平衡原则和“食糖立足国内”发展战略，借鉴美国经验构建和完善包括产业、贸易、科技、金融、监管等在内的一揽子政策体系，以维持国内食糖供需平衡，实现产业稳定发展。

（一）加快推进糖业立法，实现依法治糖

尽快启动我国糖业立法工作，学习借鉴国外糖业立法经验，从法律上明确糖业管理基本模式和统一管理机构、农工利益关系、常规和临时性举措以及相关产业管理政策，为我国糖业高质量发展提供法律依据。进一步完善食糖主产区的地方性糖业法规及条例，规范糖料蔗种植、良种育繁推广、订单农业、生产保护区与“双高”基地建设及管护、运输、生产、流通等经营行为。

（二）完善价格形成机制，适时启动目标价格管理

借鉴世界主产糖国成功经验，鼓励糖料收购按质论价，实施糖料生产补贴政策，完善糖料价格形成机制，最大限度提高糖农种植积极性。密切监测国际食糖价格走势，适时启动食糖目标价格管理，充分发挥市场自我调节作用，均衡糖企与糖农的双向利益。在综合考虑到岸税后价、国内市场价和生产成本的基础上确定合理的目标价格，当国内糖价低于目标价格时，财政对糖农实施补贴；反之，依靠市场调节无需补贴。

（三）加大金融支持力度，缓解企业生存压力

引导金融机构保持合理稳定的糖业信贷规模，适度增加中长期贷款比例，将贷款利率控制在合理区间，并按有关规定为糖企提供优惠利率贷款。发挥政策性银行优势，向制糖企业提供匹配预期产糖量规模的政策性工业信贷资金，开发政策性原料收购资金贷款等产品，满足企业正常生产经营的资金需求，确保农民糖料款能及时得以兑付。引导保险机构开展食糖价格保险和糖料蔗价格指数保险、种植保险等业务。

（四）完善食糖贸易政策，稳定国内食糖价格

综合运用自动进口许可、配额外进口自律、贸易保障措施、关税配额等贸易政策保护国内糖业发展。按照“从糖管理、从糖计税”思路和原则，加强蔗糖糖浆及食糖预混粉的进口管理，对蔗糖糖浆及食糖预混粉进口采取贸易救济措施。

（五）加大创新支持力度，提升产业链现代化水平

建立国家级产业技术创新联盟，开展行业关键性共性问题研究。加大对糖业产品和技术创新、技术改造、糖料良种研发推广、全程机械化等关键环节的财政支持力度，在节能减排、绿色装备技术制造、引进国外先进技术方面给予财政补贴。重点围绕糖料育种、生产机械化、糖精深加工、副产品综合利用、工艺技术、装备制造等关键领域，组织实施一批自主创新科技项目。

（六）加强食糖市场监管，优化产业发展环境

完善中央储备糖管理制度，充分发挥中央储备糖的调控作用，杜绝恶意炒作和市场过度投机。加强对期、现货食糖市场的有效监管和惩处力度，充分发挥白糖期货市场服务糖业实体经济发展的功能。严厉打击食糖走私，建立健全常态化的联合执法长效机制和罚没走私食糖定向拍卖机制。加强高倍化学合成甜味剂管理。

参考文献

［1］徐超华，邓玉龙，刘新龙等. 巴西蔗糖产业特点及对我国蔗糖业的借鉴［J］. 中国糖料，2020，42（2）：70-74.

［2］徐超华，邓玉龙，刘新龙，吴才文，应雄美. 美国蔗糖产业特点及对我国蔗糖业的借鉴［J］. 甘蔗糖业. 2020，49（6）：80-86.

［3］刘芷妍. 全球糖业支持政策及管理体系研究［J］. 甘蔗糖业，2020，49（4）：104-109.

［4］胡朝晖. 2018/2019回顾与2019/2020展望之美国篇［R］. 中国糖业协会，2020.

［5］谢源. 美国等先进蔗糖国家产业政策对我国的借鉴［D］. 福州：福建农林大学，2014.

［6］徐晓莉. 美国“黄箱”补贴政策应对WTO规则的经验及其启示［J］. 武汉金融，2019（8）：3-9.

［7］美国农业部. 美国农业部甘蔗产业政策［EB/OL］.［2020-10-09］. https://www.ers.usda.gov/topics/crops/sugar-sweeteners/policy/，2019.

［8］董舒蕾，张永成，张木清. 发达国家食糖贸易保护措施及其启示［J］. 中国糖料. 2020，42（2）：65-69.

［9］高芸，赵芝俊. 美国农业科技政策变迁及对中国的启示［J］. 中国科技论坛. 2019，11：180-188.

中国食糖产业发展面临的“内忧外患”和对策建议

农业农村部农村经济研究中心
张哲晰　徐　雪　马　凯

糖料作物是我国重要的大宗农产品之一，食糖作为生产生活的必需品在国民经济中占有重要地位。长期以来，我国食糖生产成本高企、政策设计不足、国际竞争力较差，造成国际低价糖大量进口。特别是近两年，受利益驱动影响，蔗糖糖浆、食糖预混粉等低成本替代品进口也大幅增加，对国内市场造成不利影响。有效控制食糖及蔗糖糖浆等替代品进口迫在眉睫，但根本上，内要练好生产“基本功”，外要打好政策“组合拳”，应在适应世界贸易组织（WTO）规则的基础上，科学规划产业布局、强化科技要素支撑、激发市场主体活力、优化完善制度设计，做大做强我国食糖产业。

一、我国食糖市场形势分析

（一）食糖生产以甘蔗糖为主，生产集中度较高，供给总体稳定

我国食糖以甘蔗糖为主，占食糖总产量的近90%，生产集中度较高。长期以来，食糖生产分布在以广西、云南、广东、海南为代表的南方甘蔗糖主产区和以内蒙古、新疆、黑龙江为代表的北方甜菜糖主产区，基本形成了“南甘蔗北甜菜”的生产格局。2011/2012年度至2020/2021年度，我国食糖生产主要表现出三个特征。一是糖料播种面积波动下降。近10个年度，糖料作物种植面积从2670.63万亩减少至2035万亩，减幅23.8%。其中，甘蔗种植面积从2338.74万亩减少至1691万亩，减幅27.7%；甜菜种植面积从331.89万亩增加至344万亩，增幅3.65%。二是单产波动较大。近10个年度，甘蔗单产从3.96吨/亩提高至4.52吨/亩，增幅14.14%，但标准差达0.23吨/亩；甜菜单产从2.9吨/亩提高至3.52吨/亩，增幅21.38%，标准差达0.32吨/亩。三是产量整体趋稳。尽管食糖产量受气候和比较收益影响较大，但基本围绕在1050万吨/年度波动。2020/2021年度，中国食糖产量恢复至1067万吨。

（二）食糖消费稳步提高，但消费增速有限

尽管我国人均食糖消费量仅为世界平均水平的一半左右，但庞大的人口规模使我国成为仅次于

印度和欧盟地区的食糖消费大国。2011/2012年度至2020/2021年度，我国食糖消费量总体呈上升趋势，2020/2021年度食糖消费量达1550万吨。从我国食糖消费结构看，在食糖及替代品消费情况方面，与淀粉糖、高倍甜味剂相比，食糖仍占据优势地位；在食糖内部消费情况方面，尽管民用消费近年来不断上涨，其占比较工业消费仍低8个百分点左右。此外，当前我国“抗糖”风气日盛，食糖替代品层出不穷，加之人口出生率有所下降，老龄化导致饮食结构调整，我国食糖消费增速后劲不足。

（三）食糖进口门槛较低，进口量居高不下

食糖是世界上贸易保护程度最高的农产品之一，对食糖实施重点保护、提高贸易壁垒是很多国家常用的手段，但我国加入世界贸易组织（WTO）时，在农业方面作出了较高的开放承诺，食糖进口门槛较低，尽管近些年出台了系列措施，也未在实质上改善这一情况，为世界食糖进入我国提供了便利。2014年，将进口关税配额外食糖纳入自动进口许可管理；2016年，对进口食糖产品启动保障措施立案调查；2017年，对进口食糖产品采取保障措施，并对关税配额外食糖进口加征为期3年的保障措施税，即2017年5月22日—2018年5月21日，对关税配额外进口食糖加征45%的保障措施关税；2018年5月22日—2019年5月21日，加征40%的保障措施关税；2019年5月22日—2020年5月21日，加征35%的保障措施关税。但2020年食糖保障措施关税到期后，进口关税配额外食糖纳入《实行进口报告管理的大宗农产品目录》，食糖进口成本下降，进口量大幅增加。2020/2021年度食糖进口量达634万吨，创历史新高。

二、我国糖业发展面临的“内忧外患”

（一）生产基础薄弱，制糖成本居高不下

我国糖料生产，特别是甘蔗生产成本居高不下，是造成市场竞争力低下的关键，而这背后则隐含着生产基础薄弱的内在问题。一是生产基础条件较差。糖料作物种植区域，特别是甘蔗种植区域地形条件、土壤质量、水利条件往往较差，影响单产和糖分积累，同时种植区域往往经济基础薄弱，应对自然风险冲击能力较差。二是机收水平较低。尽管近年来甘蔗综合机械化水平有所提升，但机收率仅约5%。甘蔗收获时具有劳动密集特征，机械供给不足一方面造成人工成本居高不下，不利于食糖生产降本增效；另一方面高强度体力劳动也影响了农民种植甘蔗的积极性。三是良种供给不足。从甜菜来看，种子的加工分级与包衣技术不过关是我国甜菜制种的突出短板，由于质量不过关，导致我国甜菜95%以上的种子从国外进口。从甘蔗来看，甘蔗生产以中晚熟品种为主，但砍收较晚影响宿根蔗的单产和糖分，且甘蔗品种更新换代步伐较慢，不利于产量和品质的提高。四是全产业链资源开发利用不足。我国制糖企业规模偏小、设备较为陈旧、研发能力不

足，亟须提升深加工技术创新与产品研发水平，延长食糖产业链，提高食糖相关副产品高值化利用水平。

（二）政策依赖性强，糖业主体发展内生动力不足

中国糖业“大而不强”，对农业支持政策依赖度较高。多年来，政府出台了多项措施扶持糖业发展，如甘蔗良种补贴、“双高”糖料蔗基地建设、食糖临时收储、将进口关税配额外食糖纳入自动进口许可管理，以及对关税配额外进口食糖征收保障措施关税等，覆盖食糖生产、流通、进出口贸易多个环节，取得一定成效，但降本增效水平仍难以企及世界其他食糖主产国（地区）。中国糖业政策支持的重点和方向应从价格补贴转向提升糖料生产现代化水平、加快制糖技术进步、推动糖业转型升级上，从根本上提升中国糖业发展竞争力。

（三）国际调控手段丰富，国内食糖市场承压运行

世界上多数国家都对食糖实施重点保护，贸易壁垒较高，通过采用灵活多样的调控政策保障糖业利益。巴西采取糖醇联动政策，并对出口食糖免收一切税负。印度提供甘蔗种植补贴，通过出口补贴积极推动食糖出口。欧盟地区给予食糖生产者和贸易商出口补贴以弥补与世界市场的差价，设定可临时启动的“特别安全保障”等。各国（地区）通过灵活的政策调控手段影响国际食糖价格，经进口传导冲击我国食糖市场。此外，我国部分经营主体钻政策“空子”，通过进口蔗糖糖浆、食糖预混粉等高含糖商品规避征税，蔗糖糖浆进口逐步呈现产业化、规模化趋势，对市场秩序造成不利影响。

三、我国糖业相关政策建议

（一）强化技术支撑，加快优势区建设

一是以巩固提高优势产区为发展方向，顺应糖料种植区向优势产区集中趋势，落实糖料蔗生产保护区政策要求，强化蔗地专用意识。二是充分利用国内外两种资源、两个市场，引导部分企业“走出去”，在有潜力的国家积极布局，探索境外糖料种植和加工基地建设。三是加大科技投入力度。良种方面，加强糖料品种创新研发中心、育种创新基地等基础设施建设，支持产学研开展良种选育联合攻关，并进一步做好糖料蔗良种良法技术推广工作；农机方面，开展高效机收糖料蔗生产全程机械化示范基地建设，鼓励广西等主产区农机企业研发适宜当地生产条件的甘蔗专用机具；田间管理方面，加强蔗区水利基础设施建设和保护力度，推动采取甘蔗全膜覆盖一次药肥施用绿色生产技术等绿色发展模式，多措并举优化糖料作物生产条件。

（二）遵循市场规律，激发主体动能

一是有效处理好政府和市场的关系。食糖作为战略物资具有特殊性，一定程度上仍离不开政府的支持，但也应逐步适应市场需求，遵循经济规律，探索推进糖业市场化改革，先从糖料收购价改革入手，创新采用“以糖计价”的糖料收购定价体系。二是因地制宜开展“蔗下经济”，尝试通过套种其他经济作物的方式，增加单位面积产值。三是推动一二三产业高度融合发展，提高制糖企业科技研发水平，充分挖掘糖料全产业链资源要素潜力，开发多元化产品，通过生产高附加价值的外围产品弥补国际低价进口糖对我国糖业的冲击，用高质量发展思路指导糖业转型升级。

（三）优化政策设计，完善进口管理

一是借鉴主产国糖业管理经验，构建部门协同的工作机制，坚持供求总量基本平衡，加强食糖进口监测预警，维护市场秩序，做到食糖进口有序、平稳、可控。二是在世界贸易组织（WTO）规则下逐步探索提高糖业“绿箱”支持比例，分阶段、有步骤保护、发展我国食糖产业，可由转移支付等措施向实施“保险+期权”“保险+期货”等模式过渡，用足用好农业支持保护政策空间。三是按照“从糖管理、从糖计税”原则，加强对蔗糖糖浆、食糖预混粉等高含糖商品的进口管理，从严发放自动进口许可证，严厉打击食糖走私等。

我国糖产业发展面临的新环境、新挑战及对策建议

国家发展和改革委员会学术委员会
宋　群

2021年是我国第十四个五年规划的开局之年，我国经济发展已进入新的历史阶段，并踏上了建设社会主义现代化国家，实现第二个百年奋斗目标的新征程。作为我国重要大宗农产品及加工品的糖产业在顺利完成第十三个五年规划的基础上，将面临国内外新的发展环境及由此带来的新挑战，对此，应给予高度的重视。本文主要立足对我国糖产业发展面临的主要新环境、新挑战的分析，相应提出一些初步对策建议。

一、我国糖产业发展面临的新环境

（一）科技创新与绿色发展将成为高质量发展的重要标志

"十四五"将是全面打造我国创新型国家的重要时期。在深入运用新一轮科技革命成果的基础上，科技创新与绿色发展将成为高质量发展的重要引擎和标志。一方面，互联网及数字经济将全面改造传统产业，促进其转型升级；另一方面，将催生人工智能（AI）、新材料、新能源、生物科技、航空航天、高端制造业等一大批新型产业的更快发展，催生新业态、新商业模式不断涌现，并促使产业组织、社会组织重构。政产研学商、企业地方政府与国家等多主体多层次的国家创新体系将更加健全完善。与此同时，以绿色生产方式与生活方式为特征的绿色发展将日益成为主流，为宜产宜业宜居提供更加良好的生态与环境。

（二）构建"双循环"将成为我国经济发展的新格局

当今，世界正处于百年未有之大变局，国际风云变幻，不确定因素加大，涉外发展环境不仅趋紧而且严峻，这将贯穿于"十四五"时期。因此，构建"以国内大循环为主，国内与国外双循环相互促进"将成为经济发展的新格局。一方面，在关键产业和领域加紧构建以国内大循环为主体的格局，防止外部对我国的"卡脖子"制约，保持发展的主动权和定力；另一方面，还要高举改革开

放，特别是开放的大旗，在产业、区域及制度上继续深度开放，构建国内与国外相互促进、共生共赢双循环的大格局。与此同时，根据开放的新形势，需要创新既能满足深度开放需要，又能保证国内产业和市场良性、健康、安全发展的监督管理方式与体制机制。

（三）全面加强国家治理体系和治理能力建设将成为重要保障

“十四五”期间，全面加强国家治理体系和治理能力建设是巩固执政党地位，提高国家管理有效性、科学性及规范性的重要保障。一方面，要继续深化正确处理政府与市场的关系，将“有为的政府”与“有效的市场”更加有机结合。既要充分发挥举国体制办大事的优势，同时也要更好地发挥市场对资源配置的决定性作用。特别是新的开放格局下［自由港建设、《区域全面经济伙伴关系协定》（RCEP）等］，创新更加高水平和高效的运行机制与管理监督体系依然是改革开放中做好自己事情的重要方面与任务。另一方面，要全面加强法治建设，依法办事，依法治国。特别是加强对保护性产业的立法，使产业发展更具合理的法律地位且规范安全有序。

二、我国糖产业发展面临的新挑战

（一）糖业综合生产能力提高面临新问题

总体看，一是我国糖料种植面积呈逐步下降的趋势，影响食糖产量也在下降[①]。其主要原因是甘蔗收购价格机制对种植面积的影响呈现出不对称性，涨价对面积增加的边际效应在下降，而降价则对面积减少效应显著[②]。这表明单纯或完全靠提高收购价格刺激糖料种植面积增加既不可持续且处于停滞，其调节机制作用不仅在弱化，而且一定程度还挤压了农户生产技术创新的意愿与动力。二是糖料生产与加工的低技术能力与水平不适应高质量发展的新要求。甜菜良种的99%依靠进口，甘蔗种植和收割人工成本都高达44%[③]，劳动生产率低，机收机播率仍较低，有待提高；我国制糖企业积累与科技创新能力不足，高效节能设备开发应用能力有待提高，生产企业产品单一，自动化控制水平低，数字化、信息化改造刚起步。三是糖料种植产业组织规模化、集约化程度不高，仍以小农分散经营为主[④]，不适应建立现代产业体系的要求，既影响了机械化的推广与水平提高，又降低了产业抗市场与自然灾害的能力。同时各类科技服务体系及主体不健全，不能满

① “十三五”末期与“十二五”末期相比，我国糖料种植面积和食糖产量分别由2014/2015年制糖期的2368.9万亩和1055.60万吨下降为2019/2020年制糖期的2070.33万亩和1041.51万吨。

② 见《中国糖业》2020年第1期“全国蔗农种植行为及其影响因素的调查报告——基于639份农户问卷”。

③ 见《中国糖业》2020年第1期“全国蔗农种植行为及其影响因素的调查报告——基于639份农户问卷”。

④ 据调查，种植50亩（1亩=666.67平方米）以下的农户占总农户的84.7%，100亩以上的农户仅15.3%，还有38%的土地处于100亩以下的分散经营。见《中国糖业》2020年第1期“全国蔗农种植行为及其影响因素的调查报告——基于639份农户问卷”。而泰国农户人均为375亩，巴西为600亩，澳大利亚为1200亩。

足农户对科技服务日益增长的需求[①]。

（二）食糖进口面临新的冲击风险

“十四五”期间，加强与世界各地区的双边与多边自贸合作将是我国对外开放的重要方面，2020年11月5日《区域全面经济伙伴关系协定》（RCEP）[②]在东亚领导人系列会议期间正式签署就是集中体现。面对不断深化开放的新环境，食糖进口依然面临新的潜在冲击风险。一是2020年7月商务部将进口食糖纳入大宗农产品并实施报告制度以来，进口企业主体范围不断扩大，导致国际食糖进口对国内市场的传导压力不仅始终存在且日益加大。二是蔗糖糖浆的进口已形成对食糖产业的新冲击。由于蔗糖糖浆的商品号不属于食糖，但在产品的作用上与食糖基本相同，因此将对食糖形成替代，并对国内产业形成严重冲击风险。如2020年全年进口蔗糖糖浆108万吨，同比增长5.5倍，折合糖进口量72.36万吨，占进口食糖总量527万吨的13.7%，也就是说，2020年我国食糖的进口总量实际约为600万吨。2021年，我国食糖进口量创历史新高，达到567万吨；同时，在国家有关部门加强监管及采取有效措施后，蔗糖糖浆进口迅猛增长势头虽得到一定遏制，进口数量大幅下降66万吨，但2022年蔗糖糖浆进口又呈现大幅增长势头。海关数据显示，2022年1—2月，蔗糖糖浆进口12.5万吨，比2021年同期增加5.2万吨，增幅71%；比2020 年同期增加4.9万吨，增幅63%。目前，蔗糖糖浆进口大幅反弹的重要原因之一是综合保税区的蔗糖糖浆生产及其清关进口前移，且生产规模日益加大。新形势下如何有效地加强进口总量平衡管理，保证国内食糖产业平稳健康有序安全发展，也是对宏观管理方式和机制提出的新挑战。

（三）糖业管理面临更高要求

“十四五”期间的新环境对创新糖业管理体制机制也提出了一系列新的更高要求，主要如下。一是进口管理面临新课题。如何运用市场管理方式去解决或防止食糖无序进口对国内市场的冲击，以更好地保障国内市场糖产业的健康有序安全发展，这既是新课题，也是新挑战。二是总量平衡面临新压力。新的开放环境下，国际市场对国内市场的影响加大加深，两个市场互动作用加强，如何有效地保障以国内循环为主，兼顾国内、国外两个市场相互促进，在更高层次实现供求总量的高水平平衡是糖业总量平衡面临的新压力。三是糖业宏观管理体制与机制面临新提升。目前，我国糖业宏观管理涉及多个部门，在统一管理体制机制方面也存在一些不适应、不完善的问题，需要新的提升。同时，我国糖业还缺乏法律规范，相关政策也存在认识不统一、执行不一致等问题，一定程度上影响了国家宏观调控的有效性。因此，糖业宏观管理在新发展环境下需要加强创新，才能对我国糖业发展给予更好的保障。

---

① 据调查，98.1%的农户急需各种生产技术。见《中国糖业》2020年第1期“全国蔗农种植行为及其影响因素的调查报告——基于639份农户问卷”。

② 此协定涵盖前东盟与RCEP非东盟国家之间，涉及货物贸易、服务贸易及投资，以及知识产权、电子商务、中小企业、经济合作和政府采购等许多方面，超九成的商品或零关税。

三、我国糖业发展对策建议

（一）提高对糖业定位重要性的认识

目前，我国糖产业发展及供求具有以下新特点：一是我国食糖供应缺口将是长期化且扩大化的；二是不断增加的食糖进口量由于受到国际市场价格不稳定性的影响，导致食糖国内市场与产业安全将不断面临新的严峻挑战；三是随着国际市场食糖的能源性与金融化属性逐步增强，资本炒作空间加大，非传统因素对食糖供求的冲击加大。因此，首要就是提高对糖业定位重要性的四个认识。

（1）战略性　时间上具有长期性，空间上具有全局性。同时，随着新能源产业的兴起，糖的战略性能源资源物质属性将日益突显，因而其战略性功能地位会随着需求的不断增长与经济属性的多元化发展而日益增强。

（2）基础性　食糖是关系国计民生的重要生产与消费品。我国食糖产量占世界产量的7.03%，位居世界第四位；我国食糖消费量已占世界总消费量的7.9%，位居世界第三位。这决定了我国糖产业的基础性地位，进而也是构建国内循环的重要组成部分。

（3）区域支柱性　我国的糖料生产与加工都分布在老少边贫地区，涉及4000万糖农与近百家企业的几十万职工，已成为这些地区发展的经济支柱。在全面脱贫的基础上，这些地区也将是国家实施乡村振兴战略的重点地区。

（4）政治性　表现在国内与国外两方面。国内方面，主要关系到维护民族团结和社会稳定、保持国家边疆地区安定等重要政治问题。国际方面，主要关系到国际的政治关系问题。

因此，应充分重视糖业在国民经济、国计民生及社会发展中的重要地位与作用。

（二）大力推动糖产业的高质量发展

科技创新驱动，补短板，大力推动糖产业的高质量发展。

一是加大种子研发力度，增加糖料种植业后劲。着力加大研发投入力度，推动政产研学商一体化的种子研发体系建设，提高科研开发能力与水平，逐步形成达到国际先进水平的国产良种体系，为提高生产效率打下坚实基础。

二是加快提高糖料种植的机械化水平，特别是机收机播水平。为此，一方面加快土地流转，为机械化提供条件，推动种植业的规模化、集约化；另一方面，加强农机适应性、个性化的开发，多种方式或途径推动机械化水平提高。同时，也需要加强信息化、数字化对种植业精准性、个性化的指导与服务，提高种植业的科学性与管理的规范化。

三是加快推动种植业科技服务体系建设，提高糖农素质。一方面更多地组织、培育与发展为糖农生产服务与指导的各类科技服务中介组织和机构，满足糖农对掌握和提高各类生产技术的需求；另一方面加大对糖农的专业技术培训，提高其生产的专业化素质。

四是探索运用新科技手段加大对传统糖加工企业的改造，促进其转型升级。主要是运用信息化、数字化和智能化对传统生产工艺、技术及管理进行改造，推动企业逐步转向新生产流程及管理，促进加工企业新产品开发，以满足市场与人民对多样化、高品质的需求。

五是推动产业组织的重构。一方面不断深化公司+糖农一体化的组织方式，逐步将个体生产全面纳入社会化大生产轨道，促进其向社会化、组织化和专业化组织转型；另一方面也要加快推进加工企业间的整合重组兼并，促进其提高规模化、高质量经营水平。

六是构建和打造糖产业链，全面增强糖产业的竞争力。当今产业的竞争力已由个别环节提升至产业链、供应链的竞争，构建打造糖产业链，提高其竞争力突显重要。在现有种植与加工相联结的基础上，进一步向其上下游延伸，上联科技研发环节，下联流通消费环节，以打造完整的糖产业链条，构建大糖产业，这将有利于从总体上规划布局，全面增强其竞争力。同时，提高产业链竞争力也有利于稳定或降低成本，在全球由于疫情引导糖价上涨趋势下，也成为对冲进口冲击的有利因素。因此，做好自己的事还是最根本的。

（三）全面提高糖产业的宏观管理能力与水平

推动糖产业高质量发展，还需要创新政府管理方式，全面提高糖产业的宏观管理能力与水平。

一是国家投入的重点与方式上应更多地转向提升糖业发展的质量。在保持价格补贴及农机等补贴的基础上，加大对良种研发、机械化、信息化、数字化改造的支持力度及政策导向。

二是不断探索进口管理方式的创新。在配额外数量放开改为报告备案制度后，应加大管理的精细化、针对性，加强分类监管，特别是对于带有寻租行为的进口要加强监管，并有相应的防控措施。建议联合协会及相关部门建立必要的监管协商机制，随时跟踪进口中出现的各类问题，及时提出解决方案，提高进口管理的有效性。

三是为保证糖产业发展安全，同时适应构建以国内循环为主，国内国外双循环相互促进新格局的发展要求，创新糖产业供求总量平衡方式，建议成立由国家发展和改革委员会、农业农村部、工业和信息化部、商务部等多部委及协会、企业、主产区等组成的糖业发展委员会，定期对糖业总量平衡做出预案，指导生产、流通、消费及分配全过程。

四是为了全面把握糖的储备工作，建议将糖的国家储备纳入国家储备局统一管理，以便国家综合平衡各类大宗重要农产品，同时有助于形成糖的国家、地区、企业分层次的储备体系。

五是借鉴国外经验，建议制定糖法，以明确糖的法律地位及发展的体制机制，更多以法律手段规范糖业的发展。

（四）转变职能，充分发挥行业组织的作用

加快转变行业职能，中国糖业协会在管理范围、职责及方式上都应有所创新，以适应糖产业高质量发展的新形势和新要求。

一是管理范围上应从管理糖的种植及加工扩展到包括研发及贸易进出口等全产业链的行业管

一、2021年我国食糖市场形势分析

（一）食糖生产形势总体向好

食糖生产形势是在多重因素的共同作用下形成的，其中，上年糖料种植情况对新年度食糖产量有着决定性影响。据中国糖业协会数据显示，2020年我国糖料种植面积1982万亩，比上年减少101万亩，减幅4.85%。其中，甘蔗种植面积1735万亩、甜菜种植面积247万亩，比上年分别减少1.64%和22.57%。2020/2021年制糖期全国共生产食糖1066.66万吨，同比上个制糖期增长2.41%。其中，甘蔗糖913.4万吨，同比上个制糖期增长1.24%；甜菜糖153.26万吨，同比上个制糖期增长10.04%。总体来看，受比较效益下降等因素影响，糖料尤其是甜菜种植面积大幅减少；但制糖工业水平不断提升，糖料产糖率有所提高，全国食糖产量总体上保持稳中有增的良好态势。

（二）食糖价格波动上行

受国内食糖消费持续好转、国内市场供需预期偏紧以及国际价格带动等影响，2021年国内糖价整体呈震荡回升态势。据农业农村部监测，2021年以来，国内糖价延续上年年底的翘尾走势，连续3个月上涨，3月涨至5340元/吨，环比涨1.70%，同比跌6.30%；之后价格又有所回落，4月降至5318元/吨，环比略跌0.40%，同比跌3.50%。随着夏季国内用糖终端采购积极性增加，5月糖价恢复性上涨，达5536元/吨，环比涨4.10%，同比涨2.50%，是上半年来首次同比上涨，比1月涨6.52%；6月价格略有下降，7—8月连续两个月上涨，8月涨至5615元/吨，之后价格有所回落，稳定在5500元/吨；11月价格又上涨至全年新高的5723元/吨，环比涨2.69%，同比涨9.66%，比1月涨10.12%；12月，国内食糖价格季节性回落至5642元/吨，但仍处于较高水平，比上年同期高11.63%，比1月高8.56%（图1）。

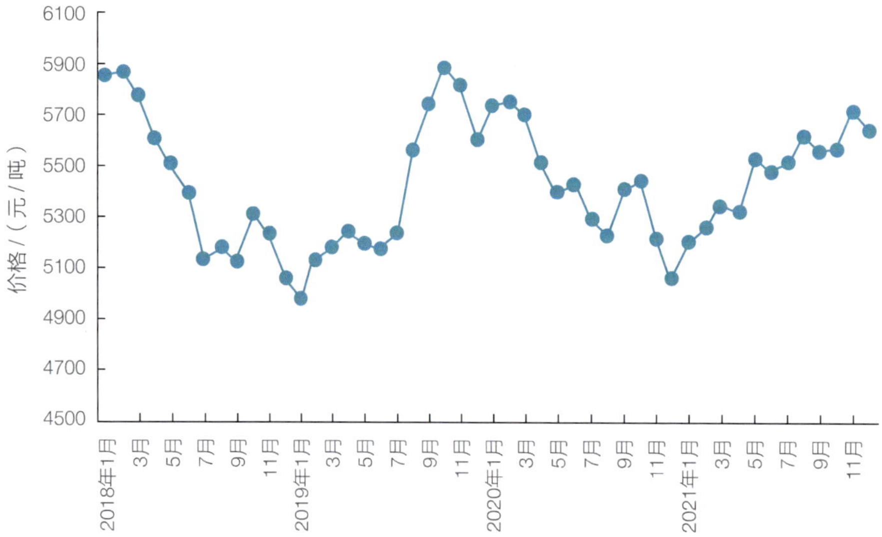

图1　2018年以来我国食糖价格月度走势

资料来源：农业农村部。

（三）食糖进口量额齐增

近年来，受国内食糖市场供需缺口持续加大、国内外价差明显等因素影响，我国食糖进口量不断增加，且保持相对较高的水平，尤其是2020年实施进口报告备案制度以来，食糖进口量快速增长，2020年达到历史新高的527万吨。2021年以来，我国食糖进口延续上年态势，月度进口量保持较高水平，1月进口量达62万吨；之后国内食糖市场供给进入旺季，月度进口量持续减少，4月减至18万吨，5月继续保持18万吨的进口水平；6月起，国内食糖市场逐步转入淡季，但用糖量进入传统旺季，加之前期国内外价差每吨高达1000元以上的水平，企业进口冲动增加，当月食糖进口猛增至42万吨，之后连续3个月进口仍呈环比增长态势，9月达87万吨，为当年月度进口峰值；10月起，国内新榨季生产逐步开启，进口量有所回落，12月减至40万吨，但仍处于较高水平。据海关总署数据显示，2021年我国累计进口食糖567万吨，合计22.82亿美元，同比分别增7.59%和26.68%（图2）。

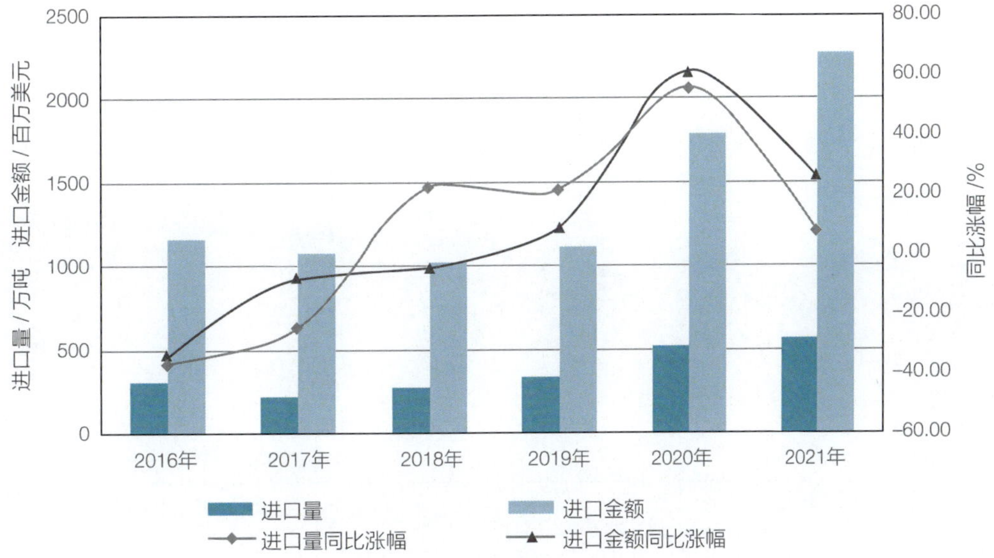

图2　2016年以来我国食糖进口情况

资料来源：海关总署。

二、2021年食糖国际市场与国内外价差情况分析

（一）国际食糖价格呈“阶梯式”上行态势

2021年以来，巴西、印度等食糖主产国天气总体有利，糖料生产总体向好，但第二波新冠肺炎疫情在这些国家大范围爆发，使得国内劳动力缺乏，生产停滞，码头集装箱堆积，国际货运不畅，致使国际食糖市场形势趋紧。2021年1月以来，国际糖价整体呈上涨态势，大体上可以分为三个阶

段：第一个阶段为1—2月，期间国际糖价延续2020年翘尾走势，价格连续2个月大幅上涨；第二个阶段为3—8月，期间国际糖价先下跌又回升且达到新的高度；第三个阶段为9—12月，期间糖价维持较高水平波动运行。

据联合国粮农组织（FAO）食糖价格指数显示，进入2021年，国际糖价连续2个月上涨，2月食糖价格指数涨至100.2，比上月高6个点，比上年同期高8.8个点；3月国际糖价结束自上年10月以来连续5个月的上涨态势，跌至96.2，比上月跌4个点，但仍比上年同期高22.3个点；4月起，国际糖价又连续7个月上涨，9月涨至121.2，比上月涨0.7个点，比上年同期高42.2个点；之后连续2个月保持高位运行，11月为120.2，但12月又回落至116.4，比上月降3.8个点。与此同时，洲际交易所11号原糖期货均价也呈现出先涨后跌再回升后平稳的“阶梯式”波动上涨态势。2021年以来，洲际交易所11号原糖期货价格延续上年持续上涨的态势，2月涨至16.97美分/磅[①]，但3月略有回落，为15.81美分/磅；受国际油价持续上涨影响，加上泰国等干旱天气导致甘蔗预期减产，4月起连续9个月波动上涨，11月涨至历史新高的19.84美分/磅，比上月略涨1.22%，同比涨32.62%；随后又有所回落，但仍保持在19美分/磅之上（图3）。

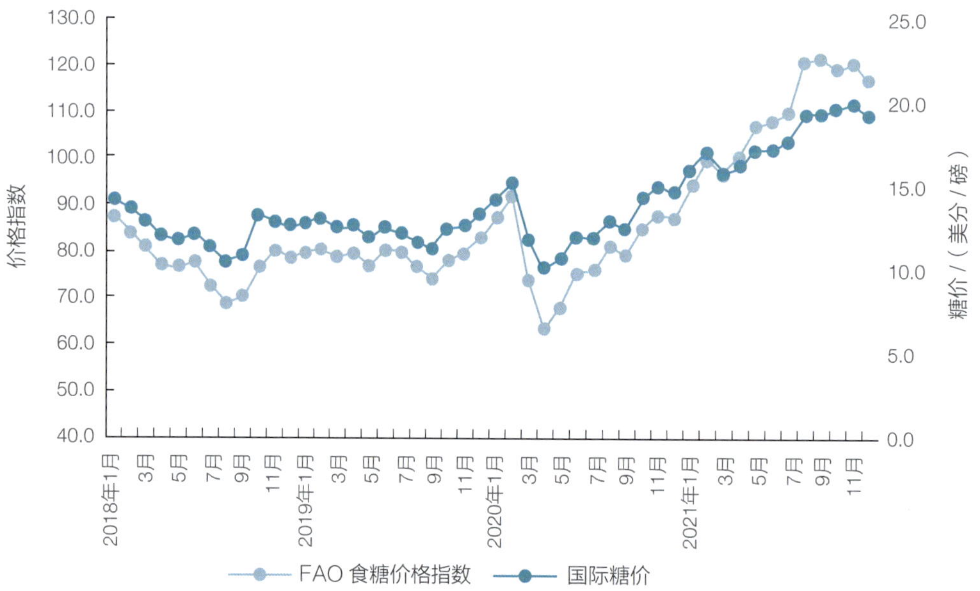

图3　2018年以来国际食糖价格

注：联合国粮农组织（FAO）食糖价格指数（2014—2016年=100）来源于联合国粮农组织（FAO），国际糖价为洲际交易所11号原糖期货平均价。

（二）国内外价格倒挂仍较明显

2021年1月以来，虽然国际糖价在第二波新冠肺炎疫情暴发、主产国预期产量减少、市场供需形势偏紧等影响下持续震荡上涨，但国内糖价也在消费需求持续恢复向好带动下震荡上行，致使国

① 1磅=0.454千克。

内外食糖价差整体呈现先缩小后扩大、再缩小再扩大的趋势。1月国际食糖价格[①]比国内食糖价格每吨低1253元，2月缩小至每吨1058元，价差每吨比1月减少了195元；3月起国内外价差又连续3个月扩大，5月价差扩大至每吨1231元，价差与2月基本持平；6月价差又有所缩小，为每吨1069元，每吨价格比上月缩小162元。进入下半年，在多种因素影响下，国际食糖价格持续上涨，国内外价差继续缩小，9月价差缩小至每吨660元，每吨价格比上月缩小91元；但10月、11月连续2个月国内价格上涨、国际价格下跌，国内外价差又有所扩大，11月扩大至每吨985元；12月，二者之间的差距又缩小至853元。总体上看，2021年国内外食糖价差走势表现为先缩小后扩大、再缩小再扩大、年终又缩小。

三、我国食糖产业后市展望与对策建议

（一）我国食糖产业后市展望

2022年中央一号文件强调，要确保食糖供给安全，为2021/2022年制糖期我国食糖产业的稳定发展明确了目标和方向。据农业农村部市场预警专家委员会预计，2021/2022年制糖期，我国糖料播种面积2048万亩，比上个制糖期减少6.05%，其中甘蔗1808万亩、甜菜240万亩，分别比上个制糖期增长1.18%和减少38.93%；预计产糖量1007万吨，比上个制糖期减少5.62%；消费量1550万吨，与上个制糖期持平；进口量450万吨，比上个制糖期减少29.02%。总体上看，北方甜菜产区新制糖期面积缩减已成定局，国内食糖生产虽有所减少，但进口补充了缺口，市场整体供给相对充足；新制糖期国内糖价将在生产成本支撑下，继续保持高位震荡运行态势。与此同时，全球新冠肺炎疫情尤其是新冠病毒变异株奥密克戎大范围、深程度传播，将对印度、巴西等食糖主产国生产恢复和贸易运输等产生一定影响。

（二）我国食糖产业发展对策建议

一是加大对主产区糖料生产扶持力度，确保糖料种植面积总体稳定。2020年以来，受玉米、水果等作物比价优势影响，北方甜菜主产区和南方甘蔗主产区的部分地区种植结构调整较为明显，糖料种植面积大幅缩减，给整个食糖产业稳定可持续发展带来较大潜在风险。因此，必须高度重视稳定糖料种植面积是食糖产业可持续发展的根本，建议强化基于产业链的食糖产业高质量发展顶层设计，健全中央和地方财政稳定投入机制，加大对甘蔗、甜菜等糖料新品种培育专项支持力度，持续增强糖料种业自主发展能力；强化糖料机械化耕种收补贴支持力度，推进水、肥、药等精准管控技术应用，大幅提高糖料生产环节信息化水平；鼓励主产区土地合理有序流转，提高适度规模经营比

① 国际食糖价格为配额内15%关税的巴西食糖到岸完税价格。

例，完善农机、植保等专业化、标准化服务体系，提高生产效率；进一步加强主产区“双高”基地建设，适时推进“双高”基地政策评估，确保核心区域糖料种植面积稳定、产量增加。

二是强化食糖产品进口宏观调控，确保国内供求基本平衡和市场平稳运行。近年来，原糖进口已经成为我国食糖供给的重要组成部分，是沿海地区制糖企业发展的基础所在，对满足国内市场消费需求意义重大；但原糖进口量持续增长且屡创新高，蔗糖糖浆及食糖预混粉相当于“变相替代食糖进口”却没有“从糖管理”，不利于全国食糖产业的稳定可持续发展。因此，必须高度重视食糖进口宏观调控，建议加快建立蔗糖糖浆及食糖预混粉与成品糖进口总量协调机制，探索将蔗糖糖浆及食糖预混粉纳入食糖进口管理范畴；进一步完善食糖配额管理制度体系，统筹考虑制糖企业、用糖企业和贸易商需求，合理分配进口配额；探索建立区分生产淡旺季的进口配额分批发放机制，探索建立进口环节超额收益用于发展国内食糖产业的转移支付制度和机制；强化边贸管理，加大对食糖走私的打击力度。

三是健全基于产业链的监测预警机制，推动食糖价格形成机制深化改革。随着食糖国内外市场一体化进程的加快，国际、国内食糖价格的联动性、互动性日趋增强，且国际市场对国内糖价的影响日趋明显，二者涨跌步伐的一致性和同步性不断增强。因此，必须切实重视国际国内两个市场、两种资源的合理利用，建议进一步强化基于全产业链的覆盖生产、流通、贸易、消费等多维度多层次的监测预警体系和实时信息动态预警研判大数据平台，强化对世界主要产糖国、消费国市场与战略研究，提升面向产业主体的市场预警和决策咨询能力，切实引导食糖产业健康可持续发展；充分发挥市场对资源配置的决定性作用，建立健全“保险+期货/期权”的价格保险体系，明确政策性保险性质，建立中央、地方多方保费投入机制；探索建立糖料收购贷款授信动态调整机制，将原料收购资金贷款纳入政策性农业贷款。

参考文献

[1] 高云，李婷君，宋彦亭. 国内外食糖价格波动关系研究 [J]. 价格月刊，2021（7）：34-39.

[2] 陈培彬，周家骏，朱朝枝. 我国食糖产业的发展困境及国际先进经验借鉴 [J]. 农业经济，2021（3）：12-14.

[3] 刘晓雪，王慧娟，洪海燕. 新冠肺炎疫情对我国糖料产业的影响与发展对策 [J]. 中国糖料，2021，43（1）：72-78.

[4] 刘晓雪，白宗航. 2018/19年榨季中国糖料产业特点、问题与2019/20年榨季形势展望 [J]. 甘蔗糖业，2020（2）：63-68.

关于中国糖业政策的几点思考

中国农业大学经济管理学院
司　伟　翟天昶

摘要

当前的糖业政策虽然在支持糖业发展、保障食糖自给率方面取得了一定成效，但还不足以解决糖业面临的困境。为此，本文结合中国糖业发展面临的现实问题，对当前的糖业政策进行了讨论。我们认为，在食糖国内供需缺口较大、食糖生产的经济和环境成本较高、食糖进口压力大的情况下，糖业政策应当向以下几个方面发展：重点支持糖料蔗“双高”基地建设，推动制糖企业的兼并重组，并增加科技研发投入，实现糖料生产和食糖加工的规模化经营，提高生产效率；完善现有糖料蔗价格指数保险政策，降低生产成本；强化环境规制，实现食糖加工的绿色化；完善食糖进口边境措施，保护国内糖业的健康发展；充分认识食糖替代品对糖业市场的影响，做好食糖替代品的管理工作。

一、问题的提出

食糖是一种价格易于波动的农产品，糖业长期以来受到各国政府的严格保护。甘蔗既是制糖业的主原料，也是生产燃料乙醇的主原料，这使得能源市场与食糖市场联系紧密。食糖也因此成为世界市场上价格波动最大的农副产品。为了避免世界糖价剧烈波动对国内食糖产销的冲击，保持国内糖价相对稳定，以美国、巴西、泰国为代表的食糖主产和贸易国都建立了糖业管理和食糖贸易保护政策体系。主要有严格的进口配额管理和高关税壁垒（比如美国高达185%的食糖进口高关税税率）、高效率的产业管理体制（澳大利亚和泰国的糖业管理体制）、协调农工关系（蔗农、制糖企业利益共担机制），以及食糖目标价格政策等。在严格的贸易保护措施下，食糖逐步成为高度的政治性商品，糖业也因此成为农产品国际贸易中最为敏感的产业之一。

中国的食糖消费量在不断增长，产量却变化不大，供需缺口由此产生且逐步变大，进口食糖大量涌入，给国内食糖供给安全造成了威胁。中国的农业资源禀赋决定了中国居民糖的消费长期以来以食糖（甘蔗糖和甜菜糖）为主。自20世纪90年代初，中国食糖的总消费量开始快速上升，2019年达到1530万吨（图1），成为世界第二大消费国。中国逐步成为推动世界食糖消费增长的主要力量。而相比之下，近年来中国的食糖产量总体上却变化不大，食糖供需一直存在比较大的缺口，近年来缺口在500万吨左右，需要依靠食糖进口来补充（图2）。国内食糖供需缺口的持续加大带来的进口占比的增加，使得国际糖价对国内糖价的影响力度在逐步增强。由于国内食糖价格在国际上存在明显的劣势，完全自由贸易条件下国内食糖市场就可能被国外食糖所占据，从而不利于中国糖业的发展，威胁食糖的供给安全。

国家近年来逐步加强了对糖业的保护，但不足以解决糖业发展所面临的现实困境。为了满足国

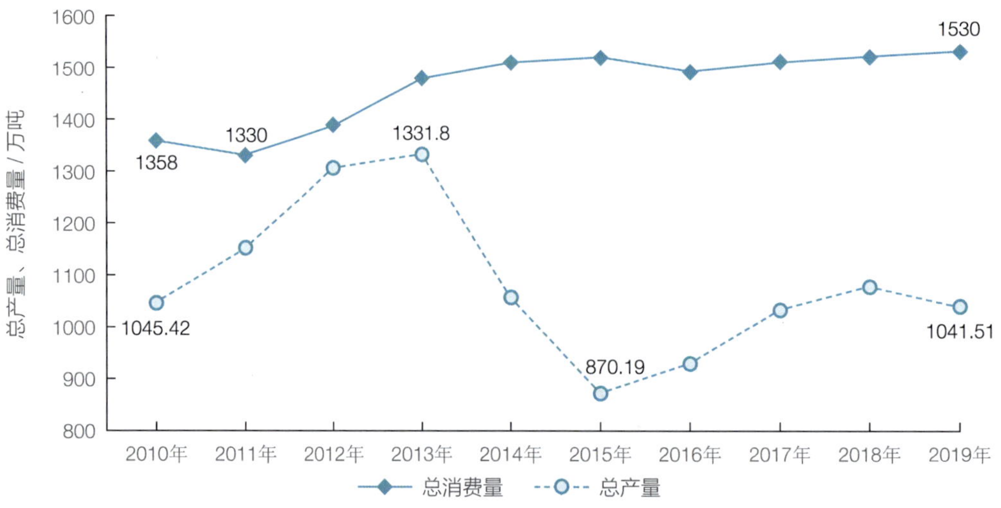

图1　2010—2019年中国食糖总产量和总消费量

资料来源：中国糖业协会。

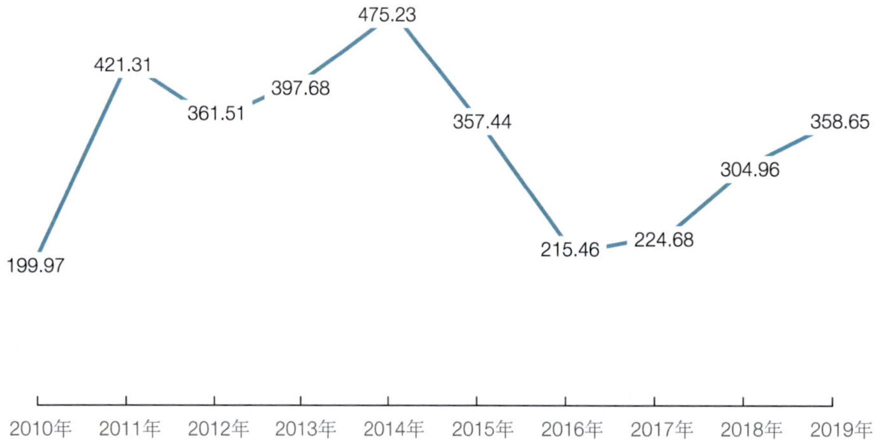

图2　2010—2019年中国食糖净进口量（单位：万吨）

资料来源：中国糖业协会。

内的食糖需求，同时保护国内糖业的发展，保障国内的食糖安全，国家近年来出台了包括糖料生产、食糖及蔗糖糖浆进口和食糖储备等在内的糖业发展政策。但中国食糖生产成本较高，国内食糖生产竞争力较弱。那么，中国的糖业发展政策应该如何完善调整？为回答这一问题，本文将结合中国糖业发展面临的现实困境，对当前中国的糖业政策进行探讨。在此基础上，给出未来中国糖业发展政策调整的方向。

二、中国糖业发展面临的现实困境

（一）食糖的国内供给效率有待进一步提高

从需求端来看，一方面，已有研究表明，长期稳定的经济发展和收入水平的提高，使得居民对未来形成了良好的预期，过去低消费水平的消费习惯对消费行为的影响越来越小，消费习惯开始更多的在收入增长的驱动下快速地向高消费水平的方向转化。因而随着未来居民收入水平的进一步稳步提高，消费潜力还将得到进一步释放，糖的消费需求在未来一段时间内还将进一步增长。

另一方面，有研究表明，以食糖和淀粉糖为主的添加糖（下文简称糖）作为一种高能量食物，其长期过量摄入会改变身体的能量平衡从而导致体重增加并发展为肥胖症，而肥胖是2型糖尿病、心血管疾病的一个重要诱因。虽然中国居民人均糖消费量（图3）与全球平均水平以及绝大多数国家的人均消费量相比仍非常低，但据估算，目前已超过世界卫生组织（WHO）鼓励的糖的最低风

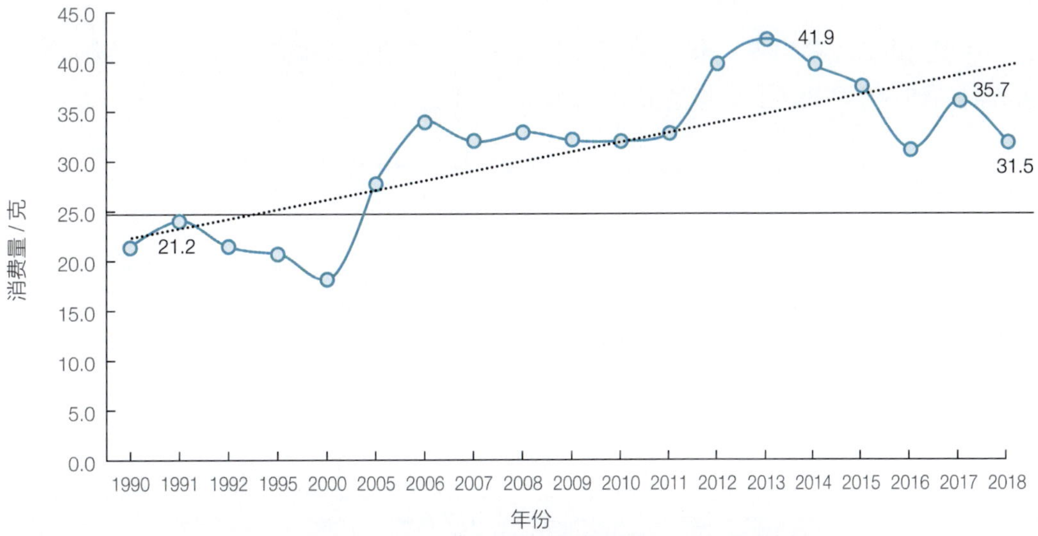

图3　1990—2016年中国居民糖的人均日均消费量

资料来源：笔者根据历年中国的糖消费总量和总人口数计算得出。其中，中国的糖消费总量数据来源于联合国粮农组织统计数据库（FAOSTAT），总人口数据来自历年《中国统计年鉴》。

险日建议摄入量（鼓励每日能量总摄入量的5%，约25g；推荐每日能量总摄入量的10%，约50g）。

因此，未来中国糖的消费需求虽然会继续增长，但增速会逐步放缓。进一步地，近年来以淀粉糖为代表的替代品产业的发展，在一定程度上弥补了国内食糖供给能力的不足。中国食糖的消费总量未来可能会逐步趋于稳定。

从供给端来看，正如前面提到的，近年来中国食糖的国内供给量变化不大，这带来了较大的供需缺口。为提高食糖的国内供给水平，一方面，有关部门和主产区政府先后制定了针对糖料蔗的《糖料管理暂行办法》和订单农业政策，建立糖料生产者与制糖企业利益共享、风险共担的机制，实现糖料蔗收购价格市场化；另一方面，确定并已经开始实施在糖料蔗主产区——广西和云南建设高产和高糖“双高”糖料蔗基地的发展战略。并进一步出台了包括良种良法及机械化补贴在内的生产支持政策，以推动“双高”基地实现全程机械化，提高糖料蔗的生产效率，保证糖料的供给水平。

尽管这些糖业生产管理和支持政策总体上发挥了一定的成效，近年来糖料蔗的收购价格较为稳定（表1），有效保障了蔗农的利益，提高了种植的积极性，糖料产量逐步上升（图4）。但食糖的国内供给目前还是难以适应需求的变化，依然存在比较大的供需缺口（图1）。近年来我国食糖进口量不断增加，自给率不断下降（图2）。

表1 2010/2011年—2019/2020年制糖期糖料蔗平均收购价格

制糖期	2010/2011年	2011/2012年	2012/2013年	2013/2014年	2014/2015年	2015/2016年	2016/2017年	2017/2018年	2018/2019年	2019/2020年
甘蔗平均收购价格/（元/吨）	476	493	469	435	418	448	497	490	480	489

数据来源：中国糖业协会。

因此，在现有的供给能力下，未来一段时间内食糖的供需缺口还将进一步拉大。因而有必要进一步完善现有的糖料生产政策，以提高食糖的国内供给能力。

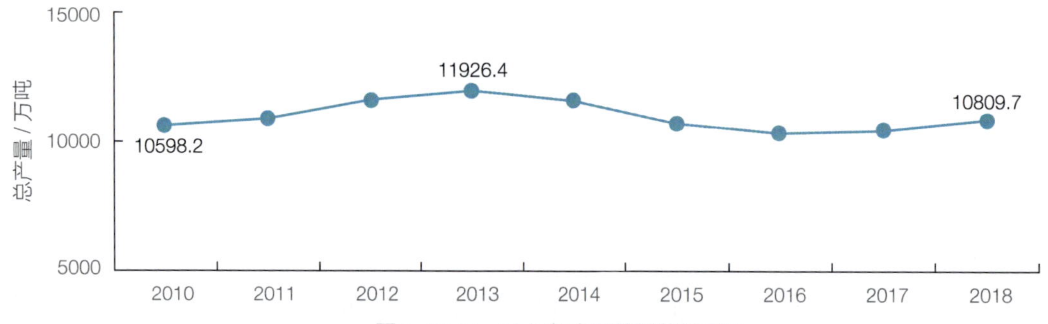

图4 2010—2018年中国糖料蔗总产量

资料来源：《中国统计年鉴》，2019年，国家统计局编。

（二）国产食糖缺乏竞争力

与世界上主要的食糖生产国相比，由于中国糖料生产和食糖加工环节的成本较高等原因，国内食糖在国际市场上处于比较劣势。

其一，从糖料生产来看，与主要产糖国高度集约化和规模化的生产经营方式相比，中国糖料生产规模化程度相对较低，零散分布种植的情况较为普遍，糖料蔗种植环节人工成本较高，使得中国的糖料生产成本不具备比较优势。

其二，就食糖加工环节来看，目前中国糖料加工虽然集中在中国北部、西北部和西南部，但涉及的省（自治区）有14个，相对比较分散，除广西和云南外，其余省份产糖量较少。此外，与主要产糖国相比，中国制糖企业研发投入不足，技术效率低。

其三，诸如泰国、巴西等食糖主产国和主要出口国均给予出口的食糖以高额的出口补贴。这进一步降低了国际市场上的食糖价格，使得国内食糖的价格与国外食糖相比更加处于劣势。

在国内食糖不具备竞争力的情况下，一方面，国内食糖市场会难以抵制国外食糖的冲击，一旦允许国外食糖自由进入，国内食糖市场将会快速被国外食糖占据。为了避免这一情况的发生，保护国内食糖市场和糖业的发展，国家采取了食糖进口关税配额管理、自动进口许可管理和食糖保障措施在内的进口管控政策。另一方面，随着进口食糖的大量涌入，国内外糖价的联动性日益增强。尽管糖料蔗收购政策的利益联动机制有效保障了蔗农的收益，但在高生产成本下，食糖销售的利润率依然较低。因而必须降低国内食糖的生产成本，以提高国内食糖的竞争力。

（三）现有的糖业政策尚存争议

为了保障食糖的国内供给，提高自给率，国家近年来采取了包括糖料生产支持政策、完善食糖及蔗糖糖浆的进口管理、食糖储备制度改革等一系列保护国内糖业发展的措施。尽管这些政策发挥了一定的积极作用，但仍然存在一些值得探讨的争议点。

其一，关于食糖进口管理政策。当前中国食糖的国内供需存在较大的缺口，需要依靠进口来弥补。中国食糖进口量已经远远高于中国加入世界贸易组织（WTO）时的关税配额管理（TRQ）量，也就是说，我们的关税配额政策已经无法起到调节进口贸易和保护国内糖业的作用。既然国际食糖供给充足，进口也很方便，中国食糖的生产成本高，为什么我们不干脆放开糖业市场，多从国际市场进口一些？这既能节约国内农业资源又能满足供求缺口，而且，从多边或双边贸易协定的谈判来说，很多国家希望中国放开国内糖业市场。此外，从理论上来说，关税会扭曲经济，造成效率损失，损害居民的福利。这类观点在国内有一定的市场。

其二，关于食糖储备制度。尽管食糖储备制度在平衡市场有效供给、保证产业平衡发展方面发挥了积极的作用，但诸如大豆、玉米、棉花和油菜籽的临时收储制度实施过程表明，临时收储政策会带来市场扭曲等不利影响，属于世界贸易组织规则里的“黄箱”政策；而且，储备制度并不透明，食糖储备制度本身的财政效率也是一个令人关注的问题。这也是一部分人秉持的观点。

三、未来中国糖业发展政策的调整完善思路

坚持食糖立足国内这一战略方针是历届党和国家领导对中国糖业发展作出的战略部署，早在新中国成立初期，周总理就对此作了重要批示。十一届三中全会后，邓小平同志也作出了“宁可进口粮食，也要发展糖业”的重要批示。“九五”到“十一五”期间，国家又进一步明确了“食糖自给为主，适量进口为辅”的战略方针。党的十九届五中全会精神、中央经济工作会议和中央农村工作会议精神表明，要深入实施包括食糖在内的重要农产品保障战略。2021年中央一号文件再次提出，深入实施重要农产品保障战略，确保粮、棉、油、糖、肉等供给安全。《中华人民共和国国民经济和社会发展第十四个五年规划和2035年远景目标纲要》指出，夯实粮食生产能力基础，保障粮、棉、油、糖、肉、奶等重要农产品供给安全。

目前中国的食糖产能不足，自给率较低，供需缺口较大，进口量不断增加。虽然国家采取了一系列糖业发展政策，在保护国内糖业、提高食糖自给率方面发挥了积极有效的作用，但现有政策仍有待完善，糖业发展政策环境仍有待优化，需要凝聚共识，中国的糖业发展之路仍然任重而道远。结合国家的相关战略和糖业的实际情况，笔者认为中国糖业发展政策的完善和调整可从以下几个方面着手。

（一）保障糖料的供给水平和质量

目前为了保障糖料蔗的供给水平，国家已经着手推动并完成了糖料蔗“双高”基地的建设，并在逐步完善糖料收购政策，这是糖业转型的一个良好开端。高标准农田建设是高水平供给的重要保障，未来应重点发展糖料蔗“双高”基地建设，实现基地糖料蔗的现代化转型，提高糖料单产与供给效率。同时增强糖料蔗的种业研发投入，促进高糖高产品种糖料蔗的研发。进一步完善并推广目前在“双高”基地试点的糖料蔗价格指数保险政策，探索糖料与制糖利益共享机制，减少糖料蔗种植环节的风险，降低糖料蔗的生产成本，提高国内食糖的竞争力。

（二）实现国内制糖企业的高质量发展

一方面，可考虑推动制糖企业的兼并，摆脱地方财政对糖料与制糖产业的依赖，实现产业一体化经营，提高生产效率。此外，制定适宜的对制糖企业的生产支持政策，实现加工设备的更新升级，提高制糖企业的管理能力和水平。另一方面，降低食糖加工环节对环境的污染强度，强化对制糖业的环境规制，促进制糖企业的转型升级，实现食糖加工过程的低污染、绿色化。

（三）完善食糖进口管理措施

中国糖业的发展水平较低，处于比较劣势，但这并不代表中国可以完全放开糖业，任由贸易冲

击国内糖业市场。笔者的观点是，通过糖业支持政策，保护一定面积的糖料和制糖企业的产能，保证国内食糖有一定的供应量，满足基本食糖需求，在此基础上进一步放松食糖进口。这需要在科学评估需求的基础上，明确中国糖业的发展目标，规划好糖业布局，避免盲目保护。同时，要监测原糖进口对国内糖业市场的冲击，坚持并且完善现有的食糖进口管理措施，避免食糖进口大起大落。

参考文献

[1] Borrell B，Duncan R C. Economic effects of policy intervention of world sugar policies [J]. *The World Bank Research Observer*，1992，7（2）：173-194.

[2] USDA. World Centrifugal Sugar：Production and Consumption，available at：http://apps.fas.usda.gov/，2020.

[3] Zhai T，Long W，Si W. The evolution of habit formation effect on sugar consumption of urban residents in China [J]. *China Agricultural Economic Review*，2021，13（3）：548-568.

[4] 程国强，中国粮价政策改革的逻辑与思路 [J]. 农业经济问题，2016，37（2）：4-9.

[5] 董舒蕾，张永成，张木清. 发达国家食糖贸易保护措施及其启示 [J]. 中国糖料，2020，42（2）：65-69.

[6] 高群，柯杨敏. 国内外食糖市场空间联动与溢出效应研究——基于能源化视角 [J]. 国际贸易问题，2016（2）：88-99.

[7] 林国发. 甘蔗市场化，糖业新变局 [EB/OL].（2020-11-26）[2021-12-12] http://www.360doc.com/content/20/1126/21/72624821_948105110.shtml.

[8] 刘晓雪，白宗航，王沈南. 糖业目标价格政策的国际经验及对中国的启示 [J]. 中国糖料，2018，40（5）：56-61.

[9] 刘晓雪，王新超，郑传芳. 泰国食糖产业与政策的发展演变——基于1961—2012年的数据 [J]. 世界农业，2013（7）：67-74.

[10] 刘晓雪，张宸，郑传芳. 巴西蔗糖产业与政策的发展演变——基于1961—2012年的数据 [J]. 世界农业，2013（5）：75-84.

[11] 刘志雄. 开放条件下中国糖业安全状况评估及国际比较 [J]. 农业经济问题，2012，33（6）：77-84.

[12] 茹蕾，司伟. 环境规制、技术效率与水污染减排成本——基于中国制糖业的实证分析 [J]. 北京理工大学学报（社会科学版），2015，17（5）：15-24.

[13] 司伟. 全球化背景下的中国糖业：价格、成本与技术效率 [D]. 北京：中国农业大学，2005.

[14] 司伟，王秀清. 中国糖料生产成本差异及其原因分析 [J]. 农业技术经济，2004（2）：54-57.

[15] 司伟，王秀清. 中国制糖工业效率评价与分析 [J]. 管理评论，2005（8）：34-39.

[16] 司伟，朱海燕. 替代还是互补？淀粉糖与食糖在食品饮料业中的应用趋势 [J]. 中国农业科学，2013，46（22）：4829-4836.

［17］王胜，邹恒甫. 关税、汇率与福利［J］. 世界经济，2004（8）：3-12.

［18］许庆，刘进，杨青. WTO规则下的农业补贴改革：逻辑、效果与方向［J］. 农业经济问题，2020（9）：88-100.

［19］杨枝煌. 中国甘蔗糖业存在的问题、原因分析与政策建议［J］. 中国市场，2016（13）：77-85.

［20］郑展鹏. 基于国家“钻石”模型的中国食糖国际竞争力分析［J］. 国际经贸探索，2009，25（1）：64-68.

［21］中国营养学会. 中国居民膳食指南（2016）［M］. 北京：人民卫生出版社，2016.

糖料篇

近年来我国糖料成本收益变化情况及降本增效对策建议

国家发展和改革委员会价格成本调查中心
黄汉权　张　然

中国是世界第三大食糖生产国和第二大消费国，糖料种植在农业经济中占有重要地位。在我国大宗农产品中，糖料产量和增加值仅次于粮、棉、油等农作物居全国第四位。近年来，我国糖料生产和糖业发展总体平稳，糖农收入基本稳定，企业略有盈利，产品供需总体平衡，较好满足了国民经济发展和人民群众的生活需要。但也存在甘蔗种植面积下降、生产成本上升、国内外价差明显、国产食糖缺乏竞争优势等问题，需综合施策降低糖料生产成本，提高糖农收入和食糖产业竞争力。

一、我国糖料作物及食糖生产基本情况

2011—2020年，我国糖料作物总播种面积整体呈下降趋势，2018—2019年有小幅回升，2020年又掉头向下，总播种面积比2011年减少了14.5%。分品种看，甘蔗播种面积下降较为明显，2020年全国甘蔗播种面积为2030.07万亩，比上年减少2.7%，比2011年减少17.7%。甜菜播种面积近10年经历了一次先减后增再减的过程，自2016年起播种面积逐年增加，2019年全国甜菜播种面积达328.41万亩，为近10年最高值；2020年减少了9.16万亩，为319.25万亩，比2011年增加11.6%（图1）。

2011—2020年，虽然我国糖料作物播种面积有较大波动，但得益于单产的大幅提高，糖料总产量始终保持在1.1亿吨/年以上。2020年，全国糖料作物总产量1.2亿吨，其中，甘蔗产量1.08亿吨，甜菜产量1198.4万吨；甘蔗单产5.33吨/亩，比2010年增加20.8%，甜菜单产3.75吨/亩，比2010年增加35%。

2011—2020年，我国成品糖产量先增后减再增（图2），与糖料作物产量变化趋势一致。2020年，成品糖产量1431.3万吨，比2011年增加20.5%。分品种看，甜菜糖产量增长快于甘蔗糖。2016—2020年，甜菜糖产量以年均10%的增速增长，2020年产量达153.26万吨，比2016年累计增加48.55万吨，增幅46.4%；甘蔗糖2020年产量为913.4万吨，比2016年增加10.8%，年均增速为2.6%。我国食糖产量结构，从2016年的甘蔗糖占90%、甜菜糖占10%，逐渐转变为2020年的甘蔗糖占86%、甜菜糖占14%，甜菜糖比重提高了4个百分点。

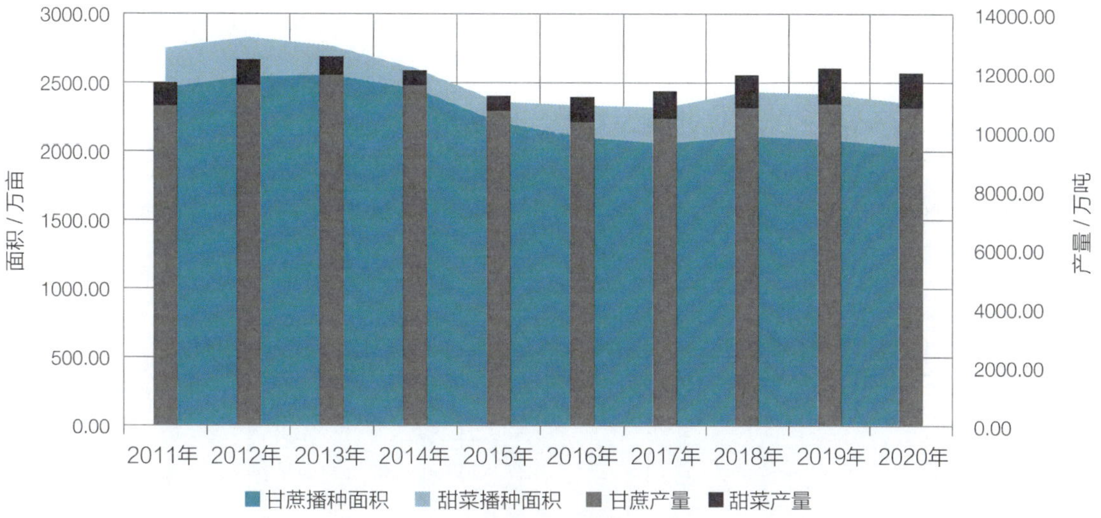

图1　2011—2020年我国糖料作物播种面积及产量情况

资料来源：国家统计局。

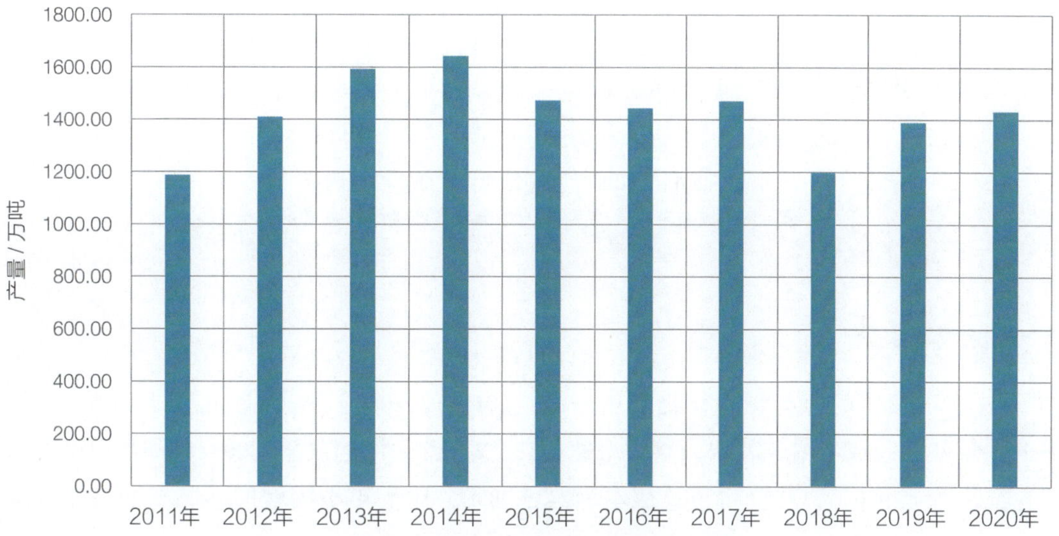

图2　2011—2020年我国成品糖产量情况

资料来源：国家统计局。

二、我国糖料作物成本收益分析

（一）糖料作物成本收益

2011—2020年，我国糖料作物每亩总成本整体呈上涨趋势。其中，2011—2013年总成本上涨较快，年均增速达15%；随后增速放缓，2014—2016年平均每亩总成本在1900元左右；2017—2020年平均每亩总成本为2000元左右。2020年，糖料作物每亩总成本为2071.28元，比上年小幅增加2.2%，比2011年翻了一番（图3）。

2011—2020年，糖料作物售出价格整体较为稳定，除2014—2015年售出价格略低外，其他年份变化不大；糖料作物平均售出价格为476元/吨。由于成本持续上涨，糖料作物收益呈下降趋势，2020年糖料作物平均每亩净利润214.01元，折合吨收益为45.66元，比2011年下降70.7%。

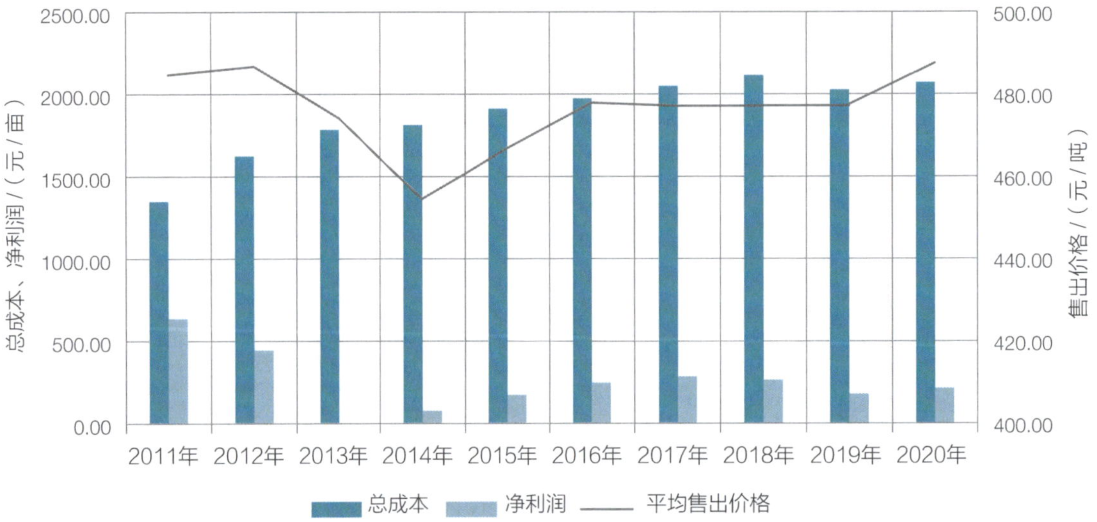

图3 2011—2020年我国糖料作物成本收益情况

资料来源：国家发展和改革委员会《全国农产品成本收益资料汇编》。

1. 甘蔗成本收益

甘蔗总成本变化趋势与糖料作物基本一致，2011—2020年整体呈上涨趋势（图4）。其中，2011—2013年甘蔗总成本增长较快，年均增速达15.7%，此后增速放缓，2014年和2019年时总成本有2次小幅下降。2020年，甘蔗每亩总成本为2425.98元，比上年小幅增加2%，比2011年累计增加49.1%，2011—2020年年均增速为4.5%。

2011—2020年，甘蔗平均售出价格为468元/吨，2013—2015年售出价格稍低，其他年度平均在484元/吨左右。受成本上涨影响，甘蔗种植收益整体呈下降趋势。其中，2014年叠加价格下降因素，甘蔗种植出现负收益，当年每亩净利润为-150.04元，随后收益转正。2020年，甘蔗每亩净利润为264.5元，折合吨收益为48.2元，比2011年下降62.2%。

2. 甜菜成本收益

2011—2018年，甜菜总成本逐年上涨，但增速逐年放缓，2019年稍有下降，2020年再次上涨（图5）。2020年，甜菜每亩总成本为1716.58元，比上年小幅增加2.5%，比2011年累计增加60.4%，2011—2020年年均增速为5.4%。

2011—2020年，甜菜售出价格变动较为频繁，平均售出价格为485元/吨。同样受成本上涨影响，甜菜种植收益整体呈下降趋势，叠加价格波动等因素，甜菜收益年度间变化较大。2020年，甜菜平均每亩净利润为163.52元，折合吨收益为42.2元，比2011年下降71.6%。

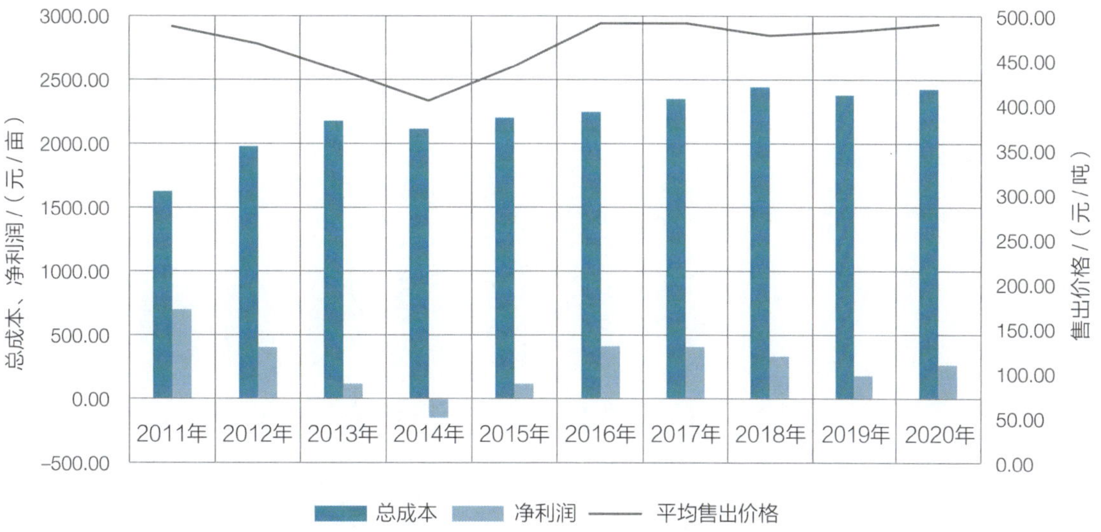

图4　2011—2020年我国甘蔗成本收益情况

资料来源：国家发展改革委《全国农产品成本收益资料汇编》。

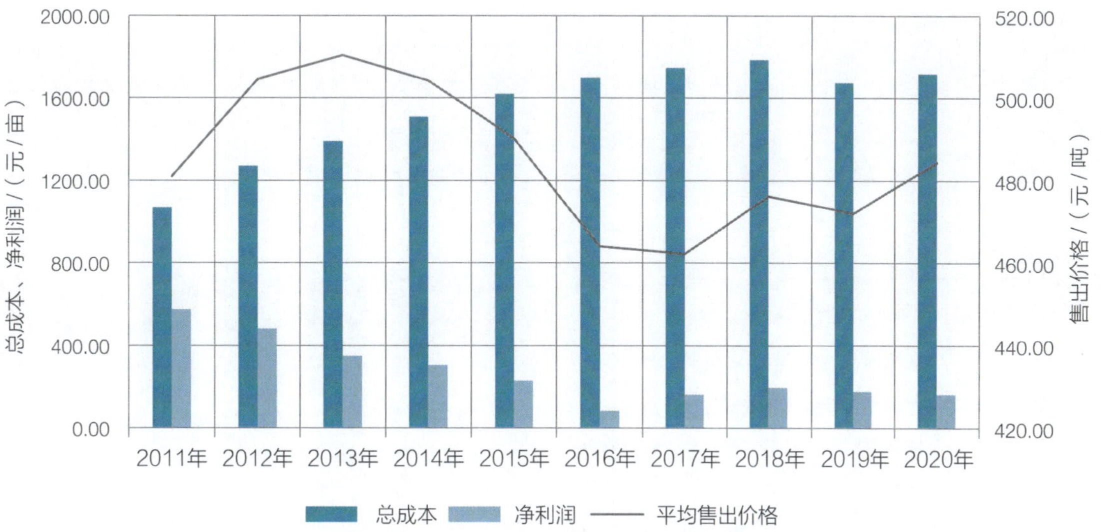

图5　2011—2020年我国甜菜成本收益情况

资料来源：国家发展改革委《全国农产品成本收益资料汇编》。

（二）糖料作物成本变动原因分析

2011—2020年，我国糖料作物成本整体呈上涨趋势，但推动甘蔗和甜菜成本上涨的主要因素略有不同。在甘蔗成本中，占比最大的是人工成本，2011—2020年，人工成本占总成本比重平均为51.3%。十年间，人工成本整体呈大幅上涨趋势，仅在个别年份有小幅下降。2020年，甘蔗每亩人工成本1172.04元，比上年小幅下降3.1%，比2011年累计上涨49.5%，2011—2020年年均增速4.6%（图6），甘蔗每亩人工成本占总成本的48.3%，人工成本的较快大幅上涨是甘蔗总成本快速增加的最主要因素。在甜菜成本中，物质与服务费、人工成本和土地成本占总成本比重平均为4∶4∶2。2011—2020年，物质与服务费累计上涨了64%，年均增速5.6%；人工成本累计上涨了56.4%，年均增速5.1%；土地成本累计上涨了59.8%，年均增速5.3%（图7）。各主要成本项目均有较大幅度上涨，共同推动甜菜总成本增加。

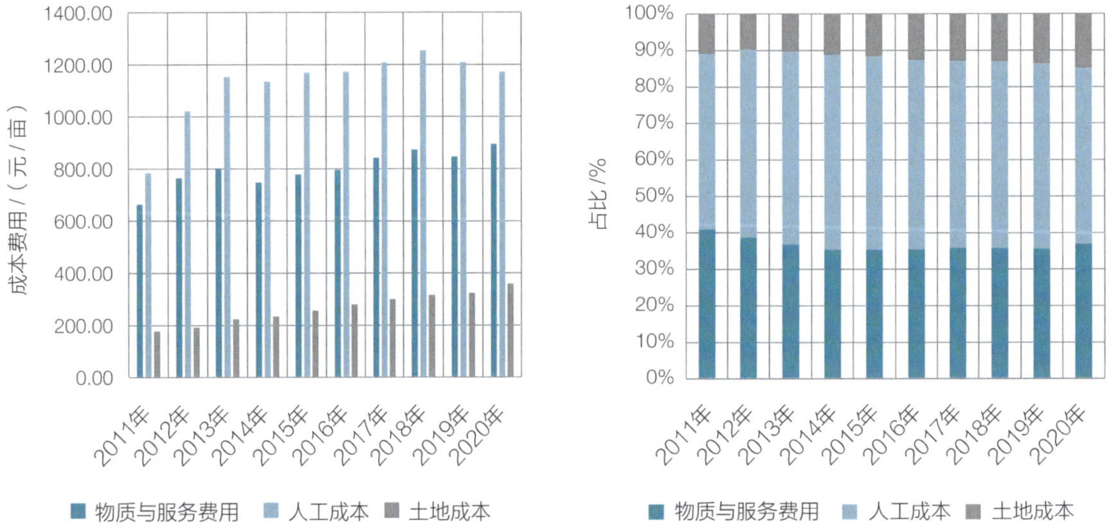

图6 2011—2020年我国甘蔗成本构成情况

资料来源：国家发展和改革委员会《全国农产品成本收益资料汇编》。

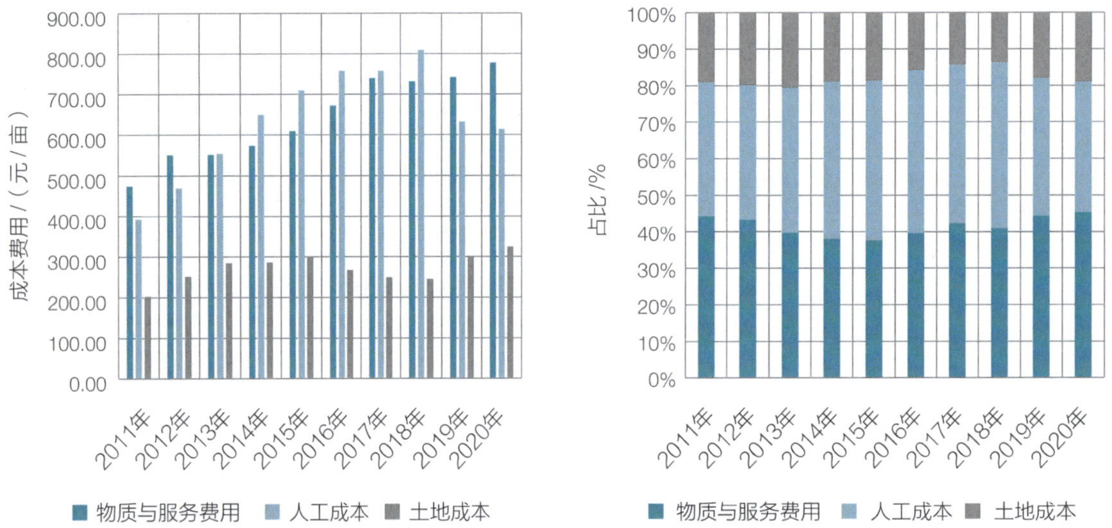

图7 2011—2020年我国甜菜成本构成及变化情况

资料来源：国家发展和改革委员会《全国农产品成本收益资料汇编》。

三、我国糖料生产存在的问题

（一）甘蔗种植面积呈下降趋势，存在减产风险

2011—2020年，甘蔗四大主产区（广西、云南、广东和海南）甘蔗种植面积均有较为明显的下降（图8）。2020年较2011年，广西、云南和海南的甘蔗种植面积分别减少了17.2%、17.7%和68%。种植面积减少与甘蔗种植收益收窄密切相关，2020年较2011年，广西、云南和海南的甘蔗吨收益分别减少了62.9%、80%和139.3% 。甘蔗主产区同时也是稻谷、桑蚕茧、水果和蔬菜的主要产区，当甘蔗的比较优势下降时，农户改种选择较多，加之提高甘蔗单产技术层面难度较大，长此以往，恐因播种面积减少造成甘蔗总产量减少，出现供应风险。

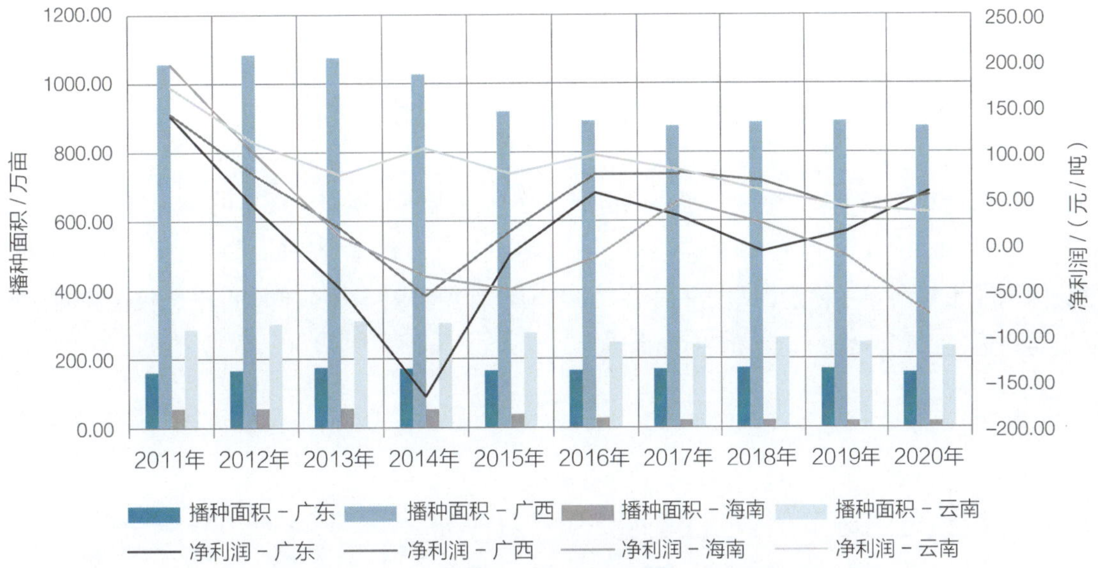

图8　2011—2020年分地区甘蔗播种面积及收益情况

资料来源：国家统计局，国家发展和改革委员会《全国农产品成本收益资料汇编》。

（二）甜菜竞争作物优势显著，农户改种意愿较强

甜菜主产区内蒙古、黑龙江和新疆等省（自治区）同时也是玉米主产区。自2020年起，玉米价格持续上涨，玉米种植收益显著，农户改种意愿明显。特别是黑龙江地区，甜菜播种面积近年来持续大幅减少，2020年黑龙江甜菜播种面积仅4.65万亩，比上年减少65.2%，比2011年减少96.2%。新疆地区虽然目前甜菜播种面积年度间变化不大，但随着甜菜和玉米的收益差从2018年种植甜菜每亩净利润比种植玉米高近170元到2020年比种植玉米低350多元（图9），农户改种意愿增强。甜菜种植越来越向内蒙古地区集中，但根据一项种植意向调查显示，内蒙古地区甜菜意向也有所下降，未来甜菜供应可能将出现一定偏紧。

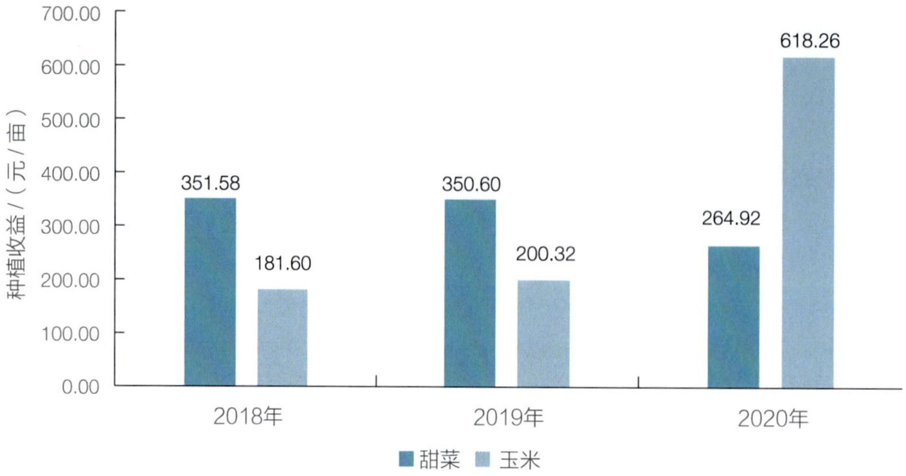

图9　2018—2020年新疆地区甜菜、玉米种植收益比较
资料来源：国家发展和改革委员会《全国农产品成本收益资料汇编》。

（三）国内外食糖价差明显，国产食糖不具有比较优势

按照我国糖料作物平均产糖率12%和原料成本平均占成品食糖完全成本的70%估算，国产食糖近5年（2016—2020年）平均完全成本在约5116元/吨，是进口食糖价格的近2倍，巨大的国内外价差是我国糖业市场潜在不稳定因素之一（图10）。国产食糖将因不具有成本价格比较优势而在市场中处于弱势地位，甚至被进口食糖替代或淘汰。

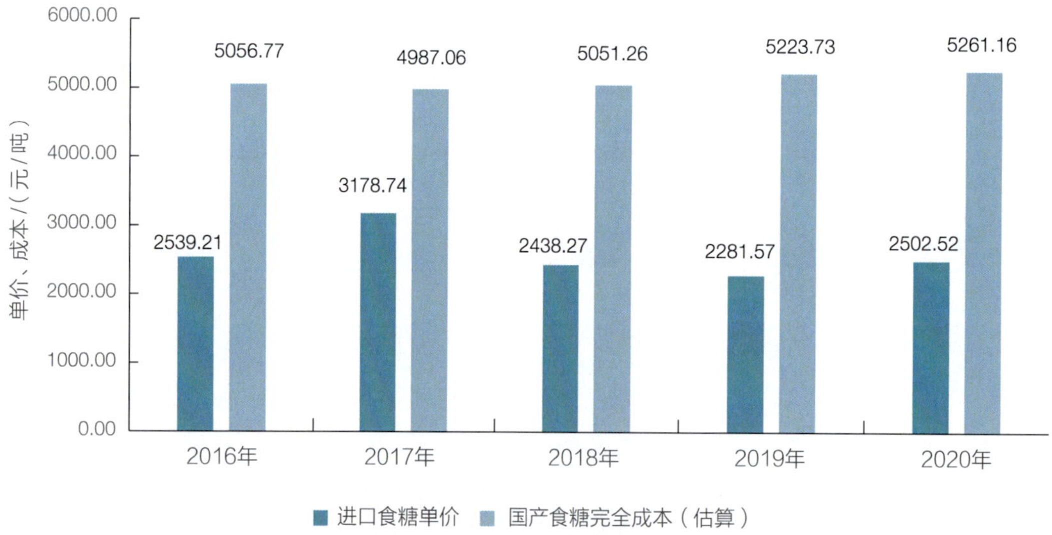

图10　2016—2020年国内外食糖成本价格比较
资料来源：商务部，国家发展和改革委员会《全国农产品成本收益资料汇编》。

四、我国糖料生产相关对策建议

“十三五”时期，糖农累计实现糖料收入2055亿元，年均收入411亿元，得益于糖料作物产量和收购价格双提高，2020/2021年制糖期比上个制糖期糖农收入增长4.4%。糖料作物收入在农民收入，特别是主产区糖农收入中具有重要地位，要采取综合措施，提高糖料作物收益水平。

（一）提高甘蔗生产机械化种植水平

目前，甘蔗生产播种、培土等环节已普遍实现机械化，但播种、采收机械化仍未普及，且现有播种设备存在漏播、断垄等问题，机械采收含杂率高、损耗较大。需加快甘蔗播种、采收机械设备的研发和优化，并尽快推广普及，补齐甘蔗生产全程机械化的短板。

（二）推进高标准糖料基地建设

随着《糖料蔗主产区生产发展规划（2015—2020年）》落地实施，广西和云南2个主产省（自治区）陆续建成700万亩高标准糖料蔗生产基地，即“双高”基地，蔗区生产条件明显改善。要继续推进“双高”基地建设，辐射带动其他地区基地建设，进一步扩大灌溉面积，提高灌溉率，推进土地规模化、集约化生产经营。

（三）依靠科技深挖降本潜力

坚持问题导向，针对甘蔗品种繁多、良种率低及甜菜种业自主创新研究能力不强等问题，加快良种选育攻关，在着力扭转糖料，特别是甜菜种子高度依靠进口局面的同时，促进高产、高糖、抗病的良种推广应用，进一步提高单产、增加总产，摊薄种植总成本，增加种植收益。

（四）探索实施甘蔗目标价格制度

参考棉花和大豆目标价格改革，探索建立体现食糖产业特色的甘蔗目标价格制度，充分发挥市场在资源配置中的基础性调节作用，稳定糖农种植预期、合理引导生产、加强我国糖业的基本保障能力，夯实糖业可持续发展的基础。

（五）探索完全成本保险政策

落实《中共中央 国务院关于做好2022年全面推进乡村振兴重点工作的意见》要求，探索开展糖料蔗完全成本保险和种植收入保险，稳定糖农种植收入预期，激发生产积极性，稳定糖料蔗播种面积。

（六）完善食糖储备和进出口调节机制

进一步调整优化食糖储备规模布局结构，提高储备糖管理水平，切实发挥食糖储备在服务市场调控和促进产业发展的重要作用。优化食糖进口贸易布局，明确“双循环”背景下，以国内供给为主、进口补充供需缺口的进口政策，稳定国内食糖自给率，维护糖业市场稳定和产业安全。

“十三五”期间我国糖料产业回顾及面临的问题与对策探讨

内蒙古自治区农牧业科学院
白　晨

食糖是人类重要的能量来源，与粮、棉、油同属涉及国计民生的大宗农产品，它既是人民生活的必需品，也是我国农产品加工业特别是食品和医药行业及下游产业的重要基础原料和国家重要的战略物资。我国是世界第四大食糖生产国和第二大食糖消费国。食糖包含甘蔗糖和甜菜糖，我国也是世界上为数不多既产甘蔗糖，也产甜菜糖的国家之一。2021年中央一号文件强调要深入实施重要农产品保障战略，确保粮、棉、油、糖、肉等供给安全。确保我国糖料产业持续平稳发展，对我国食糖有效保供和我国4000万糖农稳定增收有着重大意义。

一、“十三五”期间我国糖料产业回顾

（一）糖料面积、产量止跌企稳并呈现向优势产区集中态势

1. 糖料种植面积和产量止跌企稳

根据国家统计局数据，2018年，我国糖料种植面积达2434万亩（162.3万公顷），甘蔗和甜菜面积分别为2108万亩（140.5万公顷）和324万亩（21.6万公顷），糖料产量达11937万吨。2018/2019年制糖期，全国产糖1076.04万吨，其中甘蔗糖944.5万吨、甜菜糖131.54万吨。2019年，我国糖料种植面积稳定在2430万亩（162.0万公顷），糖料产量稳中略增，达12204万吨，较“十二五”末糖料种植面积增长3%，糖料产量增长8.8%。2019/2020年制糖期，全国产糖1041.51万吨，其中甘蔗糖902.23万吨、甜菜糖139.28万吨。值得注意的是，全国甜菜面积和产量增幅显著，分别较“十二五”末增长124%和122%，特别是内蒙古甜菜种植面积和产糖增长突出，占全国甜菜糖产量的52%，较“十二五”末增长3.1倍；新疆甜菜糖产量稳中有增，占全国甜菜糖产量的42%，较“十二五”末增长31%。

2. 食糖生产呈现向优势产区高度集中的态势

2019/2020年制糖期，广西、云南、内蒙古、广东和新疆是我国前五大食糖主产区，五省（自

治区）食糖产量分别为600.00万吨、216.92万吨、72.50万吨、70.91万吨和58.28万吨，占全国食糖总产量的比例分别为57.61%、20.83%、6.96%、6.81%和5.60%，五省（自治区）食糖产量合计占全国食糖总产量的97.81%。2020/2021年制糖期，广西、云南、内蒙古、广东和新疆五省（自治区）食糖产量分别为628.79万吨、221.50万吨、89.10万吨、53.98万吨和57.61万吨，占全国食糖总产量的比例分别为58.93%、20.76%、8.35%、5.06%和5.40%，五省（自治区）食糖产量合计占全国食糖总产量的98.50%。2019/2020年、2020/2021年制糖期全国产糖量情况详见表1。

表1　2019/2020年、2020/2021年制糖期全国产糖量情况

省（自治区）	2019/2020 年制糖期		2020/2021 年制糖期	
	产糖量 / 万吨	产糖量占比 /%	产糖量 / 万吨	产糖量占比 /%
全国	1041.51	100.0	1066.93	100.0
甘蔗小计	902.23	86.63	913.67	85.64
广西	600.00	57.61	628.79	58.93
云南	216.92	20.83	221.50	20.76
广东	70.91	6.81	53.98	5.06
海南	12.09	1.16	8.77	0.82
其他	2.31	0.22	0.63	0.06
甜菜小计	139.28	13.37	153.26	14.36
内蒙古	72.50	6.96	89.10	8.35
新疆	58.28	5.60	57.61	5.40
黑龙江	3.40	0.33	1.45	0.14
其他	5.10	0.49	5.10	0.48

3. 我国糖料生产基本形成“南甘蔗北甜菜”的空间布局

我国甘蔗生产已形成桂中南、滇西南和粤西琼北3个国家糖料蔗优势产业带，甜菜生产已形成内蒙古（含河北坝上）、新疆（含甘肃河西走廊）等优势产区。

（二）科技贡献凸显，糖料单产、蔗糖分稳中有增

国家糖料产业技术体系（以下简称体系）的建立为糖料产业持续发展提供了重要的科技支撑。体系启动后，通过稳定持续的经费支持，促进了全国糖料各科研、教学、企业实质性的联合协作，实现各学科相互配合，开展实质性联合攻关，为产业持续发展提供了稳定的科技支撑。

1. 甘蔗新品种的选育和应用推进糖料产业高质量发展

一是国家糖料产业技术体系有针对性地先后育成“桂糖42号”“桂糖51号”“柳城05-136”“粤

糖93-159”“粤糖00-236”“粤糖06-233”“粤糖07-516”“海蔗22号”“云蔗05-51”“云蔗08-1609”“福农38号”“福农40号”“福农41号”、中糖系列、中蔗系列等甘蔗高糖品种。2019年，体系育成的新品种在实际生产中占比达65%以上，打破了“新台糖”系列品种占主导的局面，实现了我国甘蔗品种的更新换代。二是利用选育出的新品种在桂中南结合“双高”基地建设，推进机械化作业，结合高效施肥、节水灌溉、绿色防控与组培快繁健康种苗技术进行新品种更新，使甘蔗单产提高近15吨/公顷，蔗糖分提高0.5～0.8个百分点；在滇西南结合全膜覆盖轻简栽培与温水脱毒健康种苗技术，使甘蔗单产提高近25.5吨/公顷，蔗糖分提高0.8个百分点。三是选育出我国首批优质、抗丛根病、适宜机械化作业的单胚雄性不育杂交甜菜新品种5个，形成以甜研、内甜、新甜为主的系列品种，缓解了我国甜菜丸衣化单粒种全部靠进口的被动局面。

2. 病虫害综合绿色防控和精准监测预警与绿色防控体系初显成效

一是建立符合生态安全和可持续发展的甘蔗重要地下害虫综合防控关键技术，以不同生态蔗区为单元，研究提出了甘蔗重要地下害虫预警监测技术，并规模化推广应用；二是研究建立了多种病害分子快速检测技术，为我国甘蔗病害精准诊断和防控、脱毒种苗检测及引种检疫奠定了坚实基础；三是在甘蔗主产区研发和推广了以性诱剂为核心的甘蔗螟虫系统控制技术，示范区甘蔗螟害株率下降约30%，甘蔗增产约13%，甘蔗蔗糖分提高约0.38个百分点，农药用量减少约31%；四是重点研发推广了甜菜地上病害和甜菜重（迎）茬引起的甜菜根腐病的绿色防控技术；五是建立了甜菜褐斑病菌的快速分子检测技术，指导科学用药和节约成本。

3. 研发并推广了轻简高效绿色栽培技术

按照化肥、农药双减与蔗田废弃物综合利用的思路，研发推广了甘蔗脱毒健康种苗应用、全膜覆盖一次性施肥和蔗叶还田保护性栽培的甘蔗绿色丰产生产技术。减少甘蔗化肥、农药用量20%以上，节约用工75个/公顷以上，增产甘蔗25.5吨/公顷以上；与宿根甘蔗机械低铲蔸结合的蔗叶粉碎还田技术，还田4年后蔗地有机质提高1%以上，实现宿根年限延长2～3年，降低甘蔗种植成本30%以上。

4. 糖料生产的关键机械化应用技术有所突破

糖料生产机械化的推广应用推进了糖料产业高质量绿色发展。一是开展了甘蔗收获机的关键部件研发及甘蔗种植机、中耕管理等自主研发，特别是我国自主研发的洛阳辰汉4GQ-130型切段式甘蔗联合收割机，机身紧凑、重心低，性能稳定，收获含杂率低，尤其是在适应15度的坡地和收获倒伏甘蔗方面取得了突破；二是在农机农艺融合上，形成了湛江地区甘蔗机械化耕种农艺流程及机具配套实施方案、广西双高基地东亚模式方案和云南丘陵山区模式方案，提出以中大型甘蔗机械化应用为主的两广（广西、广东）模式技术和以中小型为主的西南（云南）模式技术；三是建立并完善了与甜菜农机农艺相配套的技术体系，在机种、机管、机收关键技术与装备的研发方面取得重大进展，甜菜全程机械化作业达90%以上；四是轻简高效栽培技术进一步得到应用，形成了以机械化节水降本增效综合栽培技术模式为主导的生产方式。

5. 初步构建了全球视野下的中国糖料生产监测预警系统

一是体系开展的糖料产业链监测与市场预测预警体系应用初见效果。初步构建了全球糖料主产国生产形势的定期监测，完善了中国糖料生产监测预警系统，对在全球视野下对中国糖料生产监测并及时预警、警示和规避市场风险起到积极作用；此外，对产业全要素生产率、产业竞争力、农业“三率”（土地产出率、劳动生产率、资源利用率）进行了国际研究比较。二是体系糖料多元、高值化发展的理念、技术和产品已经形成，为“十四五”产业化、规模化应用奠定关键技术基础。

二、我国糖料产业高质量发展面临的问题

（一）我国食糖生产成本过高，糖料产业总体竞争力不足

吨糖生产成本，国外为2600元左右，国内为5300~5800元。以广西为例，广西吨糖生产成本约为巴西的2.37倍、泰国的2.28倍。我国糖料原料成本占到制糖成本的70%~80%，以广西原料价格为例，是巴西的3.09倍、印度的2.01倍、泰国的2.65倍。我国原料成本居高不下，严重制约了我国制糖产业综合竞争力的提升和高质量发展。

（二）甘蔗种植条件差、机械收获困难

我国甘蔗主产区多为坡地，立地条件差，机收困难且杂质多，如何破解这一问题是推进落实糖料高质量发展的关键。一是桂中南蔗区坡多，收割季节多雨，滇西南蔗区坡多、坡陡，机械化应用困难，甘蔗机械收割率不足5%；二是农民收割甘蔗劳动强度过大、种植成本高，农民收入低。

（三）种业发展及更新换代慢、加工技术落后于生产需要

一是甘蔗新品种应用速度慢，品种结构不合理，早熟和中熟及高糖品种少，晚熟品种多，单产和含糖低，品种单一严重；二是甘蔗育种、引种推广重视和投入力度不够，特别是在引种上，政策资金支持不够，引种推广没有计划性、方向性指导，也缺乏技术人员的跟踪调查和技术指导；三是品种退化和病虫害严重，一些糖农因资金考虑使用当年种植或留宿根蔗的尾部蔗茎为蔗种，造成甘蔗大幅减产，同时其宿根年限缩短导致生产成本增加，收益减少；四是用于甜菜机械化生产的丸衣化单粒种基本依靠国外进口，优良的品种和数量、质量得不到有效保障，影响了甜菜糖产业的高质量发展。

（四）糖料生产环节中水肥管理及病虫害防控措施亟须加强

甘蔗产区自然灾害多，病虫害严重，肥水管理和施肥不合理，普遍存在偏施氮肥、单产和蔗糖分偏低等问题。北方的甜菜蔗糖分单产偏低，病害严重，使甜菜的高质量发展受到一定影响。一是新疆甜菜产区长期以来化肥施用过量，特别是氮肥施用过量，灌水偏多，特别是后期灌溉偏多，病害严重，造成甜菜蔗糖分过低，不足15%；二是内蒙古甜菜重迎茬比例较高，有的种植区重茬率高达30%～40%，根腐病发病比较普遍，降低了甜菜单产和蔗糖分，影响了甜菜的高质量发展。

（五）制糖企业技术、设备与产品亟须提高、更新

制糖企业创新能力不足，设备相对老旧，工艺损失偏高，产糖率偏低，产品单一，产业链延伸较短，遇到国外周期性食糖进口冲击，企业应对潜能不足，也影响了糖料产业的高质量发展。

（六）国内糖业无法应对国际糖价周期性波动的冲击

我国政府和糖企对国际每隔4～5年一个周期性波动造成的国内糖产业潜在冲击还没有成熟的应对思路与良好办法。在2014年全球糖价下滑时期，广西糖业50%以上糖企亏损。

三、进一步推进我国糖料产业持续稳定发展探讨

（一）我国食糖自给率的科学定位

从国际国内供需能力和潜力与风险角度出发，科学合理定位我国食糖自给率。借鉴国际其他国家经验并结合我国现实问题，我国食糖自给率应保持在70%以上。

（二）总体思路

坚持稳面积、提产能（提高单产和蔗糖分），推进机械化作业与农艺技术配套的高效栽培模式和“双减”，以及以南甘蔗、北甜菜协同发展为手段，以降本提质增效和环境和谐友好的高质量绿色发展为目标，实现我国食糖产业综合竞争力提升，保障国家食糖有效供给。

1. 科学合理地完善适宜糖料种植区域的调整布局

（1）坚持科学和效益优先的角度进行适宜产区调整布局。

（2）坚持长远发展的视角和战略眼光进行适宜产区调整布局。

（3）坚持以实现机械化生产和单产与蔗糖分提升为依据进行调整布局。

（4）坚持充分依靠市场在资源要素配置中起决定性作用与政府保护扶持相结合的思想来进行产区调整布局。

（5）有计划地探索甜菜向温热区域拓展，做好相关种植技术前瞻性研发。

2. 继续完善糖料作物的生产保护区规划和“双高”基地建设及启动国家糖料基地建设

（1）进一步完善国家重要农产品生产保护区规划。在原有广西1150万亩（76.7万公顷）、云南350万亩（23.3万公顷）的基础上，将广东省湛江的150～200万亩（10.0～13.3万公顷）和北方内蒙古（含河北的坝上）的300万亩（20.0万公顷）、新疆（含甘肃的河西走廊）的200万亩（13.3万公顷）和黑龙江省的100万亩（6.67万公顷）糖料产区纳入国家重要农产品生产保护区规划中，构建南北协同发展的长远战略格局。

（2）在进一步做好“双高”基地建设的同时，启动国家糖料基地建设项目，强化糖料作物的高标准基地（农田）建设。

（三）进一步完善和出台国家对糖料产业的扶持优惠政策

（1）尽快出台目标价格补贴等政策，构建持续稳定的政策保障。

（2）进一步完善各项惠农补贴政策，促进农民增收、企业增效。

（3）进一步降低糖企各种税费，保护企业利益。

（4）进一步完善进口糖相关管理政策和严控食糖走私。

（5）设立专项科技研发基金，激励糖料产业创新能力提升。

（四）强化提升科技支撑水平

（1）强化宜机收、优质、抗病、抗逆新品种的育种和引进，以及甘蔗健康种苗和甜菜种子加工应用，加快新品种更新换代步伐。

（2）强化适合国情的农机具的研发和引进及与农艺技术融合的应用。

（3）强化高产高效尤其是高生物固氮特性的甘蔗培育及病虫草害绿色防控综合栽培技术模式的研发与应用。

（4）强化副产物综合利用的研发与应用。

（五）加强企业科技创新，增强应对市场的潜力与竞争能力

（1）加强科技创新投入，完善工艺，提高产糖率和加工效率，降低工艺损失；延伸产业链，深化副产物加工和综合利用，降低吨糖成本，提升综合竞争力。

（2）强化信息技术、大数据与种植环节、加工环节、管理环节、销售环节的深度融合。

论我国甘蔗产业的科技发展

云南省农业科学院
张跃彬

摘要

甘蔗是我国主要的糖料作物，近年来，我国甘蔗产业科技取得了显著的成就，为蔗糖产业发展作出了重大贡献，选育出一批高产高糖新品种，实现了第五次品种改良更新，绿色生产技术在蔗区大面积应用，开启了甘蔗全程机械化生产模式。但是，根据新的发展形势，我国的甘蔗产业科技还存在一些不足，甘蔗产业效益不高，甘蔗全程机械化推进缓慢，进一步选育突破性品种难度加大。根据科技发展的需要，今后我国甘蔗产业科技发展的方向是加强研发应用适宜我国国情的全程机械化装备和技术，选育甘蔗机械化品种和高糖抗逆品种，科技推动糖料产品向多元化、高值化发展。

甘蔗属于禾本科甘蔗属碳四（C4）植物，原产于热带和亚热带地区，是世界主要的制糖原料。拥有14亿人口的中国，是食糖的消费大国。甘蔗作为我国主要的制糖原料，其糖产量占到我国食糖产量的85%以上。以2020/2021年制糖期为例，全国食糖产量956万吨，其中甘蔗糖产量870万吨，占比超过90%。

多年来，国家高度重视甘蔗产业的发展，在国家产业发展导向和有关省（自治区）的高度重视下，我国重点发展了广西、云南和广东等省（自治区），形成了桂中南、滇西南、粤西等甘蔗优势产区带，形成了69个县（市、区）的重点甘蔗产区布局。随着我国人民生活水平的提高，人口的增加，我国食糖消费有所增长，目前，我国年均食糖需求量已达1500万吨以上，但食糖自给率仅65%左右。为此，依靠科技提高甘蔗生产水平，提升产业竞争力，已成为我国蔗糖产业发展的关键。

一、我国甘蔗产业科技发展的主要成就

（一）高产高糖新品种育成，实现了新一代品种改良

2010年以来，我国主产蔗区在农业农村部（原农业部）、科技部的支持下，特别是在国家糖料产业技术体系连续10余年的支持下，建立了全国甘蔗育种评价平台体系，加大了高糖抗逆（抗旱、抗病虫）品种选育力度和推广力度，扩大了育种规模，全国育种机构以“新台糖22号”等为对照，选育全面超过“新台糖”、具有自主知识产权的新品种。据统计，2010年以来，我国甘蔗育种规模增加了近5倍，同时广泛采用了核心家系选育、经济遗传值评价等育种新技术。2015年以后，广西农业科学院甘蔗研究所、柳城县甘蔗研究中心、云南农业科学院甘蔗研究所、广州甘蔗糖业研究所等相继育成一批全面超过新台糖品种（20号、22号、25号）的甘蔗新品种，特别是以“桂糖42号”“桂柳05-136”“桂糖49号”“云蔗05-51”“云蔗08-1609”等为代表的第五代高糖抗逆甘蔗新品种，在全国展现了良好的推广应用价值，平均蔗糖分比“新台糖”品种高0.8～2个百分点，单产提高10%以上。通过自育新一代品种的快速推广，2021/2022年制糖期，老品种“新台糖22号”等种植面积仅82.5万亩，占比仅5.5%，我国自育的具有自主知识产权的品种占比高达94.5%，特别是2010年以来育成的新一代品种占比达85%以上，实现了我国新一代甘蔗品种的改良更新。新一代甘蔗品种的应用，使广西、云南等主产区产糖率相继突破13%。

（二）良种良法结合，绿色生产技术在蔗区大面积应用

近年来，我国蔗区在“一控两减三基本”绿色农业方针的指引下，大力研究应用甘蔗节水抗旱技术，化肥、农药减施技术和蔗叶还田、制糖废弃物综合利用技术，进行大面积的推广应用，走上甘蔗绿色发展道路。广西推广水肥一体化技术，根据甘蔗生长需求将“水、肥、药”定时定量滴灌在根系范围，同时配以覆膜，显著减少了“水、肥、药”的挥发与淋溶损失，提高了肥料利用率和农药利用率，效益显著，有效降低了“水、肥、药”施用成本，产量提升了30%。云南蔗区针对冬春干旱导致甘蔗出苗率低、单产低且不稳定的问题，大面积推广全膜覆盖一次施肥的抗旱轻简栽培模式，实现亩增产1.7吨以上；和常规半膜覆盖技术相比，亩增产0.6吨以上，并且减少田间用工3个/亩。对于宿根甘蔗，根据甘蔗地下芽的萌发规律，实行低铲蔸技术，年推广应用面积已达56.1万亩。全国主产蔗区全面禁止了传统的田间蔗叶焚烧作业，实现蔗叶粉碎还田，增加了土壤有机质；蔗区推广病虫害生物防控，减少农药使用量，全面实施科学施肥用药和科学用肥，实现化肥、农药减施20%以上；利用糖厂滤泥、酒精废液开发复合肥还田，促进甘蔗产业的绿色发展。

（三）开启甘蔗全程机械生产模式，提升产业竞争力

甘蔗机械化是蔗糖产业发展的关键，通过糖料蔗生产基地建设，规模化经营和机械化生产得到

大力推动。广西等甘蔗主产区按“十并一”的原则，小块蔗田并成大块蔗区，户均甘蔗种植规模有了大幅提高。2019年，广西、云南等主产蔗区户均甘蔗种植面积14.9亩，比“十三五”初期提高了2.4亩；其中，超过50亩的甘蔗家庭农场面积占比达13%，超过100亩的面积占比达6%。甘蔗生产全程机械化取得突破，国内企业研制的甘蔗收割机逐渐得到用户认可，实现了从“无机可用”到“有机可用”的突破，拥有量呈不断增长态势。在主产省区收割机保有量方面，广西拥有2315台，云南（含外省入滇作业）约200台，广东近150台。

二、当前甘蔗产业发展存在的科技问题分析

虽然我国甘蔗产业科技取得了显著的发展成就，但是，随着社会经济的发展，特别是农业农村形势的发展变化，当前，我国甘蔗产业又呈现了一批新的问题，需要依靠科技去解决。

（一）种植效益不高，急需提高甘蔗效益的科技支撑

近年来，由于土地成本上升、生产资料特别是人工成本上涨，使种蔗收益不断下降。以广西为例，近10年来，每亩甘蔗生产成本从1198元增长到2517元，增幅110%；人工成本从526元增长到1237元，增幅135%；成本利润率下降了22个百分点，成本不断攀升导致种植农户比较收益持续下降。广西、云南等主产蔗区林果业与糖料蔗争地现象比较突出。受糖料蔗种植收益低、土地流转成本高等因素制约，种植大户、农业公司租地经营普遍生存困难。

（二）大规模全程机械化推进缓慢，急需农机和农艺技术支撑

广西、云南等甘蔗主产区受土地规模小、种植条件差和农机农艺融合不充分等因素影响，甘蔗综合机械化率仅为50%左右，比全国主要农作物机械率低20～30个百分点。其中，甘蔗耕、种、收各环节机械化率分别为95%、41%和3.3%，特别是在劳动强度最大的收获环节机械化率相当薄弱。问题在于，一是甘蔗收获机械有待提升，当前机收蔗破头率、田间损耗率、含杂率高，蔗农和糖厂不愿意接受；二是完全适宜机收的品种还有待改良。长期以来，我们的甘蔗品种选育方向主要是针对人工作业，特别是人工收获甘蔗进行，在人工收获的生产条件下，蔗农希望选用大茎、易脱叶的甘蔗品种，而一般大茎甘蔗品种的宿根性较差，分蘖力不强，宿根年限短；三是全程机械化综合栽培技术及农机农艺配套技术研发不完善。

（三）育种手段落后，进一步选育突破性品种难度加大

甘蔗由于资源创新、新型亲本培育滞后，特别是现代育种技术相对于其他大宗作物落后，致使

进一步选育突破性品种的难度增大，今后可能会面临新品种培育跟不上产业发展需要的情况。目前正在或已经大面积推广应用的新品种还存在抗病性不强、宿根年限短、养分尤其是氮肥利用效率不高、适应性不广等问题。

三、我国甘蔗产业科技发展的方向

（一）主产蔗区的科技发展方向

从我国主产蔗区来看，广西是我国第一大糖料基地，年甘蔗种植面积达1100万亩左右，食糖产量稳定在600万吨以上，占全国产糖量60%以上。广西蔗区植蔗耕地条件较好，年平均气温高，降雨量丰富，相对湿度大。为此，广西蔗区的科技发力点要放在甘蔗的高产高糖高效上，以高产高糖新品种和健康种苗为基础，主推甘蔗全程机械化生产技术、水肥一体化节水技术、化肥农药减施技术等关键技术。

云南蔗区是我国第二大糖料基地，年甘蔗种植面积410万亩左右，食糖产量稳定在200万吨左右。该蔗区旱坡地占85%以上，立地条件相对较差，且冬春干旱，为此，蔗区发力点要重点放在抗旱丰产上，以抗旱高糖品种为基础，主推全膜覆盖一次性施肥轻简技术、丘陵山地机械化生产技术、宿根甘蔗低铲蔸持续丰产技术等。

广东粤西蔗区是全国第三大蔗区，年产糖量在50万吨左右，主要蔗区位于粤西的湛江地区，属于热带湿润蔗区，高温多雨高湿。该区域地势平坦，比较适宜甘蔗全程机械化生产应用，缺点是降雨量多，空气相对湿度大，甘蔗容易倒伏，蔗糖分水平低，所以重点要放在高糖新品种应用和高糖栽培技术上，主推甘蔗全程机械化技术。

（二）甘蔗产业的科技发展方向

1. 着力研究开发适宜国情的甘蔗全程机械化技术

多年的甘蔗机械化应用实践表明，国外大型甘蔗机械不适宜我国的种植规模和丘陵山地地形，我国的甘蔗机械化特别是收获机械化应该走中小型的发展道路。当前，甘蔗耕、种、管的机械化由于作业相对简单和单一，已经比较成熟并大规模应用于甘蔗生产，但对于甘蔗联合收获机，由于设备复杂、要求高，我国研发生产的收获机质量还不够稳定。今后要着力攻克中小型甘蔗收获机的关键部件，在割砍系统、液压系统和除杂系统上重点攻关，开发出高质量的甘蔗联合收获机应用于生产；同时农机农艺要紧密配合，根据甘蔗机械化的生产特点，以不同宽行距、不同施肥方式、不同病虫害防治方式，研究筛选出平地、山地的全程机械化生产模式技术，提供生产应用。

2. 加大适宜甘蔗机械化的品种选育，准备第六代甘蔗品种改良

按照甘蔗品种改良的标准，2022年，我国已完成第五代甘蔗品种改良，即将进行第六代品种改良。第六代品种改良将和第五代有重大区别，即甘蔗品种将从人工收获的大茎种向适宜机械化、强宿根的高糖中茎种转变，将从完全依靠杂交育种向杂交育种与基因工程育种转变。预计下一代（第六代）甘蔗品种改良需要8～10年。第六代甘蔗品种改良的目标是：完全适宜全程机械化作业，蔗糖分达15.5%以上，产糖率达13%以上。根据我国甘蔗产业发展的科技需求，需要建立新的育种体系和品种应用体系，才能适应现代甘蔗产业发展。

3. 以高糖、抗逆性状为目标，利用现代生物育种技术进行品种改良

传统杂交育种是对甘蔗品种改良的主要方法，一直支撑着甘蔗糖业的发展。然而，传统五圃制甘蔗杂交育种方法培育一个新品种需要耗时8～10年，育种周期长。现代分子生物技术为甘蔗遗传改良提供了新的途径，以转基因技术为主的现代分子生物技术，一是可避免品种杂交导致的大量基因重组；二是可通过导入其他生物体中的外源基因进行定向改良；三是可大幅度地缩短育种周期。世界甘蔗主产国巴西5年前已经培育出含BT基因抗螟虫危害的甘蔗新品种，2021年发展种植面积达100余万亩。随着我国对基因工程育种的重视，我们要加快甘蔗基因工程育种进程。

4. 通过科技推动糖料产品多元化高值化发展

甘蔗既是制糖原料，也是宝贵的C4植物生物资源，要依靠科技推动糖料产品多元、高值的产业化，加快其走向市场的速度。要将单一产品结构的糖业重新定义为多元结构的糖料资源利用产业，开发多元产品，使糖料全产业链资源要素充分利用。一是在甘蔗农业端，要科技支撑蔗叶、蔗梢生产畜牧饲料，大力发展蔗梢养牛，推进甘蔗循环产业链绿色发展模式，实施种植、养殖、饲料、肥料内循环合作社发展模式，构筑“产业互补、循环一体、联合发展”的良好格局，提高产业经济效益；二是在制糖产业端，要以多产融合、多元开发、绿色发展的理念，加强以蔗糖为原料高附加值产品的研发和生产，拓展蔗糖在医药、化工领域的应用；拓展蔗糖与其他生物资源融合发展，研发高附加值药食同源功能性糖品和保健型糖品；加大推广利用废糖蜜等副产物开发酵母、酒精废液生产液态肥、滤泥生产复合肥力度，实现制糖副产物高值化、资源化利用。

参考文献

[1] 张跃彬，邓军.甘蔗产业研究［M］. 北京：中国农业出版社，2018.

[2] 胡朝晖. 我国糖料蔗生产形势及发展趋势分析［J］. 甘蔗糖业，2018（4）：58-66.

[3] 张跃彬. 我国蔗糖产业安全问题与发展对策［J］. 中国糖料，2019，41（1）：66-68.

[4] 陈常兵，胡朝晖. 关于我国糖料高质量发展的思考［J］. 甘蔗糖业，2021，50（1）：1-7.

[5] 张跃彬，邓军，胡朝晖. “十三五”我国蔗糖产业现状及“十四五”发展趋势［J］. 中国糖料，2022，44（1）：71-75.

我国糖料与食糖产业存在的问题及对策建议
——基于广西崇左市扶绥县甘蔗生产情况调研

农业农村部信息中心信息分析处
马光霞

近年来，我国糖料种植面积在2100万亩左右，其中甘蔗种植面积占87%、甜菜种植面积占13%，甘蔗的主产区在广西、云南，甜菜的主产区在内蒙古（含河北张北地区）、新疆；我国食糖年产量在1000万吨左右，其中甘蔗糖占88%、甜菜糖占12%；我国食糖年消费量突破1500万吨，产不足需缺口500万吨左右。下面结合2021年5月中旬对广西崇左市扶绥县甘蔗生产情况的调研，分析我国糖料与食糖产业存在的主要问题，并提出对策建议。

一、广西糖料与食糖生产基本情况

（一）全区的基本情况

一是近年来全区甘蔗年均种植面积为1150.8万亩，占全国糖料种植总面积的54.4%，全区甘蔗种植主要集中在崇左、来宾、南宁和柳州，户均不足10亩。二是全区甘蔗亩均产量在4～5吨，高于全国3.9吨的亩均水平。三是近年来全区年均食糖产量为575.4万吨，占全国食糖总产量的58.1%。

（二）崇左市的基本情况

近年来，崇左市每年甘蔗种植面积维持在400万亩以上，户均面积14.37亩，平均单产4.3吨/亩，其中“双高”基地（200万亩）平均单产5～6吨/亩，甘蔗总产量平均1700万吨/年，产糖量平均210万吨/年。崇左是广西甘蔗种植最大的市，在甘蔗生产过程中采用机械化种植和收获能够提高作业效率，降低生产成本，但从目前的情况来看，甘蔗生产全程机械化中还存在规模化程度不高、农机农艺结合不够、蔗农对机械化种植热情不高等问题。

（三）扶绥县的基本情况

近年来，扶绥县甘蔗种植面积保持在100万亩以上，平均亩产约4.5吨，年均产糖量约60万吨。

甘蔗生产耕种收综合机械化水平位居广西县市前列，是广西糖料蔗主要生产基地，素有“全国甘蔗看广西、广西甘蔗看崇左、崇左甘蔗看扶绥”之美誉。即便如此，调查中了解到，扶绥县糖业发展仍存在瓶颈及亟待解决的问题。

二、我国糖料与食糖产业存在的主要问题

（一）甘蔗生产成本居高不下，难以规模化，机械化程度低

以崇左市扶绥县为例，一是砍蔗人工成本逐年走高，2018年平均砍蔗人工成本约为每人每天105元，2019年为120元，2020年超过130元，人工费用占50%以上。二是地租成本过高，平均蔗地流转承包租金约为650元/亩，较广东高出约300元/亩，较云南省高出350元/亩。三是由于地租过高，规模化推进困难，导致大部分“双高”基地又重新分给蔗农经营，全县甘蔗种植仍然以散户为主。调查中了解到，甘蔗种植规模化受限于地租太贵，香蕉用地（1000～1200元/亩）推高了地租，而种甘蔗地租超过600元/亩就无盈利，没有规模就谈不上机械化等。崇左市建成的200万亩甘蔗“双高”基地，由于1000元/亩的地租太贵，没有合作社或专业公司来经营，只好又重新让农户抽签将地分到各家各户。所建成的“双高”基地掌握在大户、专业公司手中的不足10%。四是没有规模化致使机械化程度难以提高。扶绥县能实现机收的面积约26.5万亩，其中高效机收5万亩，仅占11.3%。主要受蔗地宜机化程度不足（部分片区种植行距不达1.2米，耕作面坡地落差、细石、机耕道路建设标准不高等）影响，全国甘蔗机收率不足5%。

（二）糖料收购价格高，制糖成本高，糖价高

近年来，我国糖料收购均价高达491元/吨，是泰国的3倍、印度的2.3倍，这就造成我国制糖成本高，是巴西的2倍多，糖料成本是我国制糖的第一大成本，占制糖总成本的70%，占比世界最高。这就导致我国糖价高、内外价差巨大，巴西食糖进口到岸完税价格[①]每吨经常比我国食糖便宜1000多元，甚至2000多元，价差巨大。

（三）利益机制不健全、市场化程度不高、竞争意识不强、品种单一，发展后劲不足

一是我国糖料作物是典型的“订单农业”，糖料收购价较为固定，而糖价随行就市，波动较大，市场风险过度集中于糖企，糖厂与糖农利益共享、风险共担的机制没有真正建立起来。调查中，崇左市订单违约问题还是较突出的，有蔗农违约，将甘蔗卖给高价收购的其他糖企或卖给中介

① 关税配额内。

商（蔗贩子）；也有糖企违约，优先外区甘蔗或订单合同以外的甘蔗进厂压榨。二是我国部分食糖主产区长期以来对国家政策依赖度较高，等靠要思想严重，行情好时“闷声发财”，不愿投资引进先进的生产设备、改善生产工艺，行情差时则向国家伸手要政策、要资金，缺乏市场竞争意识，发展后劲不足。三是甘蔗良种繁育基地难以维持。就扶绥县来说，由于甘蔗良种繁育基地各项补贴政策落地困难，所使用的按芽段供种方式享受不到政策覆盖，土地租金过高，传统自留种用种方式让良种繁育基地的销售量无法提升，致使2019年和2020年扶绥县共撤销了8个良种繁育基地的建设项目。

（四）政策支持力度不够，新政出台面临内外压力

一是近年来，国家出台了许多政策措施来扶持食糖产业发展，如临时收储、自动进口许可、贸易保障措施关税等，短期内起到了一定的作用，但对于产业发展长期促进作用受限。二是调查中崇左市农业部门反映国家糖料蔗脱毒、健康种苗推广补贴政策太短，仅2020—2022三年。三是我国食糖产业发展再度面临严峻挑战，行业对国家政策的呼声愈发高涨，纷纷要求国家出台糖料直接补贴。但是在当前的贸易环境下，新的扶持政策出台不仅面临较大的外部压力，而且面临着内部不同产区之间利益平衡的问题。

三、我国糖料与食糖产业发展对策建议

（一）建议糖料蔗脱毒、健康种苗补贴政策适当延长

为扶持糖料生产，从2020年起国家出台了糖料蔗脱毒、健康种苗推广补贴政策，即每亩补贴350元，到2022年结束。从政策执行效果看，对稳定糖料蔗种植面积起到了重要作用。广西糖料生产在全国具有举足轻重的地位，为进一步稳定糖料生产，建议对种植面积在100亩以上的大户适当延长此项政策。

（二）降低生产成本、提高生产效率，积极推进“双高”基地的有效利用

一是扩大种植规模。鼓励种植大户、家庭农场和农民专业合作社等新型农业经营主体开展规模连片种植，对规模种植给予地租补贴、项目倾斜。二是充分利用好已建成的“双高”基地。没有规模就难以实现机械化，没有机械化就难以降低成本、提高效益。以崇左市为例，建议地方研究具体措施，让建成的200万亩“双高”基地切实发挥其规模效益。比如对承包500亩或600亩以上“双高”基地的合作社或大户，采取稳定地租、地租补贴等鼓励政策；或应在“双高”基地建设前就给出这样一系列约定，建成后的地租不得高于改造前的地租水平。地方相关部门要开展大量细致的工

作，这是一条艰难的路，但是必经之路，否则国家、地方投入巨大人力物力建成的200万亩“双高”基地化整为零，违背了建设的初衷。地方要研究给出可行性的方案，用好已建成的200万亩双高基地，让其成为规模化、机械化的示范区，并进一步向更大范围推广。三是提高机械化水平。进一步放宽专业机械的农业补贴范围，提高农用机械的购机补贴额度，加快研发适用于坡地生产的小型甘蔗机械；改进传统种植习惯，促进农艺与农机融合发展。四是合理套种增加收入。下岗工人刘小平，2021年在扶绥县仓平乡四合村承包甘蔗地650亩，租金800元/亩，采取套种西瓜的方式增加单位面积的产出，以消化过高的租金、劳动力成本，预计收益较理想，后期将继续跟踪相关情况。

（三）推进糖料定价体系等一系列改革，稳定国内市场秩序

一是逐步建立起以蔗糖分为主要标准的糖料定价体系，实行优质优价。二是加快建设良种繁育体系。三是延伸产业链，实现综合效益最大化；整合糖企资源，淘汰落后产能。四是加强产区管理，杜绝抢甘蔗的现象；加强市场管理，切实防范过度投机炒作。

（四）完善政策体系

一是对我国食糖的保障能力做科学测算。近年来，我国食糖产需缺口在500万吨左右，进口连年攀升，目前我国食糖自给率不足70%，仍存在下降的可能，我国食糖保供风险提升。要控制好食糖进口的总量和节奏，严厉打击走私，利用好国内外两个市场，确保我国食糖供需平衡。二是国家政策导向应该是引导市场主体重视自身竞争力提升，降低市场主体对政策及财政资金的依赖和预期。三是注重吸纳和推广优秀糖企的创新思维及创新做法。

对国家糖料蔗生产保护区划建管护政策的解读与实施路径探讨

广西洋浦南华糖业集团股份有限公司

冯小华　焦念民

摘要

党中央、国务院历来高度重视粮、棉、油、糖等重要农产品的供给安全。划定与建设粮食生产功能区，以及重要农产品生产保护区，是确保粮食和重要农产品供给安全的重要战略决策。糖料蔗生产保护区的划建管护，需要国家和保护区所在地政府的支持，需要制糖行业和种植主体的共同努力。本文试对国家糖料蔗生产保护区划建管护的政策进行解读，并探讨其实施路径。

2017年3月31日，国务院发布《国务院关于建立粮食生产功能区和重要农品生产保护区的指导意见》（国发〔2017〕24号）（以下简称《意见》），对全面提升我国农产品质量效益和市场竞争力，推进农业现代化建设和乡村振兴战略实施，保障国家粮食安全和重要农产品的有效供给具有战略意义，也是指导粮食生产和重要农产品产业发展的指导性文件。

《意见》明确以广西、云南为重点划定和建设糖料蔗生产保护区1500万亩，要求用三年时间完成划定，五年时间完成建设，形成布局合理、数量充足、设施完善、产能提升、管护到位、生产现代化的糖料蔗生产保护区。

党和国家高度重视食糖等重要农产品的有效供给。习近平总书记视察广西期间要求重视甘蔗等重要农产品的发展和保护，确保供给安全。李克强总理在十三届全国人大第四次会议期间对糖业发展做出重要指示："蔗糖是食品行业中不可替代的重要原料。蔗糖生产看似小，但事关国家发展大局，与老百姓的实际生活息息相关。政府会继续支持蔗糖产业发展，希望有关方面也要继续推进科技创新，努力提高蔗糖产业的竞争力"。

国家划定和建设糖料蔗生产保护区，就是为了确保食糖基本安全自给率。通过糖料蔗生产保护区的建设，提高糖料蔗生产保护区土地的产出水平和农民的种植水平，提高种植效率和种植收益，从而确保在生产保护区内蔗农应种尽种甘蔗。国家1500万亩糖料蔗生产保护区建成后，将实现甘蔗应种尽种和高产高糖，每年可产糖1000万吨以上。加上其他省（自治区）的产糖量，中国食糖市场的自给率可以保证达到70%左右的水平，实现基本安全。那么，如何建设和保护好糖料蔗生产保护区，使其充分发挥应有的作用呢？

一、糖料蔗生产保护区划定的基本要求

《意见》要求各有关省（自治区）要自上而下分解“两区”任务，将本省（自治区）“两区”面积细化分解到县（市、区），要以县为基础实现精准落地。划定“两区”的条件要求包括：水土资源条件较好，坡度在15度以下的永久基本农田；相对集中连片，原则上平原地区连片面积不低于500亩，丘陵地区连片面积不低于50亩；未列入退耕还林还草、还湖还湿、耕地休耕试点等范围。对广西、云南两省（自治区）的糖料蔗生产保护区来说，要优先选择已建成的“双高”基地和糖料蔗核心基地，优先选择蔗农种植技术较好的传统优势区域作为糖料蔗生产保护区。广西和云南已经按照《意见》确定的划定标准和要求完成了糖料蔗生产保护区的划定工作，目前正在依托国土资源遥感监测“一张图”和综合监管平台进行电子地图和数据库的建立及建档立卡、登记造册的工作。

划定保护区是建设和维护的基础，全行业要高度重视糖料蔗生产保护区划定工作的重要意义，要积极配合保护区的划建管护工作。除管理部门要将划定的保护区信息建档立卡、上图入库外，建议县级政府及制糖企业要在糖料蔗保护区集中连片地区树立标牌公示，做到人人皆知，提高保护意识。

二、糖料蔗生产保护区建设的规划标准

《意见》要求要依据高标准农田建设规划和土地整治规划等，以糖料蔗生产保护区为载体，按照集中连片、旱涝保收、稳产高产、生态友好的要求进行糖料蔗生产保护区建设，提高土地的产出水平。在国家的大力支持下，广西已经完成500万亩“双高”基地的建设任务，云南已经完成200万亩糖料蔗核心基地的建设任务。其余800万亩的建设工作也已经列入广西与云南的建设规划中，国家和两省（自治区）政府将按高标准农田的建设标准给予资金的支持。全行业要积极配合两省（自治区）有关糖料蔗生产保护区的规划建设，做到软硬件建设同步。在保护区内大力推广良种良法，提高蔗农种植水平和种植效率；要加大新型种植主体和第三方服务组织的培育，发展多种形式的适度规模经营，构建覆盖全程、综合配套、便捷高效的甘蔗种植社会化服务体系，整体提升糖料蔗生产保护区的生产能力和现代化水平。

三、糖料蔗生产保护区的监督和管理

《意见》要求要根据《中华人民共和国农业法》《中华人民共和国土地管理法》《中华人民共和

国基本农田保护条例》《农田水利条例》等法律法规要求，完善糖料蔗生产保护区相关管理和保护制度。各省（自治区）要根据当地实际需要，积极推动制定保护区监管方面的地方性法规或政府规章。严格保护区范围内永久基本农田管理，确保其数量不减少、质量不降低。要按照“谁使用、谁受益、谁管护”的原则，将保护区地块的农业基础设施管护责任落实到经营主体，督促并指导经营主体加强设施管护力度。

国家将对各省（自治区）保护区划定、建设和管护工作进行评价考核，其结果与扶持政策相挂钩。各省（自治区）也要将相关工作作为地方政府绩效考评的重要内容，并建立绩效考核和责任追究制度。

糖料蔗生产保护区的监督管理是保护区能否发挥作用的关键，行业、企业要积极推动两省（自治区）和糖料蔗生产保护区所在市、县制定保护区监管方面的地方性法规或政府规章，为保护区的管理保护提供制度保障。

四、糖料蔗生产保护区的支持政策

《意见》明确，在基础设施建设投入方面，要将保护区作为农业固定资产投资安排的重点领域，要整合现有的高标准农田、大中型灌区续建配套及节水改造等农业基础设施建设投资资源用于糖料蔗保护区的建设。各地方应积极向国家争取关于建成后维护方面的政策支持，国家已经明确在糖料蔗生产保护区内给予甘蔗种植良种良法补贴和机械化补贴，在广西进行了200万亩糖料蔗价格指数保险试点。维护方面的支持政策应与食糖市场的调控政策相互补充，并逐步实现常态化。制糖企业要积极发挥产业链核心作用，帮助种植者争取和落实相关政策。要结合乡村振兴和现代农业的发展，积极探索在糖料蔗生产保护区内金融支持甘蔗种植的新模式，让蔗农享受到绿色金融和普惠金融的服务，促进甘蔗产业的健康发展。

五、糖料蔗生产保护区管理维护路径探讨

《意见》要求，糖料蔗生产保护区划定与建设完成后，要充分尊重蔗农自主经营的意愿和保护农民土地的承包经营权，鼓励蔗农积极发展甘蔗生产。在糖料蔗生产保护区内实现“双高”，即高效率、高效益，从而保证糖料蔗生产保护区内蔗农应种尽种甘蔗。如果糖厂能够支付的蔗价不能满足蔗农的需要，利用保护区的支持政策给予种植者直接补贴。

糖料蔗生产保护区的建设对国家食糖安全、行业健康稳定发展和乡村振兴意义重大，需要国家、产糖省（自治区）政府、糖料蔗生产保护区所在县市、制糖企业以及蔗农的共同努力。建议做好以下几方面的工作，确保“保护区”建得好、管得住，能够长久发挥作用。

（1）做好食糖市场的总量平衡控制，始终保持甘蔗的种植收益处于合理水平区间。国家有关部门要按照习近平总书记和李克强总理关于糖业问题的重要指示精神，进一步明确中国食糖基本安全自给率。按照糖料蔗生产保护区内蔗农的种植成本与其他作物的比价关系，以及国际食糖市场的长期平均价格，确定实现该自给率目标所需要的合理糖价。以合理稳定糖价为目标，制定中国食糖市场的总量平衡调控措施，管理好与总量平衡有关的各个方面，严厉打击食糖走私和变相走私，使我国食糖价格与甘蔗收购价格保持合理稳定。

（2）充分发挥糖厂在糖料蔗生产保护区建设和管护中的积极作用。根据甘蔗生长特点和糖厂生产要求，通过行政区划或订单农业的方式稳定糖厂原料区域产业。糖厂要做到像经营车间一样，指导、规划、支持蔗农经营好生产保护区。鼓励制糖企业加大对保护区的投入，包括蔗区道路桥梁的修建维护、种植技术培训、良种良法推广等。

主产糖省（自治区）政府和行业组织要建立和完善蔗农与糖厂的利益分配关系，建立合理的蔗价形成机制，并逐步推广按质论价收购甘蔗。随着行业的技术进步和企业经营状况的改善，不断提高工业反哺农业的能力和力度。

（3）根据保护区管护责任与扶持政策挂钩的原则，糖料蔗生产保护区所在地方政府要切实履行管理与保护的主体责任，制定保护区监管方面的地方性法规或政府规章。积极落实保护区的各项扶持支持政策，要特别强调不通过行政手段或财政补贴的方式在保护区内引进甘蔗以外的其他种植作物，特别是水果、林木等。

（4）鼓励土地承包经营权流转，支持种植大户、农业公司和制糖企业流转土地进行规模化甘蔗种植。对在保护区内有土地但无种植能力的农民，乡镇及村委会应帮助他们转出土地，避免土地丢荒和种植林木。要研究落实农民流转土地经营权收益的税收问题，降低土地流转成本。

（5）大力推进甘蔗种植的技术进步，在糖料蔗生产保护区内实现甘蔗种植的现代化，降低蔗农种植甘蔗的劳动强度和成本，提高种植收益。一是大力培育并推广甘蔗优良品种，推广普及测土配方施肥、病虫草害联合防治、轻简栽培技术等，使甘蔗种植变得更加简单高效。二是大力推广甘蔗种植的全程机械化，降低蔗农种植的劳动强度和种植成本；要联合科研、农机设备制造商等进行攻关，重点研发制造并推广适合广西、云南土地和气候条件的小型砍收机械。三是大力推进甘蔗种植的规模化经营，大力推广农村合作社、专业户和农业公司模式，培育专业化服务组织，实现甘蔗种植由传统模式向现代化模式的转变，实现甘蔗种植的现代化。四是推进种养结合和甘蔗与其他作物的间套种，增加蔗农综合收入。探讨蔗叶养牛养猪、动物粪便还田以及甘蔗与西瓜、马铃薯等作物间套种的模式，为保护区内的蔗农培育可持续发展的种养结合产业提供稳定的收入来源。

集约化、规模化生产是糖料蔗发展的必由之路

云南英茂糖业（集团）有限公司
王鞠萱

一、概述

云南英茂糖业（集团）有限公司（以下简称公司）是云南省内重要的制糖生产企业，连续多次被评为农业产业化省级重点龙头企业。公司下辖11家糖厂和1个复合肥厂，目前甘蔗日处理能力4.85万吨、年产复合肥20万吨。甘蔗种植遍及云南省19个县市等，蔗区位于北纬21～25.2°、海拔500～1600米，以山地山田、丘陵为主，水田为辅，属典型的边疆少数民族地区，半山半坝，机械化条件差，纬度、海拔跨度大，气候多样性特征明显，2012年以来常年种植甘蔗超过100万亩。为降低甘蔗生产成本，提升产业竞争力，促进蔗农增收，多年来公司一直致力于努力提高甘蔗单产水平、推广轻简化栽培管理生产技术，加大甘蔗生产全程机械化推广和高产高糖甘蔗品种筛选推广工作，促进了甘蔗原料持续健康稳定发展。2020/2021年制糖期甘蔗种植总面积117万亩（水田62万亩、旱地55万亩），植蔗农户近8万户，惠及蔗农40万人，甘蔗入榨量580余万吨，产白砂糖76万吨，产食用酒精1.1万吨，实现工农业产值70亿元。

随着城镇化进程加快、劳动力转移、作物竞争加剧、种植甘蔗效益不高等多种因素的叠加影响，甘蔗种植面积波动起伏不稳定，产业面临新的更大的挑战，如何来破解这些难题，成为甘蔗原料能否稳住和发展的关键。

二、公司在发展原料蔗过程中遇到的主要问题

（一）“小农”分散经营为主，生产效益低

云南省独特的“山地多、坝区少”的地形地貌，导致农业用地尤其是耕地零散化、细碎化情况突出。家庭联产承包责任制实施之初，一般都是将所有耕地按质量进行平均分户承包，又产生了“人为的细碎化”[1]。特殊的地理自然环境，以及企业主导的“公司+农户”的生产组织方式，导致

甘蔗生产以农户经营为主，种植零散、成本高、利润薄、竞争力弱，如遇特殊极端气候，经营失败的风险较高。

从公司2012年以来的生产情况看，甘蔗种植农户从最高时的12.6万户降低至目前的8.2万户，户均甘蔗面积从9.3亩提高至14.3亩，户均甘蔗产量从42吨提高至72吨，户均甘蔗收入从1.9万元提高至3.2万元。虽然甘蔗种植规模、收入均有一定提高，但规模仍然较小，加上农业生产资料价格上涨、劳动力成本增加等因素影响，难以满足现行经济发展需求。

（二）机械化生产水平低，效率不高

蔗区甘蔗种植多以山地、山田、坡地种植为主，丘陵缓坡地、水田为辅，难以在蔗区普遍推进甘蔗生产机械化。小户分散式生产形成的甘蔗种植地块小而分散，宜机化程度不高，机耕道路、排灌沟渠不配套或配套不合理[2]，蔗区总体基础设施相对较为落后，真正适宜甘蔗收割机械生产的土地面积有限，且难以发挥和提高甘蔗生产机械化效率，总体运行成本高、收益小。

（三）甘蔗生产机械化投入不足

受制地理条件和种植地块小而散的实际情况，甘蔗原料生产要想实现机械化，需投入大量资金进行土地平整、小块并大块、坡地改台地等治理，硬化运蔗道路，合理配置和完善排灌条件，但由于种植甘蔗的效益不高，农户和企业资金投入有限，推进机械化生产的能力不到位或没有积极性。在农业机械购置方面，甘蔗收割机、大马力耕整地等大中型机具总体价格昂贵，仅仅能够享受到国家农机购置补贴，云南省由于省、州（市）财力有限不能给予一定补贴；再者就是甘蔗收获的计划性较强，需要糖厂、农户、机手等多方联动、配合才能很好地运行，对于农机购置者来讲投资大、运行风险较高，在一定程度上限制了甘蔗生产机械化的推进。

（四）缺乏专业化生产经营相关人才

在传统农业向现代农业发展的过程中，甘蔗种植大户、专业户、专业村组、家庭农场、农民专业合作社等新型经营主体不断出现，但在经营管理方面仍缺乏经验。而农业产业化是农村经济发展的必由之路，随着国家对三农问题的高度重视和农业产业化进程的加快，对既懂农业生产又会经营、善管理的农业经理人、农业经纪人等人才的需求更大。

（五）土地管理体制自身的限制

我国农村的基本经营制度家庭联产承包责任制的实行，使农民生产的积极性大增，解放了农村生产力，为农村商品经济发展创造了条件，促使传统农业经济开始朝专业化、商品化和社会化方向发展。但从农业现代化发展的形势来看，分散经营需要耗费更多人力、物力来发展农业生产，且由于农户素质、技能水平参差不齐，水、肥、药利用效率不高，产量也高低不一，不利于农业产业规模化、机械化、集约化发展。

三、集约化、规模化是原料蔗发展必由之路

（一）集约化、规模化的成功案例

公司景真糖厂蔗区植蔗户可超于2014年注册成立“事必达”农业专业合作社，在勐海县内通过规模化流转土地专业从事甘蔗生产，目前拥有甘蔗收割机5台套、耕地机械2台套、大疆无人机3台，从甘蔗种植、管理、病虫害防控、收获均实现了机械化生产，同时还帮其他农户机收甘蔗。2019/2020年制糖期可超的农业专业合作社甘蔗收获面积2784亩，甘蔗总产量1.52万吨，总收入817.3万元，实现利润50万元。2020/2021年制糖期甘蔗收获面积进一步扩展至3304亩，甘蔗总产量2.37万吨；总收入1273万元，实现利润326万元；每亩平均单产7.16吨，比散户种植每亩单产高1.97吨；每亩种植成本下降30%，种植效益增加1696元。这种新型经营模式的出现，有效促进和带动了农户种植甘蔗的积极性，在可超种植效应的带动下，景真糖厂出现了面积100亩以上种植大户41户，种蔗面积合计0.6万亩；面积500亩以上甘蔗种植专业户3户，种蔗面积合计0.67万亩。种植专业户种蔗面积占全厂种蔗总面积的10%；甘蔗产量8.5万吨，占全厂甘蔗总产量的12% 。

（二）千方百计扩大、复制集约化、规模化种植模式

以一个日处理能力1万吨甘蔗的糖厂为例，每个制糖期需要甘蔗原料120万吨，需要发展甘蔗种植面积24万亩左右，按户均甘蔗面积14亩计，需要发展甘蔗种植农户1.71万户；砍收费用按180元/吨计，农户仅砍收成本一项合计为2.16亿元。如果50%实现产业化、规模化经营，按每个新型经营主体2000亩和农户户均14亩计，仅需发展60个新型经营主体和种植农户8600户左右，甘蔗种植管理水平、机械化推进将会大幅提高，单产也会随之提升，植蔗收益进一步增加；糖厂农务人员可以减少，工作量也相应大幅减少；再引入100台甘蔗收割机参与砍收，可以创造100个工作岗位，创收4800万元以上；机收费用按80元计，每年将为蔗农增收6000万元以上。甘蔗种植产业化、规模化的发展，可有效稳定甘蔗种植面积和产量，降低甘蔗生产强度，还有利于增加农民收益，解放农村剩余劳动力，加快城镇化进程。

结合蔗区的实际情况，实现集约化、规模化的主要方式如下。

一是积极争取引导社会资金，扶持培育懂技术有能力、愿意从事甘蔗生产的人，通过土地流转成为甘蔗种植大户、专业户。

二是农户通过土地入股、托管的方式，将土地交由专业化的公司或技术能人统一进行甘蔗种植生产，所有甘蔗生产过程由社会化服务体系提供。

三是由企业大规模流转土地经营权，再返租给懂技术有能力、愿意从事甘蔗生产的大户、专业户、专业合作社种植甘蔗。

四是由企业大规模流转土地经营权，成立甘蔗种植公司，形成糖料蔗种植、加工、销售一体化。

四、持续探索、创新、转变甘蔗生产经营模式

（一）对新型甘蔗生产经营主体给予更多政策上的支持

甘蔗种植作为传统农业产业，新型农业经营主体规模大、投入高，在发展初期需要投入较多资金，用于预付土地租金、购买农资和大型农机具等，而自有资金严重不足，急需金融机构、政府、企业等多方给予资金、技术支持。建议创新开展农村土地承包经营权抵押贷款业务，建立专项农业保险制度，鼓励商业性保险公司扩大对新型农业生产经营主体的保险覆盖面，创新农业保险险种，建立“保险+期货+农业发展主体”等多种农业收益保障制度，稳定和促进甘蔗产业发展。

（二）加大蔗区基础设施建设

2017年4月，国务院发布《国务院关于建立粮食生产功能区和重要农产品生产保护区的指导意见》，提出划定粮食生产功能区9亿亩，重要农产品生产保护区2.38亿亩[3]；2021年中央一号文件再次明确提升粮食和重要农产品供给保障能力[4]。紧紧围绕中央提出糖料蔗保护区1500万亩的目标，整合各项涉农项目资金，鼓励更多制糖企业参与糖料蔗基地建设，加大糖料蔗保护区农田水利、道路、信息化设备等基础设施建设，通过加大财政资金投入，按照经营规模化、水利现代化、种植良种化和生产机械化的要求建设高标准糖料蔗基地，实施土地整治，并对项目区植蔗功能给予相应要求和保护，从而促进土地经营权流转和推进甘蔗生产机械化发展，巩固、稳定并带动糖料蔗种植发展。

（三）防止土地租金过快上涨，确保植蔗收益合理

随着社会经济的发展和作物竞争格局的改变，农资、劳动力价格等均有不同程度的上涨，土地作为重要生产资料，供给的有限性推高其租赁价格也是必然。地租适度提高既有利于促进土地流转，扩大土地经营规模，也有利于增加出租承包地农户的财产性收入。但租金上升会进一步挤压种蔗收益，在扶持发展专业大户、家庭农场等新型农业经营主体种植甘蔗的同时，应探索建立合理的土地流转费用增长机制，鼓励农民以土地入股，对经营主体给予一定补助、以奖代补等，确保土地拥有者和经营主体均有合理的收入。

（四）促进土地经营权流转

现代农业的基础在规模，没有规模就没有效益。发展规模型农业，必须把土地集中起来，推进土地经营权有序流转，鼓励农户通过互换承包地、联耕联种等多种方式，实现打掉田埂、连片耕种，解决农村土地细碎化问题。探索土地入股、甘蔗种植托管等适度规模经营，发展制糖企业+甘蔗种植专业村组、合作社、家庭农场等生产经营模式，通过大力发展规模化经营和推广全程机械化来提高农业生产效益。政府或企业在政策上对规模化流转土地种植甘蔗的经营主体给予一定扶持、奖励，从而调动其积极性。对有条件的区域，企业可采取流转土地经营权，再适当下调租金返租给甘蔗种植经营主体，进而稳定区域甘蔗种植面积和产量。

（五）加强农业经营管理人才培养

依托现代农业产业技术体系、农业科技创新联盟、科研院所等平台，加强对甘蔗种植大户、专业户、返乡人员、农业经理人等甘蔗种植管理复合型人才培养，提升甘蔗种植管理技能和植蔗科技水平。

五、小结

农业的出路，关键在于生产方式的转换，最终取决于生产经营方式的转变。当前，甘蔗种植发展进入新阶段，传统生产经营方式已跟不上时代发展的步伐，必须转变思想观念，抛弃传统思维，用市场化、工业化理念发展甘蔗原料种植，把农民和新型经营主体的积极性调动起来，让其主动调整和转变生产经营方式，推进甘蔗种植产业化、规模化、集约化生产经营，提高土地综合产出率，实现节本增效，稳定蔗糖供给。

参考文献

［1］颜晓飞．“小农”经营方式与变革对策［EB/OL］．（2018-12-12）［2021-06-21］．m.cssn.cn/skysklx/skysklgdxw/201812/t20181212_4792234.shtml.

［2］巫盛聪，瞿祖双，段川川．浅论陇川县甘蔗生产机械化现状及发展措施［J］．甘蔗糖业，2020，49（6）：21-24.

［3］新华社．国务院印发《关于建立粮食生产功能区和重要农产品生产保护区的指导意见》［EB/OL］．（2017-4-10）［2021-05-08］．www.gov.cn/xinwen/2017-04/10/content_5184658.htm.

［4］新华社．中共中央 国务院关于全面推进乡村振兴加快农业农村现代化的意见［EB/OL］．（2021-2-21）［2021-05-08］．www.gov.cn/xinwen/20121-02/21/content_5588098.htm.

夯实原料根基，发展甘蔗生产，保障食糖安全，助推乡村振兴

广西南宁东亚糖业集团
汪鸿洲　宁世忠

广西是我国最大的食糖产区，多年来糖料蔗种植面积和食糖产量均占全国的60%左右，是我国食糖战略安全的主屏障。广西糖业在维护国家食糖供给安全、巩固拓展脱贫攻坚成果、全面推进乡村振兴、促进民族团结进步及稳定边疆中发挥着重要作用。

2021年4月习近平总书记在视察广西时提出“广西糖、铝、机械、冶金等产业在全国具有较强竞争力，要推动全产业链优化升级，推动传统产业高端化、智能化、绿色化”“立足广西林果蔬畜糖等特色资源，打造一批特色农业产业集群”重要指示要求。李克强总理在第十三届全国人民代表大会第四次会议期间参加广西代表团审议《政府工作报告》时指出：蔗糖是食品加工行业中不可替代的重要原料。蔗糖生产看似小，但事关国家发展大局，与老百姓的实际生活息息相关。政府会继续支持蔗糖产业发展，希望有关方面也要持续推进科技创新，努力提高蔗糖产业的竞争力。习近平总书记、李克强总理的重要指示要求为食糖产业的高质量发展提供了根本遵循，指明了前进方向和方法。

一、甘蔗生产成本过高，制约了广西糖业整体竞争力提升

近年来，广西糖业“二次创业”和高质量发展已取得显著成效，但还存在一些薄弱环节，说到底还是甘蔗生产成本过高，制约了广西糖业整体竞争力提升。广西糖业在农业、工业、贸易三个板块与国际先进水平比较，工业和贸易物流成本方面其实差距已很小，甚至某些方面还处于领先地位，主要的劣势是在农业板块。原因是广西糖料蔗耕地资源禀赋差，旱坡地居多、肥力低，宿根周期短，机械化程度低，人工成本高等，导致吨蔗种植成本远远高于主要产糖国。据广西壮族自治区糖业发展办公室（以下简称“广西糖办”）的统计数据显示，广西吨蔗种植成本为411元，是巴西、澳大利亚、泰国等国家的2～3倍，主要差距在人工成本，广西人工成本为188元/吨，巴西仅13元/吨。糖料蔗种植成本居于高位，使得广西糖厂原料蔗成本占食糖总成本比例为世界最高。广西甘蔗成本占原糖总成本比例达79.7%，其他国家均未超过70%，最低的巴西为54.1%。广西原糖总成本4735元/吨，是巴西1727元/吨的2.7倍，泰国的2.1倍，澳大利亚的1.7倍。总体而言，广西糖业的差距主要在农业，导致甘蔗生产成本高，制约了糖业整体竞争力提升。所以，必须围绕薄弱环节精准持续发力，加快农业方面的科技创

新，提高甘蔗糖分和产量，提高农民种植收入，最关键的就在于降低甘蔗生产成本，只有种植成本降低了，甘蔗的发展才有可持续性，企业才能生存发展，行业才能实现产业的转型升级。

二、东亚糖业降低甘蔗成本、发展甘蔗生产的实践

广西南宁东亚糖业集团（以下简称“东亚糖业”）积极响应“工业反哺农业”的号召，积极扶持蔗农发展甘蔗种植。2017/2018年制糖期至2020/2021年制糖期这四个制糖期东亚糖业在蔗种、肥料、地膜、农机、改扩种、灌溉、“双高”基地建设、道路维修等方面扶持蔗农总支出资金13.8亿元，其中对蔗农无偿扶持补贴1.7亿元，赊销种苗、生产资料和其他等资金12.1亿元，在稳定甘蔗种植面积的同时稳定增加蔗农收入。

（一）高位推进“双高”建设，大力推广“现代农场”模式

东亚糖业始终坚持“原料是糖企生存发展之本”的理念，在发展糖业“第一车间”上下足“绣花”功夫，以扎实推进“现代农场”为抓手促进“双高”基地建设。2019/2020年制糖期，东亚糖业甘蔗种植面积193万亩，其中“双高”基地90万亩，占蔗区总面积46.6%，通过“双高”的引领带动，稳住了种蔗面积，为集团的可持续发展、实现“转型升级”筑牢了坚实的原料根基。自2015年开始，东亚糖业以创新驱动甘蔗发展，高位推进“双高”建设，大力推广“现代农场”模式，在澳大利亚及泰国两仪集团专家指导下采用全球定位系统（GPS）导航、土壤改良、起垄双蝶盘种植等技术，大大促进了农机农艺的融合。东亚糖业扶持农机服务队伍建立移动网络实时传送协议（RTK）和购买导航设备，将收割机作业误差控制在2.5厘米以内，精准度大为提升，收割效率从每台每天200吨提高到300吨。这些技术的应用使种植、管理实现了100%机械化，综合机械化程度90%以上，机械收割98%以上，大幅降低了种植管理成本，树立起示范典型，得到政府、农户的认可。经过2015/2016年制糖期至2019/2020年制糖期的发展，东亚糖业现已实施完成“现代农场”近10万亩。据测算，甘蔗“现代农场”新技术及管理模式应用后，平均单产可达到7吨/亩，比农户自己种植单产增加1.2吨/亩；在不计地租的情况下吨蔗效益323元/吨，而一般农户三年平均吨蔗效益202元/吨，比其他农户多增收121元/吨，增收增效明显。甘蔗“现代农场”模式实施过程高效、简便，综合效益高，为种植大户、合作社、家庭农场和散户宜机化种植提供了一个有效的解决方案，以点带面辐射带动整个东亚糖业蔗区加大土地整治和先进种植技术推广力度，使甘蔗宜机化面积不断增加。

（二）推广甘蔗中转站和甘蔗自运进厂，降低蔗农用工成本

为帮助蔗农降低种植成本，近年来东亚糖业开展甘蔗中转站和10千米范围内自运车进厂业务，帮助蔗农降低砍运成本140～180元/吨，有效缓解了制糖期用工短缺的压力，提升了蔗农种蔗意愿。从2013/2014年制糖期开始到2019/2020年制糖期共建立了397个中转站，通过中转站形式进厂的甘蔗数量占进厂压榨甘蔗总量的比例由最初的0.3%提升到2019/2020年制糖期的43%。2019/2020年制

糖期中转站共进厂原料蔗345万吨，降低蔗农种植成本超5亿元。其中，10千米范围内自运车进厂甘蔗58.7万吨，降低蔗农种植成本9979万元。

（三）用生物法防治甘蔗病虫害，惠及蔗农

为保证产品质量，消除农药残留，东亚糖业用生物法防治甘蔗病虫害，降低蔗农防治成本，建立绿色蔗区。东亚糖业的生物制品所利用赤眼蜂防治螟虫面积达到190万亩以上。东亚糖业还发展其他农务技术支持业务：建立组培苗实验室生产组培苗，建立测土配方实验室因土配方施肥，建立病理实验室研究防治黑穗病等。每年集团在这些项目上投入资金总计约800万元，免费向蔗农提供甘蔗病虫害生物防治技术，降低农民防治虫害成本，稳步发展甘蔗种植，建立生态优化、环境友好的绿色化甘蔗种植区域。

（四）积极发展饲料项目，助推乡村振兴

东亚糖业始终坚持“企农结合、产业带动”发展思路，将自身发展需求同当地农民脱贫和乡村振兴事业深度融合。东亚糖业2019年成立广西扶南饲料有限公司，建设标准反刍生物饲料项目，以生产反刍生物饲料产品为载体，创新牛羊养殖合作新模式，积极寻求与蔗农的合作，发展养牛事业，让蔗农在种植甘蔗的同时能够获得额外收入。为了保证养殖产业合作新模式的顺利开展，东亚糖厂、扶南饲料厂联合促成银行、保险公司、蔗农、养殖屠宰销售企业签订六方合作协议，提供全方位服务，以确保蔗农饲养牛羊的销路，实现产业闭环。东亚糖厂和饲料厂在发动蔗农养牛过程中支持并协助蔗农解决以下难题：

（1）提供融资服务，协助蔗农在银行贷款解决养牛的资金问题，同时引进担保公司、保险公司解决养牛风险问题。

（2）提供养殖全过程的技术及培训服务，公司专业的技术团队协助蔗农解决牛场选址设计、购牛渠道、疾控、饲养管理、肥牛销售等系列问题。

（3）可常年稳定供应质优价廉的反刍类饲料［包括全混合日粮（TMR）饲料、发酵蛋白饲料、精料补充料、浓缩料、糖蜜蔗渣颗粒等］，充分满足蔗农养牛饲料所需。

（4）提供饲料预付服务，根据蔗农信用评级制定预付饲料额度。

该套模式除适合东亚糖业订单原料区外，还可以复制到广西的其他区域，建立标准化养殖小区，带动当地经济社会发展。

三、对我国甘蔗生产发展的意见和建议

（一）确保糖料蔗生产保护区面积稳定，发挥其既定作用

国家已明确将糖列为与粮、棉、油同等重要的农产品，并规划糖料蔗保护区（其中广西划定

1150万亩）。针对当前一些地方在糖料蔗保护区地域内发展其他经济作物或违规进行城市工业建设等侵占保护区甘蔗用地的现象，必须高度警惕，不能任其发展形成燎原之势。要坚决贯彻落实国家糖业发展战略，对侵占“双高”基地及糖料蔗生产保护区地块改作它用的违法违规行为进行有效整治，恢复糖料蔗生产保护区地块原有用途，使糖料蔗生产保护区划定真正发挥既定作用，确保甘蔗制糖产业发展“第一车间”安全，确保国家食糖安全。

（二）切实维护糖料蔗购销市场秩序，完善订单合同履约信用体系，促进订单农业有序发展

按照“谁投资、谁服务、谁受益”的原则，强化订单合同监管的管理责任，维护好企业、农民的切实利益，共同维护良好的糖料蔗收购秩序。要健全订单合同签署、履约等全流程大数据监管平台和糖料蔗定价、收购、结算公允的价值机制；增强蔗农、甘蔗生产经营者的契约意识，逐步完善订单合同履约信用体系，建立健全糖料蔗订单农业失信行为惩戒机制，营造创造产业良好发展环境，促进订单农业有序发展。

（三）全面提升广西糖料蔗生产全程机械化水平

降低甘蔗生产成本和破解劳动力不足问题，其根本出路就在于甘蔗生产机械化。当前广西甘蔗生产机械化程度较低，特别是全区机收面积仅占5%。广西糖料蔗主产区多为山区，而目前国内外甘蔗耕种收机械大多体形庞大，只能在少数地势平坦蔗区使用，技术性能还不能满足现实生产需要。建议加强国家和自治区重点研发计划与糖料蔗机械研制、应用的衔接，推动糖料蔗机械研发单位、制造企业、用户等建立合作机制，针对目前甘蔗机械化收获中存在的技术瓶颈问题，开展甘蔗机械化生产耕、种、管、收等环节的全系统研发推广。建议在平原缓坡地区以切段式机收为主，整杆式和分段式机收为辅；在丘陵山区主要以分段式机收为主。此外，还要加快北斗卫星导航自动驾驶技术在种植中的推广应用，全面提升广西糖料蔗生产全程机械化水平。

（四）切实破解水利化制约难题

2020年崇左市遭受严重旱灾影响甘蔗生产的教训再次说明，目前甘蔗生产还没有走出“靠天吃饭”的困境，水利化依然是制约甘蔗保产增产的重要瓶颈。据广西糖办统计，截至2020年年底，全区500万亩“双高”基地中约64%（320万亩）已实现水利化，剩下的属于边界线2千米范围内无水源项目；“双高”基地以外其他糖料蔗生产保护区条件更差，基本属于无水源、坡度大的旱地。要破解水利化制约难题，必须要政府、企业、糖料种植主体共同参与才能形成合力。例如，可通过修复增加“双高”灌溉设备设施；打井、开挖水池；建立取水点，完善地下取水配套设施；添置电瓶直流抽水泵、潜水泵、喷灌机等抗旱设备，大力推进水利化建设和管护工作，提高甘蔗种植区域的可灌溉覆盖面积。

（五）加大糖料蔗良种繁育、研发和推广力度

“种子是农业的芯片”。持续推进甘蔗高糖、高纤维、耐旱、抗病等综合性能优良品种的研发，争取研发出一系列新的适合自治区土壤、气候环境种植的优良品种，特别是要筛选适宜机收品种，进一步完善良种繁育体系，确保我区甘蔗生产用种质量得到根本保障。推进良繁基地建设、种茎加工等标准制定，提升良种繁育推广标准化、规范化水平，为开展现代甘蔗种业、新型农业成果转化和技术转移、提升现代特色农业高质量发展提供强有力的科技保障。

（六）加强和推广互联网+“智慧农业”平台建设

改变传统生产方式，利用国家推进新基建的有利时机，布局5G智慧农业项目，推动物联网、精准农业、农业高产和农业新技术、新方法的应用，促进甘蔗种植现代化、标准化、生态化、科技化、信息化发展，建立高效、简便、高效益的种植模式，实现甘蔗生产各种农用物资和甘蔗种植生产、运输等环节的线上监控和管理。例如，在农务领域引入人工智能（AI）技术，通过深度学习网络和计算机图像技术，对机器收割的甘蔗进行含杂率AI检测，辅助人工质检，提升质检的准确度，保证质检的公平性。

（七）大力发展甘蔗农业循环产业，助推乡村振兴

乡村振兴最关键的还是农业产业的振兴。习近平总书记2021年4月底视察广西时指出，“全面乡村振兴，要立足特色资源”“要立足广西林果蔬畜糖等特色资源，打造一批特色农业产业集群”。建议在做强做优传统制糖业的基础上，以甘蔗种植、食糖生产和深加工为主线，大力发展糖业循环经济，不断延伸产业链长度，大力推进蔗糖新产品研发生产，全面提升甘蔗及其副产物的综合利用效能。例如，引导食糖向功能糖、营养糖等特色糖方向转化，满足市场消费升级需求；推动甘蔗向生产植物水、饮料、酒类等方向转化，深化现有循环经济产业链；推进蔗渣利用向木糖、木糖醇、木聚糖、阿拉伯糖、环保餐具、膳食纤维等高附加值产品转化，糖蜜向食品、化工、饲料等领域发展，滤泥和蔗叶利用向饲料、肥料等生产转化。将一根甘蔗从头到尾“吃干榨净”，创建绿色环保的甘蔗循环产业新业态，增强企业综合竞争力，提升蔗农收入，全面助推乡村振兴。

总而言之，在确保糖料蔗生产保护区面积稳定、维护良好的糖料蔗收购秩序基础上，围绕薄弱环节精准持续发力，强化土地整合，推行标准化、规模化经营，改善耕种收作业环境，同时争取国家进一步在政策和资金方面给予倾斜和支持力度；聚焦甘蔗生产科技创新，推动科研单位和企业研制出更适合广西糖料蔗生产需要的良种良法、耕种收机械，加强和推广“智慧农业”，提高甘蔗糖分和产量，提高农民种植收入，助力全面提升广西蔗糖产业的竞争力，端好中国的“糖罐子”。

进口篇

全球糖料与食糖产能的时空发展特征与未来展望

北京工商大学经济学院
刘晓雪　蒙威宇

摘要

本文结合宏观经济、全球食糖产能时空分布特点以及消费需求等维度分析了2011—2020年全球糖料和食糖产能的特征，主要得出几个结论：一是2011年以来全球糖料产能总体增长，近几年产能增速约为1%；二是全球糖料和食糖产能主要集中在美洲及亚洲和太平洋沿岸地区（简称亚太地区），两地区糖料和食糖产能分别占全球的84%和82%；从美洲糖料年压榨量来看，南美洲和北美洲分别约占美洲年压榨量的79.4%和20.6%；三是2021/2022年制糖期全球糖料与食糖产能呈“非洲大幅增长，其他地区基本保持不变”的特征。非洲新增产能主要受人口增长和经济发展刺激消费增加影响，其他区域新增产能较少主要因为糖业为高资本密集型行业、糖价不高、食糖消费增速有限和巴西糖醇生产转换灵活；四是预计2022/2023年制糖期“产能可以满足消费需求，仍然存在过剩产能，产能增幅下降”的结论。若全球消费需求恢复到新冠肺炎疫情前的增长水平，产能利用率可能明显提升。

引言

根据洲际交易所（ICE）的数据，11号国际原糖价格从2020年4月28日的9.21美分/磅上涨到2021年11月18日的20.69美分/磅，涨幅125%。糖价上涨增加了糖厂的利润空间，糖厂对主产国（地区）长远发展很重要，既为农民创造了解决生计的机会，又在工厂内创造了永久性就业和季节性就业[1]，也会增强副产物利用，提高综合利用的同时拓展糖厂利润空间。如巴西加大了蔗渣发电的力度，非洲地区对于甘蔗渣热电联产的应用，加强了甘蔗渣利用，进一步扩大了糖厂利润[2]；而甘蔗渣灰还可以作为水泥基础材料中的沙子替代品[3]，拓展了副产品蔗渣的应用领域。

当前关于全球食糖产能的研究文献很少，而食糖生产处于价格敏感期。价格高位震荡的下行压力增加，但原油高位和2021/2022年制糖期全球食糖供给短缺又为原糖价格提供了一定的支撑。原因在于第一大食糖主产国巴西的甘蔗既可以生产食糖，也可以生产燃料乙醇，而燃料乙醇又和原油价格高度相关。2022年2月美国纽约原油期货价格（WTI）突破100美元/桶，创七年来新高，俄乌冲突等地缘政治冲突下原油价格的不确定性增加。糖价震荡、高位原油不确定加大叠加将导致甘蔗制醇比和制糖比的不确定性增加，在全球食糖市场形势更为错综复杂的形势下，有必要系统梳理全球食糖生产能力的分布特点，寻找影响世界食糖产能变化的主要因素。

一、全球糖料与食糖产能的时空分布总体特征

（一）全球糖料与食糖产能的时间分布特征

2011—2020年全球糖料压榨能力总体呈增长趋势（图1），全球压榨能力（包括闲置产能）从2011年的23亿吨增长到2022年的约27亿吨，增幅17%。

尽管全球糖料压榨能力从2011年开始稳步增长，但各年度增长率差异较大，全球糖料压榨能力增速总体呈“2012—2013年下滑、2014年上涨、2015—2020年下滑态势”（图2）。受2011/2012年制糖期糖价上涨、全球糖厂普遍扩充产能影响，2012年糖业产能增长4.4%；2012年的高产能叠加2012/2013年制糖期全球食糖供给过剩导致糖价大幅下跌，影响了糖厂扩大生产的积极性，2013年糖业产能增幅较低[4]；2014年产能回升后，2015—2020年五年持续以较低增速平稳增长。

该增速变化，首先与食糖产业长期投资特征有关。食糖生产是经济中资本密集程度最高的产业之一，一旦投入生产，糖厂可以以相对低一些的可变成本运营，这可能导致糖价可以维持在相对较低水平。然而，一旦产能撤出市场，大量的资本成本就会成为进入壁垒，价格必须上涨到极高的水平才能吸引新的投资进入该领域。这种机制导致世界上许多国家的糖厂都有很高的杠杆率（即资产

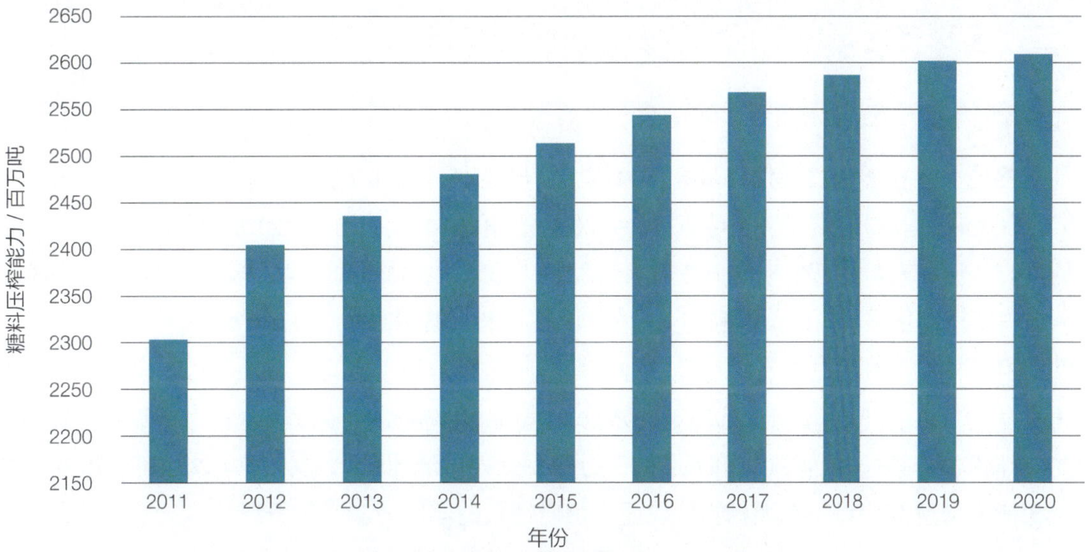

图1　2011—2020年全球糖料压榨能力（包括闲置产能）

资料来源：根据IHS Markit数据整理而成。

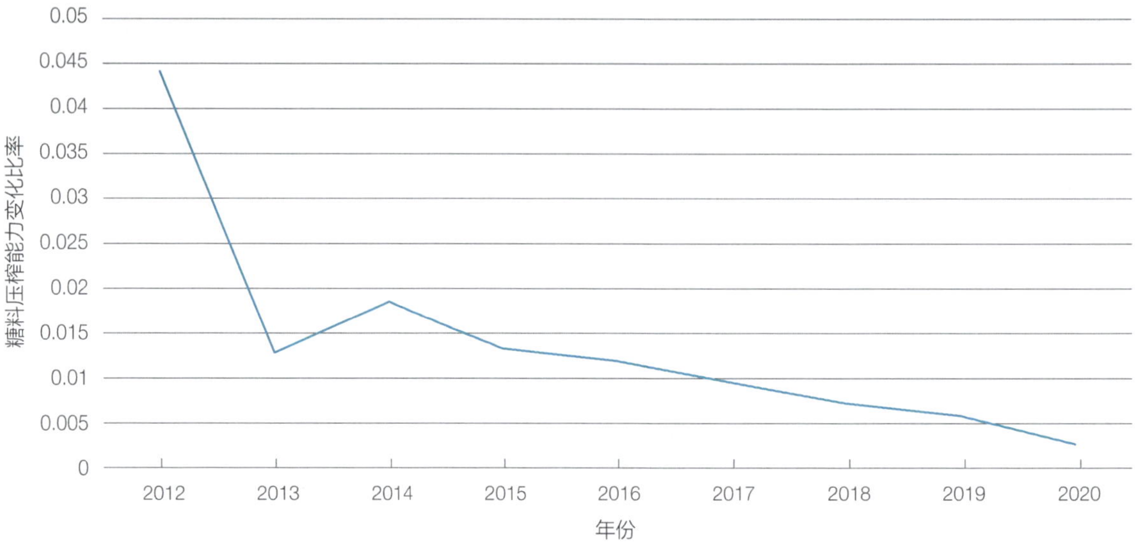

图2　2012—2020年全球糖料压榨能力变化比率（包括闲置产能）

资料来源：根据IHS Markit数据整理而成。

负债率较高），因为繁荣的价格周期太短，无法弥补较长的价格低迷阶段。2010年高位价格导致产能扩张的负面效应在整个行业中仍然存在，在此背景下，2021年几乎没有任何新的产能投入使用。

其次，2021年国际糖价上涨并未带来进一步的投资活动，主要是当前产能可以满足消费需求并且生产商对未来糖业发展前景持不确定性态度。2021年国际原糖价格总体上涨，巴西和泰国作物歉收的负面效应抵消了印度和欧盟产量上升的正向效应。尽管如此，当前糖价难以引发新一轮投资浪潮。2022年全球糖料产能增幅可能将第四年保持在1%。糖料压榨产能增幅的平稳增长与全球食糖需求增速紧密相关。由于新冠肺炎疫情导致食糖需求增速大幅下降，过去10年全球食糖消费平均增速仅为1.3%左右，而食糖压榨水平增长率约为1.4%。

（二）全球各区域糖料压榨能力的时间分布特征

从各大洲糖料压榨能力的区域分布来看（图3），美洲和亚洲/大洋洲地区长期拥有远超非洲和欧洲的压榨能力，且美洲长期保持最高压榨能力。但美洲最近几年糖料压榨能力增速持续低于1%；2018年之后亚洲/大洋洲地区增速大幅下降，2020年增幅仅有0.1%；2018—2020年欧洲负向增长；值得注意的是，非洲在人口增长带来的消费需求刺激下，增速从2018年的0.4%大幅上升为2020年的3.2%。从美洲糖料年压榨量来看，南美洲和北美洲分别约占美洲年压榨量的79.4%和20.6%。

从糖料压榨能力利用率来看，世界各地区糖料压榨能力利用率均呈增长趋势。全球糖料压榨能力利用率从2011年的90.7%增长至2020年的95.4%。其中，非洲糖料压榨能力利用率最高，2020年达到97.3%，而欧洲糖料压榨能力利用率最低，为90.2%，远低于世界整体水平。这也部分解释了非洲糖料压榨能力增速加快以及欧洲糖料压榨能力负向增长的原因。2020年美洲糖料压榨能力利用率达到94.5%，低于世界整体水平。而亚洲/大洋洲地区虽然疫情前糖料压榨能力利用率达到96.3%，但疫情带来的需求转弱可能是导致其增速下降的原因[5]。

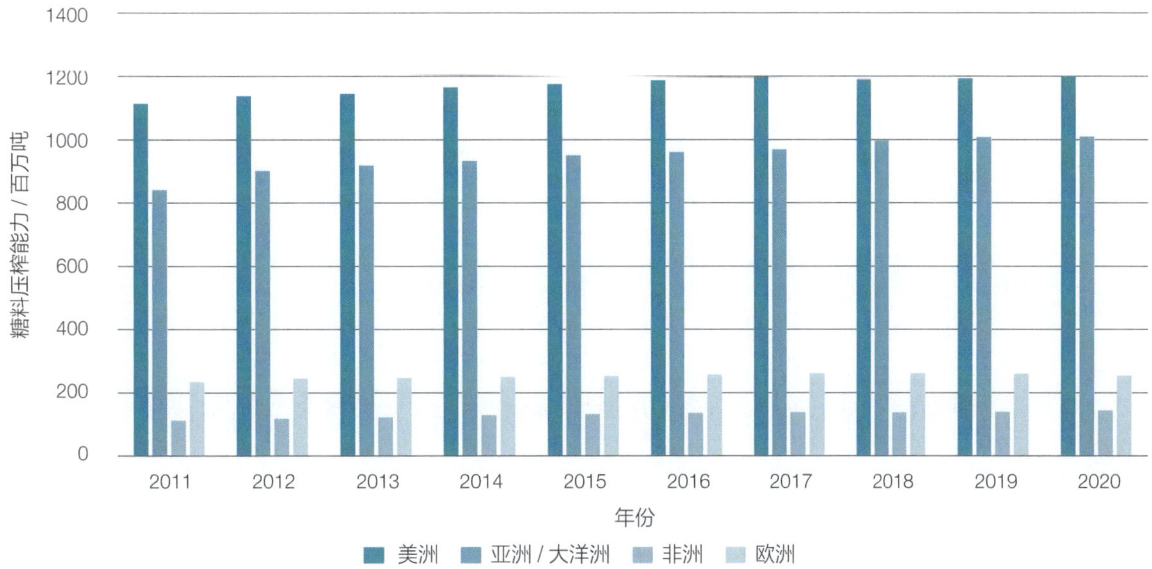

图3　全球各地区糖料压榨能力变化（包括闲置产能）

（三）各主产国糖料压榨能力增速变化

从亚洲/大洋洲地区各个主产国产能变化趋势（图4）可以看出，2018年后印度、中国、泰国糖料压榨能力增速明显放缓。俄罗斯糖料压榨能力增幅从2018年的3.8%之后，连续两年负增长。虽然2020年巴西糖料压榨能力增幅（0.7%）相对2019年（0.2%）和2018年（–0.7%）大幅增加，但仍不足1%。2020年仅埃及逆势而行，糖料压榨能力增幅达到5.3%。2021/2022年制糖期尽管巴西糖厂在价格上涨之后创下了制糖期最高利润，并且将继续获得高于平均水平的利润，但对于天气导致收成

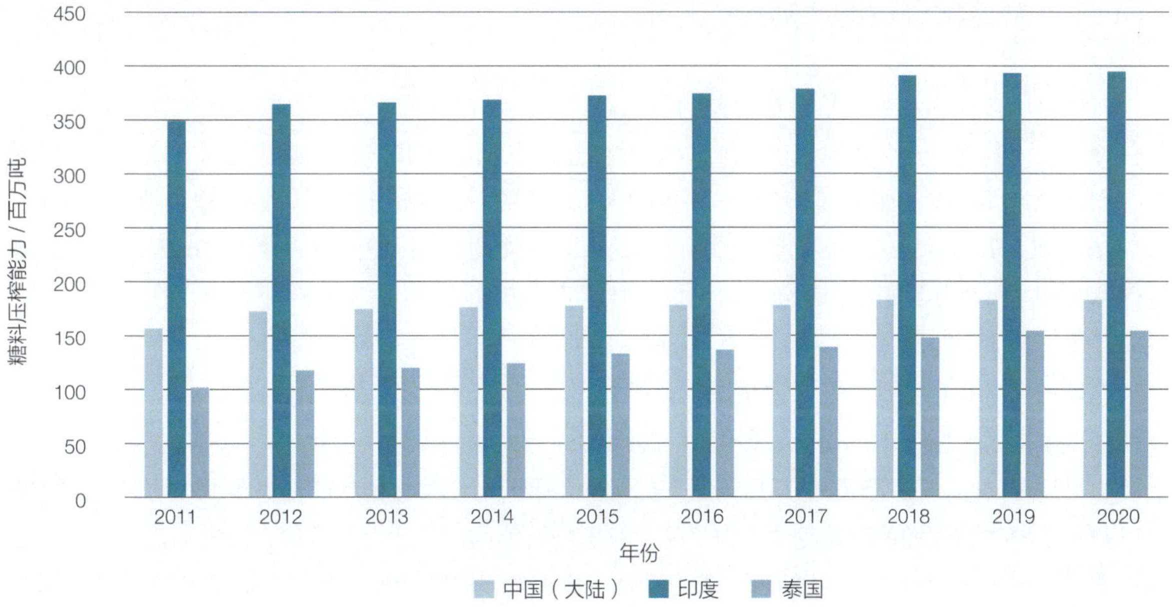

图4　亚洲/大洋洲糖料主产国压榨能力变化（包括闲置产能）

不利的前景预期，使得巴西糖厂不太可能有进一步的投资活动。而亚太地区的食糖主产国——泰国、中国和印度的糖料压榨能力仍可以满足未来的生产需要，在食糖产业固定成本较高的特点下，亚太地区食糖主产国的糖料压榨水平仍旧可能保持不变。

二、全球糖料和食糖产能的空间分布特征

全球糖料和食糖产能的空间分布主要通过糖料年压榨能力、食糖理论产能、糖料日榨能力三个指标进行衡量。

（一）全球糖料年压榨能力总体空间分布

2021年的数据表明，全球糖料年压榨能力（包括估计约为3.9亿吨的乙醇加工能力：巴西为3.5亿吨，印度为0.3亿吨）约为25亿吨。其中，美洲年加工能力最高，为11亿吨，全球占比44%；亚太地区年加工能力为10亿吨，全球占比40%；欧洲年加工能力为2亿吨，全球占比8%；非洲年加工能力为2亿吨，全球占比8%。由此可见，全球糖料加工能力主要集中在美洲和亚太地区，两个地区年加工能力占全球总加工能力的84%（图5）。

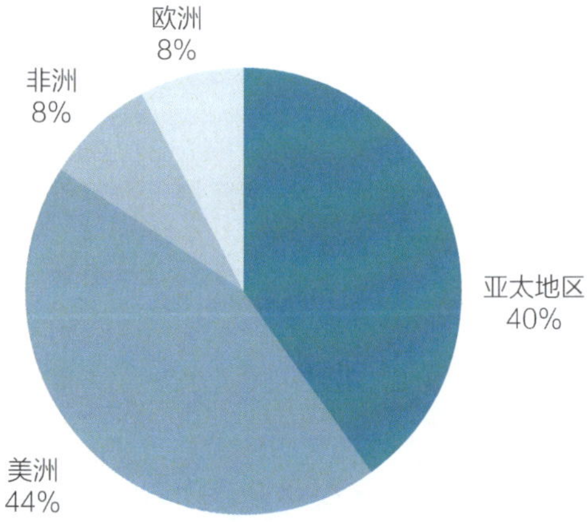

图5　2021年全球各大洲糖料压榨能力占比

（二）全球食糖理论产能分布特征

与糖料压榨能力相似，从全球食糖的理论总产能（包括闲置产能）区域分布来看，亚太地区居首位，美洲其次，这两个地区占全球食糖产能的82%，而欧洲和非洲食糖产能和占比较少。考虑所有产能（包括闲置产能），假定产能利用率100%的情况下，理论上每年可以实现食糖总产量2.25亿～2.3亿吨。其中，亚太地区可以生产1亿吨，占总产能的44%；美洲可以生产8500万吨，占总产能的38%；欧洲每年可以生产3200万～3400万吨，占总产能的14%～15%；非洲可以生产1200万～1300万吨，占总产能的5%～6%。

上述产能是理论数值，在必要情况下该行业可以实现100%以上的产能利用率，但多数情况下制糖业很少持续使用100%的产能，即使加工旺季也是如此。

值得注意的是，尽管美洲糖料压榨能力位居世界第一，但其食糖产能却少于亚太地区。这可能与巴西对乙醇生物能源的政策有关。为了减少对国外石油的依赖，巴西政府在1975年11月以法令形式颁布了“国家乙醇计划”，这使巴西成为世界上最大的以甘蔗为原料生产生物燃料乙醇的国家。2020年，巴西生物乙醇的产量达到3亿升，占全球产能的30%，也是全球第三大燃料乙醇消费国[6]。

（三）全球各地区糖料日榨水平

在甘蔗糖生产地区，食糖生产依赖于甘蔗，而甘蔗收获过程中，甘蔗处理速度对于糖厂和蔗农都很重要。出售甘蔗的蔗农，会因为甘蔗水分丧失、质量下降遭受损失；糖厂要在最短时间内处理甘蔗，否则开始干燥的甘蔗会使甘蔗汁榨取量下降，甚至无法榨取甘蔗汁。当甘蔗无法快速进厂时其蔗糖分损失较多导致产糖率下降，提高了糖厂吨糖生产成本。而甜菜糖生产地区也面临相同的问题。所以，糖料日榨能力对糖业生产也很重要。

从糖料日榨水平数据（图6）可以发现，2021年亚洲和美洲的糖厂甘蔗日榨水平较高，而非洲和欧洲与之相比相差较大，这可能与其总压榨量有关。为了降低成本，减少糖料作物含糖分损失，总压榨量高的地区往往会尽可能提高日榨水平，所以各大洲总压榨量分布趋势与其日榨水平分布趋势基本一致。

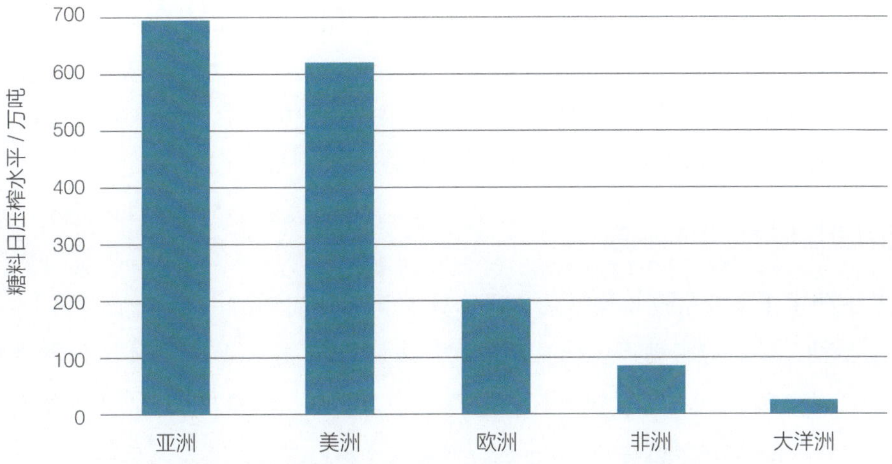

图6　2021年全球各地区糖料日榨水平区域分布（未包括闲置能力）

（四）近两年各食糖主产国食糖产能和食糖产量发展概况

本部分基于巴西、印度、泰国、中国、俄罗斯、埃塞俄比亚、埃及的发展状况，进一步探讨了各国食糖产能的利用现状和特征。

1. 2019/2020年制糖期后俄罗斯食糖产能扩张暂停

作为欧洲东部的主导力量，2019/2020年制糖期之前俄罗斯食糖产量大幅增长，但随后一直在下降。俄罗斯食糖产能扩张暂停，究其原因是过去生产的过剩产量不得不亏本出售，2020年和2021年俄罗斯削减了甜菜播种面积，尽管部分糖厂关闭，但产能利用率仍处于65%左右。2020/2021年制糖期俄罗斯食糖产量接近500万吨，2021/2022年制糖期俄罗斯食糖产量达到540万吨，同比增加43万吨。

2. 甘蔗制醇比和制糖比的灵活转换使得巴西甘蔗压榨能力不会进一步增加

由于2021年糖价较高、利润较好，2021/2022年制糖期（4月/3月）巴西以食糖生产为主，2021/2022年制糖期巴西产糖3505万吨，同比减少15%，2022/2023年制糖期甘蔗制糖比将仍然位居高位。然而，甘蔗压榨能力不太可能因此提高。即使下一制糖期甘蔗产量会增加，仍将远低于2015/2016年制糖期巴西中南部地区加工的历史最高水平6.18亿吨。

3. 印度甘蔗压榨产能利用率不足，不会增加新的食糖产能

印度是亚洲最大的食糖生产国和消费国，其甘蔗年加工能力接近3.89亿吨，而2020/2021年制糖期生产食糖和乙醇的甘蔗加工量实际约为2.85亿吨，相当于73%的产能利用率。而且印度正激励蔗汁、糖蜜等转化乙醇的比率，进一步影响了甘蔗产能利用率的状况。

4. 中国近年来几乎没有对糖厂的新投资

预计未来几年中国食糖产量增长不会超过2007/2008年制糖期的纪录（1484万吨）。同时，近些年出现了对内蒙古甜菜糖业的投资，然而，随着玉米、马铃薯价格上涨而甜菜收购价格没有同步上涨，内蒙古甜菜地改种其他作物现象突出，导致2021年甜菜种植面积大幅下降约41%。随着2022年各糖厂纷纷上调甜菜收购价格，中国甜菜种植面积出现了恢复性增长。

5. 泰国甘蔗压榨能力基本不变

在接连发生严重干旱和甘蔗价格低迷之后，须重新评估亚洲第三大食糖主产国泰国的前景。2021/2022年制糖期，约有57家糖厂压榨甘蔗，同比下降1家。这意味着整体压榨能力将基本保持不变，约为1.4亿吨。2021/2022年制糖期甘蔗压榨量为8500万～9000万吨，而上个制糖期为6700万吨，意味着产能利用率略高于60%。

6. 非洲食糖产能增长的主要推动因素是埃塞俄比亚正进行甘蔗种植扩张和埃及甜菜糖业的扩张

埃及是非洲糖业产能持续增长的第二大国家，每年生产约260万吨食糖，其消费量为330万吨。由于人口增长，其国内消费量正在增长，产不足需的缺口呈扩大态势。

三、食糖产能发展趋势——产业机构和食糖消费视角

全球原糖价格自2020年4月28日的9.21美分/磅增长到2021年11月份的20.69美分/磅，之后原糖价格高位震荡下滑。但由于2022年初新的奥密克戎变异病毒疫情增加不确定性，全球食糖市场价格再次震荡运行。

（一）产业结构视角

世界上许多国家食糖价格低于生产成本，基于此，糖厂将专注于提高生产力和节省生产成本，而不是投资新工厂。新投资动力不足的客观原因：一是认为甘蔗压榨能力仍足以满足当前需求。巴西极大提高了食糖生产和乙醇生产之间转换的灵活性之后，更是如此。二是全球食糖价格还没达到激发新投资的程度。尽管2021年价格上涨后有所改善，但多年糖价低迷以及该行业的高杠杆率，使得未来增加新投资有一定难度。三是糖税增加可能抑制消费增长。市场上仍有许多可以用低于新建工厂成本收购的陷入困境的糖业资产，这在一定程度上抑制了新投资。考虑到糖业最新进展，目前产能并不是供需匹配的限制因素。

（二）食糖消费视角

尽管2022年产能增速可能仍低于消费增速，但是该行业对市场干扰的反应更为灵活。由于印度在食糖和乙醇生产方面更多地仿效巴西，进一步增加了市场灵活性。目前预估2021/2022年制糖期世界食糖消费量可能在1.85亿吨左右，同比小幅增长1.7%。基于此，世界糖业以超过82%的产能运作可以满足需求。该产能利用率属于较高水平。

四、结论和启示

根据对全球糖料和食糖产能状况的分析，可以得出如下结论。

第一，2011年以来全球糖料压榨能力总体呈增长趋势，而全球糖料产能增速保持在1%的水平，2021年国际原糖价格大幅上涨无法改变这一趋势。

第二，全球糖料和食糖加工能力主要集中在美洲和亚太地区，两个地区糖料加工能力占全球总加工能力的84%，这两个地区食糖理论产能占全球食糖总产能的82%。从美洲糖料年压榨量来看，南美洲和北美洲分别约占美洲年压榨量的79.4%和20.6%。分区域来看，亚洲和美洲的糖料日榨水平远超欧洲，欧洲又超过非洲。

第三，全球各区域来看，除非洲外其他区域基本没有新增投资，欧洲、亚太地区以及最大食糖主产国巴西，其整体产能没有增加趋势。原因主要在于食糖产业属高资本密集型产业、近几年食糖价格整体水平不高，以及整体消费需求增幅保持在1.3%～1.4%的水平。

第四，2021/2022年制糖期非洲受人口增长和经济发展刺激消费增加，出现了以埃塞俄比亚和埃及为主的食糖产能扩张，并且食糖产业投资未来仍呈增长趋势。

第五，食糖产业具有较高的固定成本，一旦投入生产可以相对较低的可变成本运营。这种产业结构特点使得糖价达到较高水平才会激发新增投资，而糖价长期维持在不高的水平、糖税的征收、巴西和印度糖醇生产的灵活转换等因素导致糖业新增投资较少。

第六，食糖消费预期影响着食糖产能利用率，如果恢复到新冠肺炎疫情前水平产能利用率可能在高位运行。从食糖消费预估来看，目前的产能足以处理比当前更多的甘蔗和甜菜，也可以满足当前食糖消费需求。然而，如果全球消费需求恢复到新冠肺炎疫情前的增长水平，安全缓冲产能会变得紧迫。

参考文献

[1] Erenoğlu O. Çimenderoğlu S. A study on the evaluation of the socioeconomic effects of sugar factories: a case of Kastamonu [J]. Troyacademy, 2021, 6 (3): 864-887.

[2] Kabeyi M.J.B., Olanrewaju O.A. Preliminary design of a bagasse based firm power plant for a sugar factory [A]. Southern African Universities Power Engineering Confe rence paper [C]. 2021. DOI:https://doi.org/10.1109/SAUPEC/RobMech/PRASA52254.2021.9377242.

[3] Torres V., Sadique M., Pineda P., Bras A., Atherton W., Riley M. Potential use of sugar cane bagasse ash as sand replacement for durable concrete [J]. Journal of Building Engineering, 2021, 39: 102277.

[4] 刘晓雪，刘国良，郑传芳. 2012/13榨季国内外食糖市场回顾与2013/14榨季展望 [J]. 农业展望，2013, 9（8）：16-21.

[5] 张哲晰，徐雪，马凯. 2019/20榨季食糖市场形势分析与2020/21榨季展望 [J]. 农业展望，2021，17（9）：35-38.

[6] 邓国庆. 发挥产业优势 巴西甘蔗制醇减排贡献大 [N/OL]. 科技日报，（2021-11-5）. http://www.stdaily.com/guoji/shidian/2021-11/04/content_1230123.shtml.

我国食糖进口形势及建议

农业农村部农业贸易促进中心
邢晓荣　刘　博

李克强总理在参加第十三届全国人民代表大会第四次会议广西代表团审议时强调，“蔗糖是食品加工业不可替代的重要原料，事关国家发展大局，要沉下心来不惜重金和时间，力争在蔗糖研究领域实现重大突破”。当前，我国糖料生产成本高、边境保护手段不足，进口冲击成为食糖产业发展的“老大难”问题。保障措施到期后，我国食糖进口增长显著，进口依存度攀升，国内产需缺口和内外价差是推动进口跳涨的主要原因，国外传导性压力加大、支持保护手段匮乏、蔗糖糖浆及食糖预混粉进口激增等风险需加以关注。下一步还需坚持“立足国内、进口补充”，抓紧完善蔗糖糖浆及食糖预混粉进口管理制度，探索设立食糖贸易调整援助机制，助力糖业高质量发展。

一、我国食糖和蔗糖糖浆及食糖预混粉进口现状

（一）2020年我国食糖进口破历史峰值，2021年一季度反弹势头持续

2020年5月22日，随着保障措施到期，我国食糖进口量开始大幅回升，当年进口527.3万吨，同比增长55.5%，达历史最高水平，超过2015年484.6万吨的纪录，尤其是2020年下半年整体呈逐月递增态势，12月进口91.3万吨，创单月最高纪录。2021年前三个月，食糖进口延续2020年增长势头，整体进口“淡季不淡”，进口124.4万吨，同比增长205.9%，为历史同期最高。

（二）我国自巴西进口食糖呈持续报复性增长，自其他国家进口食糖由增转降

2020年我国自巴西进口食糖393.4万吨，同比增长183.0%，占2020年我国食糖进口总量的74.6%，进口量和占比均为历史最高，继续呈“一家独大”局面；自古巴、韩国、萨尔瓦多和印度等国进口都有不同程度增加。2021年一季度，自巴西进口100.4万吨，同比增长5.9倍，创历史同期最高，食糖进口总量占比升至80.7%，自其他国家进口转呈下降趋势。

（三）2020年蔗糖糖浆及食糖预混粉进口大幅跳涨，2021年一季度进口骤减

得益于零关税（自东盟自贸区国家蔗糖糖浆及食糖预混粉进口享受零关税）和较好替代性（蔗糖糖浆及食糖预混粉和食糖在商品属性和品质上完全相同，经水溶解或蒸发即可实现相互转化），2020年我国蔗糖糖浆及食糖预混粉进口107.8万吨，同比增长5.5倍，创历史纪录，是2019年的80倍，主要来自泰国（50.6万吨，同比增长4.7倍）、越南（27.2万吨，此前无进口）、缅甸（10.9万吨，同比增长13.3倍）和马来西亚（10.3万吨，同比增长73.7%）等。2021年一季度，随着蔗糖糖浆及食糖预混粉进口管理进一步规范，进口量降至10万吨，同比减少40.2%，其中1月份进口仅26千克。

二、双重因素叠加导致我国食糖进口激增

一方面，国内产不足需，缺口长期存在推动进口。2020年，糖料种植面积和单产“双降”，国内食糖产量由上年的1076万吨回落至1042万吨，同比减少3.2%，多数主产区均有不同程度下滑；消费1500万吨，同比减少1.3%，产需缺口458万吨。短期看，据农业农村部4月预测，2020/2021年制糖期，全国糖料种植面积和单产均小幅提升，食糖产量预计与上个制糖期持平，略增0.8%；国内疫情防控效果显著，商超及餐饮消费快速恢复，食糖消费同比增长2.0%，至1530万吨；产需缺口增至480万吨，同比扩大4.8%。长期来看，据《2021中国农业展望报告》预测，我国食糖产需缺口将长期存在，2030年进口将达552万吨。

另一方面，保障措施到期，国内外价差明显拉动进口。随着保障措施关税逐年递减（2017年5月22日—2020年5月21日3年间对配额外食糖进口分别加征45%、40%、35%附加关税），保护作用逐渐减弱，即便按最后一年2019年5月22日—2020年5月21日的85%税率（50%正常关税+35%保障措施关税），进口加工成本也比国内现货成本低约500元/吨。2020年保障措施到期叠加疫情影响，国内糖价高开低走，年度均价为5565元/吨，同比上涨5.9%，国际糖价受疫情压制消费和金融市场低迷影响低位徘徊，2020年9月南宁白砂糖现货价和国际糖理事会原糖离岸价（FOB）价差一度拉大至近3600元/吨，2021年价差有所收窄但整体仍处高位。2020/2021年制糖期全球食糖丰产已成定局，国际糖价承压，国内生产成本刚性上涨，国内外价差仍将存在，进口动力不减。

三、我国糖业仍面临多重风险挑战

（一）国内外市场联动性加强，国际价格传导性增强，我国食糖“稳价”压力倍增

2020年，我国食糖自给率仅69%，已连续数年下降。随着进口比重上升，国内糖价受国际市场价格影响愈发明显。2020年以来，国际金融和能源市场波动剧烈，2020年4月国际原糖船上交货

价格一度跌至每吨1625.3元，创2008年来最低。我国食糖市场价格受影响较大，2020年12月跌至5167.5元/吨，是2016年以来最低，此后有所回升，但仍处低位，年内波幅达16.8%。未来看，进口占比增加导致国内外价格联动性加强和国际价格传导压力加大，我国食糖“稳价”压力也将增大。

（二）种蔗成本上涨，蔗农利润微薄，种蔗积极性恐受损

价差本质是成本问题。近年来，巴西等主产国种蔗成本相对稳定，我国种蔗成本连年上涨，“地板”效应愈发凸显，蔗农利润微薄。2020/2021年制糖期，广西甘蔗收购价490 ~ 520元/吨不等，均价约500元。据《全国农产品成本收益资料汇编》，2018年广西吨蔗成本就已达430元，其中人工、种子、化肥成本占比超8成，按往年吨蔗成本年均增长20元计算，2021年成本接近490元，即2020/2021年制糖期吨蔗仅获利10元，折合每亩获利不足60元，不少蔗农还亏本，长此以往，种蔗积极性必将受挫，不排除再次出现2013—2015年种植面积连年减少的情况。糖企成本也在上涨，按8吨蔗产1吨糖计算，吨糖的原料蔗成本约3900元，加上加工等其他成本，保守估计吨糖成本在5000元，超过2021年4月28日巴西配额内的4474元进口完税价。

（三）保护空间有限、支持政策待完善，市场化改革任重道远

我国食糖产业的保护手段主要是关税，关税配额内15%、配额外50%，远低于日本（约束税率307.6%）、印度（150%）、印度尼西亚（95%）、泰国（94%）、越南（85%）等国家，保护手段和空间非常有限。同时，糖业整体缺乏强有力的支持政策，尤其是用于种植端的金融、保险、财税、补贴等支持力度还需加强，竞争力与主要国家存在较大差距。当前蔗价是政府指导下的价格，而糖价是市场定价，糖价下跌但原料蔗收购价不能跟随市场下降，形成矛盾。虽然广西于2019年开始实行甘蔗收购市场价格，但甘蔗价格市场化仍处探索阶段，若没有政府指导价格，蔗农利益恐受损。

此外，针对2020年蔗糖糖浆及食糖预混粉大量进口，2020年国务院关税税则委员会新增蔗糖糖浆及食糖预混粉本国子目①，为进一步规范管理打下基础，加上2021年进口管理措施已见成效，预计蔗糖糖浆及食糖预混粉进口激增问题短期内将有所遏制。长期看仍需设计蔗糖糖浆及食糖预混粉进口有序管理制度措施，统筹管理“蔗糖糖浆及食糖预混粉”和食糖进口，积极维护正常进口秩序。

四、对我国食糖产业发展的建议

当前我国食糖产业仍面临诸多挑战，下步还需从种植生产、金融支持、保护手段、国外布局等

---

① 2020年12月21日国务院关税税则委员会发布《关于2021年关税调整方案的通知》（税委会〔2020〕33号）（以下简称《通知》），新增甘蔗糖或甜菜糖水溶液等糖类产品本国子目，自2021年1月1日起实施。《通知》调整17029000子目，新增子目17029011（甘蔗糖或甜菜糖水溶液）、17029012（蔗糖分超过50%的甘蔗糖、甜菜糖与其他糖的简单固体混合物）、17029090（其他）；调整21069060子目，新增子目21069061（含香料或着色剂的甘蔗糖或甜菜糖水溶液）、210690622（蔗糖分超过50%的甘蔗糖、甜菜糖与其他食品原料的简单固体混合物）。

方面综合发力，形成种植端降成本、支持政策用足用好、贸易救济“治标”和调整援助“治本”、国外进口多元相结合的有效局面，助力食糖产业高质量发展。

（一）坚持“立足国内”，从种植端入手做大食糖产业

培育好家庭农场、农民合作社，健全专业化社会化服务体系，将单家独户干不了的事交给社会化服务组织来办，缓解蔗农人工、种子化肥等生产成本刚性上涨难题。加大主产区甘蔗良种研发力度，向普适性强、产糖率高的品种倾斜，加大甘蔗农机特别是中小型机械推广力度。

（二）发挥金融保险和政策支持作用，织密糖业支持政策“安全网”

重视发挥金融保险在服务糖业发展中的关键作用，创设符合甘蔗生产周期特点的金融保险产品，稳住蔗农补贴，将糖料纳入完全成本保险和收入保险范围，进一步发挥食糖期权、期货市场功能，稳定食糖价格。积极出台符合世界贸易组织（WTO）规则的糖业支持政策。探讨利用“蓝绿”组合拳扩充食糖补贴空间。在“绿箱”措施上，继续用好新品种和新技术研发推广，用足病虫害防治、培训咨询服务、地力改善、扶贫政策支持等“绿箱”支持空间；在“蓝箱”措施上，效仿棉花等产品，探索对食糖增设目标价格等补贴政策。

（三）完善糖业保护政策，抓紧研究贸易调整援助措施

在多双边贸易谈判中，将食糖做例外处理，坚持现有关税水平不降和配额不扩大。应对产业损害方面，研究设立食糖贸易救济刚性启动条件，设定进口价格、内外价差或进口量等自动触发阈值，转被动为主动；借鉴国际经验，推动世界贸易组织允许不少成员国已广泛使用、旨在对因市场开放遭受损害的产业和劳动者提供经济支持或技术援助的贸易调整援助措施，研究糖业开展贸易调整援助的触发条件、援助对象、援助形式和补偿标准，出台具有可操作的执行方案。继续加强进口监管，严厉打击食糖走私行为。

（四）完善管理，进口补充，用好国外资源

国内看，当前重点是抓紧制定完善蔗糖糖浆及食糖预混粉进口管理机制，探索将蔗糖糖浆及食糖预混粉并入食糖进口管理的可行性，必要时研究蔗糖糖浆及食糖预混粉进口保障措施，对蔗糖糖浆及食糖预混粉进口采取实时监控，防范食糖“变相”进口。国外看，利用国际市场和资源弥补国内缺口，立足长远、谋篇布局，推动食糖进口国别和品种来源多元化，鼓励有实力的企业走出去，通过投资、建厂、兼并、入股等方式，到东南亚、南亚、巴西等国家和地区布局食糖加工、物流体系建设，掌控一手糖源。

基于DCC-GARCH-CoVaR模型的国内外食糖市场风险溢出效应研究

商务部国际贸易经济合作研究院
林学贵

摘要

文章基于洲际交易所的原糖期货和郑州商品交易所白糖期货价格的日收益率数据，构建DCC-GARCH-CoVaR模型，对国内外食糖市场之间的极端风险溢出效应进行了分析。结果表明，食糖的国际市场和国内市场之间存在明显的时变条件相关性，较强的时变相关性通常发生在食糖价格上升时期；食糖的国际市场和国内市场之间存在明显的尾部相关关系，且国内市场对国际市场的极端风险溢出效应大于国际市场对国内市场的溢出。本文的分析结果对于极端市场条件下政府制定食糖市场风险管理政策、维系我国食糖产业安全具有重要意义，同时也可为食糖市场参与者利用国内外期货市场构建投资组合策略提供参考。

一、引言

我国是世界上第二大食糖消费国，2020/2021年度全国食糖消费量1580万吨，占世界食糖消费量的9.0%[①]。由于国内食糖供需缺口大，我国每年需要进口大量食糖满足国内消费需求。我国自2016/2017年度由原先的世界第一大食糖进口国转变成第二大进口国之后，一直维持着世界第二大进口国的地位。我国食糖进口量于2020年突破500万吨，2021年进一步增加到567万吨，占当年全球食糖进口量的10.5%[②]。随着我国食糖消费和进口量的增加，国内外食糖市场联系越来越密切，国际市场食糖价格的波动对我国国内市场的影响也日益增强。近几年受气候变化和异常自然条件等因素影响，国际食糖市场价格剧烈波动，国际食糖价格通过进口贸易和期货市场的信息传递也使得我国国内食糖市场风险增加，国内食糖市场的不确定性给国内食糖生产和经营带来了投资和经营风险。因此，有关国内外食糖市场关系的研究一直备受政府、学界和产业界的关注。

① 据中国糖业协会（CSA）和美国农业部数据计算。

② 据中国糖业协会（CSA）和美国农业部数据计算。

国内学者关于国内外食糖市场关系的研究主要从以下几方面展开：①国内外食糖市场价格水平的传递。该类研究主要运用向量自回归模型（VAR）、协整检验、格兰杰因果检验等计量方法，分析国内外食糖市场价格的传递关系。司伟（2005）[1]、赵一夫（2014）[2]、李静和曾慧娴（2016）[3]的研究认为国内食糖市场价格与国际食糖市场价格存在长期均衡关系，国际食糖价格的变动是国内食糖价格变动的格兰杰（Granger）原因。魏振祥和刘国良（2012）[4]采用2002—2012年的数据分析认为，中美食糖价格之间存在显著而稳定的长期均衡关系，两国价格引导关系由“中国糖价单向引导美国糖价”向“美国糖价单向引导中国糖价”演变，长期均衡关系仅在2006—2008 年时段消失。②食糖价格波动溢出效应和动态相关性。针对食糖价格水平传递主要从价格均值溢出的局限性，该类研究从变量二阶矩的视角进行食糖价格波动溢出效应研究。高群和柯杨敏（2016）[5]选取2000—2014年食糖价格月频数据，利用VEC-BEKK-GARCH模型的分析认为国际对国内食糖市场不存在波动溢出效应，并认为一个可能原因是中国政府对糖价的行政干预减缓了国际市场对国内市场价格的冲击。林学贵（2017）[6]利用2007年7月26日至2014年12月19日的日频数据，通过三元VARMA-GARCH和DCC-VARMA-GARCH模型，分析了食糖价格在产地现货市场、国内期货市场、国际期货市场之间的波动溢出效应和动态条件相关性，得出食糖价格波动具有从产地现货市场向国内期货市场以及从国内期货市场向国际期货市场的波动溢出效应、食糖产地现货市场与国内期货市场之间以及国内外期货市场之间存在动态条件相关性的结论。由于上述波动溢出效应研究均假定正、负市场冲击对价格波动产生对称性影响，并未考虑波动溢出效应的非对称性，林学贵（2018）[7]对国内外食糖价格波动溢出的非对称性进行了研究，作者利用2006年2月13日至2016年10月20日的日频数据，构建三元ABEKK-GARCH模型，发现食糖价格波动在国内现货市场、国内期货市场以及国际市场之间存在非对称性波动溢出效应。

从上述文献看，学者们对国内外食糖市场关系的研究进行了有益探索，并获得了许多有价值的成果，但也存在局限性，现有研究主要基于正常市场条件下的均值和波动溢出效应，尚缺乏针对极端市场条件下的国内外食糖市场之间的极端风险溢出效应进行研究。由于食糖价格具有剧烈波动的特征，研究极端市场条件下的风险溢出对于准确把握市场相关性，合理构建风险管理政策具有重要理论意义和实际价值。鉴于此，本研究着眼于极端条件下的极端风险溢出效应，根据Adrian和Brunnermeier（2008）[8]提出的条件风险价值（CoVaR）方法，构建DCC-GARCH-CoVaR模型，分析国内外食糖市场的动态相关性和极端市场条件下的极端风险溢出效应。

二、模型

设国内、国际市场食糖价格为p_{it} (i=1,2)，其中1表示国内价格，2表示国际价格，t为时期。则市场收益率为$r_{it}=100\times\ln(p_{it}/p_{i,t-1})$。根据恩格尔（Engle，2002）[9]对DCC-GARCH模型的定义，本文设置如下VECM-DCC-GARCH模型：

$$X_t=\omega_0+\psi z_{t-1}+\sum_{k=1}^{p}\omega_{ik}X_{t-k}+\varepsilon_t \tag{1}$$

$$\varepsilon_t=H_t^{1/2}\eta_t \tag{2}$$

$$H_t=D_tR_tD_t \tag{3}$$

$$R_t=J_tQ_tJ_t \tag{4}$$

$$Q_t=(1-\theta_1-\theta_2)\bar{Q}+\theta_1(\eta_{t-1}\eta_{t-1}')+\theta_2Q_{t-1} \tag{5}$$

其中$X_t=(r_{1t}, r_{2t})'$，ω_0为常数向量，Z_{t-1}为误差修正项，ψ为误差修正项的系数向量，$\omega_{ik}(i=1,2; k=1,\cdots,p)$ 为系数矩阵，p为最大滞后阶数，$\varepsilon_t=(\varepsilon_{1t}, \varepsilon_{2t})'$为残差向量，$\varepsilon_t/F_{t-1}\sim N(0, H_t)$。$H_t$为方差协方差矩阵，$D_t$为动态条件标准差的对角矩阵，其动态条件方差方程为GARCH（1，1）模型，即

$$h_{i,t}=c_i+\alpha_i\varepsilon_{i,t-1}^2+\beta_ih_{i,t-1}, i=1,2 \tag{6}$$

上式中R_t为时变条件相关系数矩阵，Q_t为正定矩阵，$J_t=diag\left\{Q_t^{-1/2}\right\}$为条件标准差的对角矩阵，$\bar{Q}$为标准化残差向量$\eta$的无条件协方差矩阵，$\theta_1$，$\theta_2$为非负标量参数，且满足$\theta_1+\theta_2<1$。利用BFGS算法和准最大似然估计方法（QMLE）对上述模型进行估计。

估计上述VECM-DCC-GARCH模型后，根据Adrian和Brunnermeier（2016）[10]的定义，计算CoVaR和Δ CoVaR。

设市场i的资产损失变量为X^i，其风险价值VaR_q^i被定义为q%分位数，即：Pr $(X^i\leqslant VaR_q^i)=q\%$，当$q>50$时，$VaR_q^i$为一正值，因此，$VaR_q^i$值越大，表明市场风险越高。CoVaR定义如下：

$$\Pr\left(X^j\leqslant CoVaR_q^{j/C(X^i)}\mid C(X^i)\right)=q\% \tag{7}$$

其中Pr( )为概率函数，X为市场损失变量，市场j的$CoVaR_a^{j/C(X^i)}$为市场i出现极端风险事件$C(X^i)$条件下市场j的VaR值，即X^j的条件概率分布的q%分位数。上式也可以表示为：

$$\Pr(X^j\leqslant CoVaR_q^{j/i}\mid X^i=VaR_q^i)=q\% \tag{8}$$

在条件风险价值的基础上，进一步定义市场i对市场j的风险溢出量为：

$$\Delta CoVaR_q^{j/i}=CoVaR_q^{j/X^i=VaR_q^i}-CoVaR_q^{j/X^i=\mathrm{VaR}_{50}^i} \tag{9}$$

$\Delta CoVaR_q^{j/i}$反映了两个市场之间的极端风险溢出程度。在X^j和X^i服从二元正态分布的假定下，$CoVaR_q^{j/i}$和$\Delta CoVaR_q^{j/i}$可按下式计算：

$$CoVaR_{q,t}^{j/i}=\Phi^{-1}(q\%)(h_{jj,t})^{1/2}\sqrt{1-(\rho_{ij,t})^2}+\Phi^{-1}(q\%)\rho_{ij,t}(h_{jj,t})^{1/2} \tag{10}$$

$$\Delta CoVaR_{q,t}^{j/i}=\Phi^{-1}(q\%)\rho_{ij,t}(h_{jj,t})^{1/2} \tag{11}$$

其中$\Phi^{-1}(\ )$为标准正态分布的分位数函数。

三、实证结果与分析

（一）数据及其平稳性

文章选择美国洲际交易所（ICE）11号原糖期货代表国际食糖市场，郑州商品交易所（CZCE）白糖期货代表国内市场，分别选取11号原糖期货近期合约每日连续收盘价格和郑州商品交易所白糖期货主力合约每日连续结算价格数据。国际市场食糖价格换算成按人民币计价，最后价格单位统一计价为元/吨。样本区间为2006年2月13日至2021年4月27日，数据来源于汤森路透数据库，除去节假日和任一市场无交易日的数据，两个市场的交易日配对后，共计3244个数据。

为保证建模的有效性，首先对数据的平稳性进行检验。利用增广迪基·富勒（ADF）和菲利普斯·佩龙（PP）检验法对国内和国际食糖市场价格及收益率变量的单位根检验，结果见表1。可见，在5%的显著性水平上，国内和国际食糖价格系列均为不平稳系列，而收益序列均是平稳过程，即国内和国际食糖价格均是I（1）单位根过程，因此，可以通过协整检验判断二者是否存在长期均衡关系。

表1 单位根检验

变量	检验方法	检验形式①	滞后阶数②	统计量	单位根
p_1	ADF	C	1	−1.759	有
	PP	C	—	−1.650	有
p_2	ADF	C	0	−2.552	有
	PP	C	—	−2.547	有
r_1	ADF	N	—	−50.250***	无
	PP	N	—	−50.031***	无
r_2	ADF	N	0	−56.747***	无
	PP	N	—	−56.750***	无

注：①检验形式中的C、N分别表示估计方程中包含截距项、不含截距项或线性趋势项。
②依据SIC指标选择的滞后阶数。
***表示在1%的显著性水平上统计显著。

（二）模型估计及结果分析

1. 均值方程估计

利用Johansen协整检验方法，对国内和国际食糖价格的协整关系进行检验，结果表明二者之间存在协整关系（表2）。

表2 协整检验

协整个数假设	最大特征值统计量	%5 临界值	迹统计量	%5 临界值
0	19.402**	19.387	25.266**	25.872
最多1个	5.864	12.518	5.864	12.518

注：**表示在5%的显著性水平上拒绝零假设。

根据国内和国际食糖价格关系的协整检验结果，对国内和国际食糖市场收益率估计向量误差修正模型（VECM），结果见表3。从表3可见，国内（国际）食糖市场滞后一期收益对国际（国内）食糖当期收益具有显著影响，这说明这两个市场存在双向均值溢出效应。对向量误差修正模型残差进行拱形效应（ARCH）检验，结果表明存在拱形效应。因此，下面可以建立VECM-DCC-GARCH模型对两个收益系列进行波动溢出效应和动态条件相关性分析。

表3 向量误差修正模型估计结果

变量	r_1		r_2	
	系数值	标准误	系数值	标准误
r_1（1）	–0.423***	0.015	–0.156***	0.034
r_2（1）	0.114***	0.007	–0.495***	0.015
z（1）	–0.015	0.022	0.212***	0.049
残差检验				
ARCH（1）	527.590***			
ARCH（4）	870.250***			

注：变量后面括弧中数字为滞后阶数，残差检验统计量ARCH括弧中数字为滞后阶数。***表示在1%的显著性水平上统计显著。

2. VECM-DCC- GARCH模型估计结果

利用BFGS算法对VECM-DCC-GARCH模型估计结果见表4。动态条件相关性检验的卡方统计量为80.643，在1%的水平上显著，表明两个市场之间存在时变条件相关性。模型标准化残差检验结果表明残差不存在显著的序列相关性和条件异方差，因此模型估计结果有效。

从图1可知国内和国际市场之间的波动存在显著的时变条件相关性。其中，2006—2010年以及2015年，两个市场的条件相关性较强；2016年以来，除少数时期外，两个市场的动态条件相关系较小。在样本期间的大部分时间两个市场的波动呈正向条件相关性。

表4 VECM-DCC-GARCH模型估计结果

	系数值	标准误
C_1	0.016	0.021
C_2	0.413***	0.145
α_1	0.044	0.038
α_2	0.162***	0.034
β_1	0.949***	0.051
β_2	0.797***	0.045
θ_1	0.038*	0.021
θ_2	0.736***	0.144
AIC	7.892	
BIC	7.918	
对数似然函数值	7.892	
残差检验		
Q（8）	22.24	
ARCH（1）	26.77	
ARCH（20）	104.38	
动态条件相关性检验		
H0：$\theta_1=\theta_2=0$	80.643***	

注：AIC、BIC分别表示赤池信息准则和贝叶斯信息准则，Q（ ）为多元Ljung-Box Q统计量，ARCH（ ）为多元LM条件异方差检验统计量，( ) 内为滞后阶数，H0表示零假设，*、***分别表示在10%、1%的显著性水平上显著。

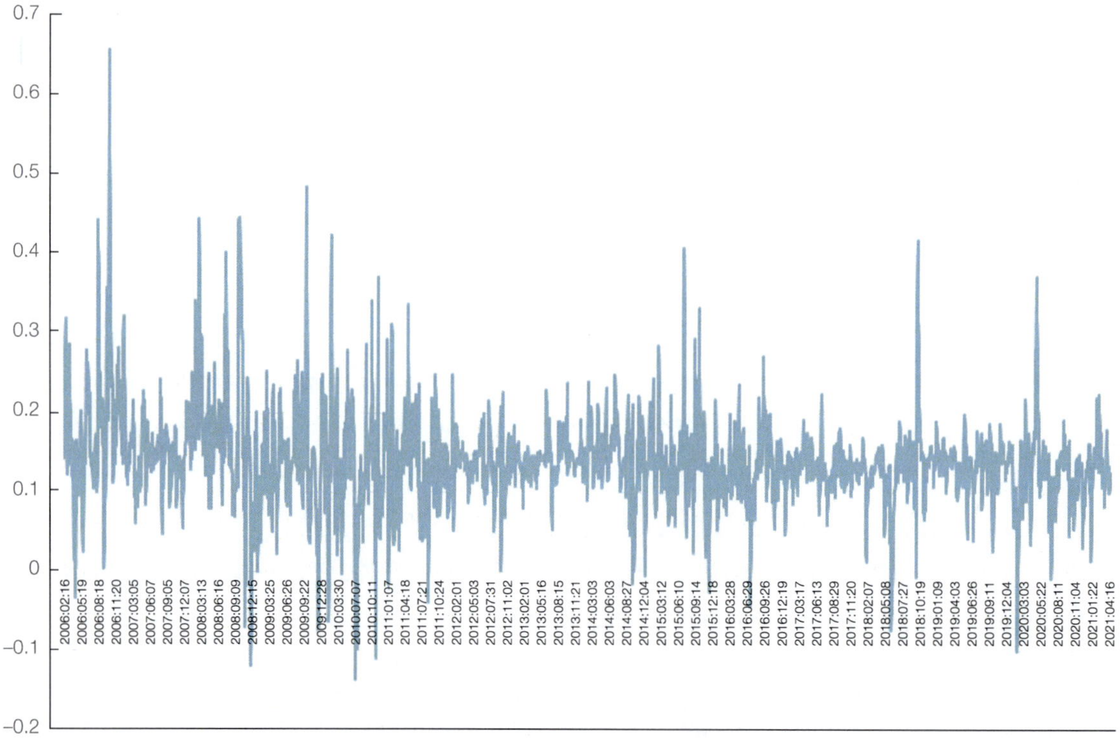

图1 国内和国际食糖市场动态条件相关

3. 极端风险溢出效应

利用上述公式（10）和（11）计算国内和国际食糖市场之间的条件风险价值和极端风险溢出量，得出在95%置信水平下样本期内平均的条件风险价值（CoVaR）和条件风险溢出量（ΔCoVaR），如表5所示。

表5　样本期内平均条件风险价值和条件风险溢出量

	CoVaR	ΔCoVaR
国内市场→国际市场	5.1048	0.6567
国际市场→国内市场	2.2713	0.2901

由表5可知，国内食糖市场的CoVaR为2.2713，国际食糖市场的条件风险价值为5.1048，说明在极端事件发生时，国际市场的风险大于国内市场的风险。从条件风险溢出量看，国内食糖市场对国际食糖市场的条件风险溢出量为0.6567，大于国际食糖市场对国内食糖市场的条件风险溢出量0.2901。这说明当食糖市场发生较大的价格波动和危机时，由于我国食糖消费量和进口规模较大，国内食糖市场的变动更容易通过进口和需求预期导致国际食糖市场的急剧变动。

四、结论与政策建议

文章利用VECM-DCC-GARCH模型分析结果表明，食糖的国际市场和国内市场之间存在明显的时变条件相关性，这种相关性在2006—2010年以及2015年期间较强，2016年以后，除少数时期外，两个市场的动态条件相关性较弱。说明较强的时变相关性通常发生在食糖价格上升时期，从整体上看，在绝大部时期内国内外食糖波动的时变相关性呈正向相关。文章进一步利用VECM-DCC-GARCH模型估计条件风险价值和条件风险溢出量，结果显示，国内外食糖市场之间存在明显的尾部相关关系，但国内市场对国际市场的极端风险溢出效应相对较大。

基于上述结论，文章提出以下政策建议：由于我国长期以来是食糖进口大国，受资源约束和未来消费需求增长的影响，未来较长时期内我国食糖继续保持大量进口的格局不会改变。受气候条件变化和突发性社会经济事件的影响，未来国内外食糖市场均有可能出现异常市场波动并出现相互传递现象。为确保我国食糖供需平衡和食糖产业安全，我国在利用国际市场确保国内食糖供应时，既应充分考虑国际食糖市场波动给我国国内食糖市场带来的负面影响，同时又应兼顾我国对国际食糖市场可能造成的影响。为此，第一，我国应根据国内食糖消费预期和生产发展态势，制定并实施食糖中长期发展战略，保障国内食糖供需平衡。食糖贸易应注意合理调配进口时机和进口规模，避免突然大规模食糖进口可能引起的国际食糖市场大幅波动，造成国际市场紧张，继而或增大我国食糖进口成本或导致后续进口供给难以保障的风险，同时应避免因大量进口对国内食糖产业发展形成较大冲击。第二，加强食糖进口监管，灵活调整食糖进口量和进口配额，积极利用我国对国际市场波动的影响，发挥买方在食糖进口上的主动权，合理利用国际食糖市场平衡国内供应短缺，为我国食糖产业的长期战略目标服务。第三，由于目前我国食糖进口来源地相对集中，食糖进口安全存在较高风险，今后应开拓并建立多元化食糖贸易合作关系，分散食糖进口来源，逐步降低卖方市场对于食糖定价权的垄断，实现从食糖进口大国向食糖贸易强国转变。第四，食糖市场参与者利用国内外食糖期货市场构建投资组合策略时，应充分认识国内外食糖市场的动态条件相关性和极端风险溢出效应，合理配置资产和防控风险。

参考文献

[1] 司伟. 全球化背景下的中国糖业：价格、成本与技术效率[D]. 北京：中国农业大学，2005.

[2] 赵一夫. 我国食糖市场价格与国际市场联动关系研究[J]. 价格理论与实践，2014，(6)：70-72.

[3] 李静，曾慧娴. 国际糖价冲击对中国糖价的影响——基于SVAR模型的实证分析[J]. 价格月刊，2016，(11)：38-43.

[4] 魏振详，刘国良. 入世后中美食糖价格联动效应动态变化的实证研究——基于2002—2012年中美食糖价格数据[J]. 北京工商大学学报（社会科学版），2012，27（4）：117-122.

[5] 高群，柯杨敏. 国内外食糖市场整合与价格间溢出效应研究[J]. 统计与信息论坛，2016，(3)：28-33.

[6] 林学贵. 食糖产地价格波动溢出与动态条件相关性研究[J]. 农业展望，2017，(3)：18-23.

[7] 林学贵. 国内外市场食糖价格波动的非对称溢出及风险管理策略[J]. 农业展望，2018，(8)：19-24，28.

[8] Adrian，Tobias，Brunnermeier，Markus K. CoVaR[R]. New York：Federal Reserve Bank of New York Staff Reports，2008.

[9] Engle R. Dynamic conditional correlation：A simple class of multivariate generalized autoregressive conditional heteroscedasticity models[J]. Journal of Business and Economic Statistics，2002，(20)：339-350.

[10] Adrian T，Brunnermeier M K. CoVaR[J]. American Economic Review，2016，106（7）：1705-1741.

健康篇

以营养健康为导向，推进我国食糖产业可持续发展

农业农村部食物与营养发展研究所
王东阳　熊偲皓　程广燕

摘要

本文论述了食糖在人体营养健康、食品加工以及乡村就业增收中不可替代的重要作用，综述了人体不当摄入食糖和化学合成甜味剂造成的不同危害，分析了我国食糖生产供给与消费走势以及未来发展潜力，研究提出了以营养健康为导向、推进我国食糖产业可持续发展的对策建议。

食糖是指以蔗糖为主要成分的可食用的糖，是由甘蔗或甜菜通过物理方法提取的最天然、最纯净、最营养、最安全的碳水化合物，包括白砂糖、绵白糖、红糖、冰糖等类别。食糖不仅是人体营养健康需要的重要的能量来源，而且还能在食用时提供天然甜味给人以愉悦感。食糖已成为当代我国城乡居民生活的必需品，是食品加工业的重要原料，是国家重要战略物资，同时食糖产业还是我国广西、云南、广东等省（自治区）农村的一大富民产业。

一、食糖的营养健康功能及作用

从营养角度看，食糖是人体宏量营养素碳水化合物中的一个种类。通过自然界植物的光合作用所产出的碳水化合物，按照化学结构划分，可分为单糖（如葡萄糖、果糖、半乳糖等）、寡糖（如蔗糖等双糖、棉籽糖等三糖、水苏糖等四糖）和多糖（如淀粉、糖原、膳食纤维等）。这些糖类都是由碳、氢、氧三种元素组成的一类化合物，是人类获得能量最经济和最主要的来源。人体消化碳水化合物，主要是指多糖和寡糖（尤其是双糖）在消化道内被水解，最后形成单糖通过肠黏膜进入体内被吸收利用。蔗糖是主要存在于甘蔗或甜菜中的双糖，是经提取后可以直接食用的一种糖类、一种碳水化合物[1]。

从生理作用看，糖类具有多项功能：一是糖类在体内氧化供能，可及时满足机体需要。糖类

至今仍然是人类获得热能最直接、最经济的来源，每克糖通过氧化分解可向机体提供4千卡①的热能，尤其是人体大脑、中枢神经系统等只能依靠糖类供能，才能正常运转。二是糖类是机体组织中的重要组成成分，如细胞膜糖蛋白、结缔组织黏蛋白、神经组织糖脂，糖类都是其不可缺少的组分。三是糖类分解供能可以节约蛋白质，减少人体中蛋白质的消耗，使其更多地用于机体组织的建造、修复和再生。四是糖类具有抗生酮作用。葡萄糖代谢的中间产物草酰乙酸可与脂肪分解代谢产生的乙酰基结合，进入三羧酸循环使脂肪能够彻底氧化，降低酮体生成量，防止人体酸中毒。五是糖类具有解毒保肝的功能。人体肝糖原储备的前提是糖类充足供应，肝糖原不足时肝脏对四氯化碳、酒精、砷等有害物质的解毒作用明显下降。葡萄糖代谢氧化产物葡萄糖醛酸，能与水杨酸、磺胺类药物等结合，生成葡萄糖醛酸衍生物排出体外，保护肝脏[1]。

从农民增收看，食糖是我国广西、云南等省（自治区）最具优势的特色产业。以广西为例，自1992年以来，该自治区食糖产量连续28年居全国第一位，2005年以来连续15年占全国总产量60%左右。据统计，2020年该自治区甘蔗种植面积87.48万公顷，甘蔗总产量7412.47万吨，其中果蔗301.34万吨，成品糖609.72万吨；全区蔗农1000万人左右，占全区就业总人数近1/3，与蔗糖相关产业吸纳就业超过2000万人[2]。据有关资料，在2019/2020年制糖期，广西崇左市江州区甘蔗种植户亩均产量6.4吨，亩均收入3200元；该区入厂原料蔗488.78万吨，产糖65.99万吨，总产量首次跃居全国首位。目前，江州区已建成甘蔗“双高”（高产、高糖）基地4万公顷，通过土地小块变大块，实现机械化、水利化、良种化，甘蔗亩产比原来增加2吨，甘蔗蔗糖分由12%提高到14%，每年为农民增收6亿元，为制糖企业增糖2.4万吨[3]。

从食品加工看，食品中添加食糖除提供能量外，其作用还体现在三个方面：一是增加食品的风味。自然产出的糖类，本身就具有特殊风味；加工食品添加糖类，不仅可作为甜味增强剂，而且其加工褐变产物还能使食品增添新的风味，改善食品质构。二是增强食品的口感。食品中添加的天然糖在加工中能起到重要的品质改进作用，如硬性、松脆性、紧密性、增稠性、黏着性以及可形成胶凝等，使食品产生特定结构、形状和口感。三是保湿性。糖类化合物具有亲水性，在糖果蜜饯和焙烤食品中添加吸湿性较强的糖类可防止食品水分损失[1]。在发达国家，食糖还是一个国家必备的战略物资，特别是在灾害抢险、战争中食糖是能够迅速供给能量、救治创伤的特殊食物资源。此外，食糖还广泛应用于制药、化妆品、建筑以及化工原料生产等相关领域。

二、食糖和化学合成甜味剂摄入不当造成的危害

人们摄入食糖和化学合成甜味剂的共同点都是在食用时提供甜味，其不同点在于，食糖具有营养作用，供给人体能量，但在食用时没有强制性限量要求，过量食用可通过身体运动而将多余的能量消耗掉。化学合成甜味剂没有营养作用，不提供能量，但在食用时有强制性限量要求，一旦过量

① 1千卡=4.19千焦。

会对人体产生损害。

从对人体健康影响看，人们在食物营养摄入充足的情况下，若长期过量食糖，易引发血糖升高，诱发心血管相关疾病。高糖饮食可使血糖增高，加重胰腺胰岛负担，导致糖脂代谢紊乱，增加患糖尿病的概率。人体摄入糖后，其中部分氧化供能，部分在胰岛素的作用下合成糖原以备急用，但人体合成糖原是有限度的，若糖类摄入过多，肝脏就会利用糖类合成脂肪和胆固醇，引发肥胖和高血脂。况且在摄入糖类时，若口腔不及时清洁，牙齿上会形成一层黏着力很强的不溶性葡聚糖，产生出可溶解牙齿珐琅质的酸性物质，造成龋齿。此外，过量食糖还会导致儿童近视加重、影响大脑思维和情感表达等风险[4]。世界卫生组织（WHO）认为，添加糖等游离糖的摄入会加大膳食总体能量密度，导致不健康饮食增加。依据游离糖摄入与体重和龋齿的关系证据，世界卫生组织（WHO）在2015年发布的《成人和儿童糖摄入量指南》中，建议控制添加糖的摄入，每天不超过50克，最好控制在25克以下。根据《中国居民膳食指南（2016）》测算，60千克体重的标准人散步30分钟（2500米）约消耗26克糖的能量（105千卡），也就是说，通过运动可消耗摄入体内的过量糖、不增加体重，及时清洁口腔可去除残留在牙齿上的糖，可防龋齿[5]。

甜味剂按其来源可分为天然甜味剂和化学合成甜味剂，天然甜味剂主要包括蔗糖、葡萄糖、蜂蜜、甘草甜素、甜菊苷等直接来源于天然动植物或从中提取的甜味剂，安全程度高，但过量食用易引发肥胖等。化学合成甜味剂是指人工合成的非营养型甜味剂，只提供甜味，不提供热量，少量使用就可使食品具有较强的甜味。2014年，我国颁布GB2760—2014《食品安全国家标准　食品添加剂使用标准》，其中国内允许使用的化学合成甜味剂主要有三氯蔗糖、糖精钠、环已基氨基磺酸钙（甜蜜素）、天门冬酰苯丙氨酸甲酯（阿斯巴甜）、乙酰磺氨酸钾（安赛蜜）、木糖醇等十余种，可用于面包、糕点、饼干、饮料、调味品等食品中。这类甜味剂的使用，在国家标准中都有强制使用限量及应用范围。只有严格限定使用，才不会对消费者健康造成危害。但实际上，当前在我国食品生产加工中仍存在着甜味剂违规使用问题，主要有超范围、超限量使用、滥用复合甜味剂、标识不符合规定、甜味剂质量不合格，以及用甜味剂掩盖食品的质量缺陷，或掺杂、掺假、伪造使用甜味剂等。此外，国内外已有人群资料或动物实验显示，长期过量食用甜蜜素、糖精等可能会对机体产生致癌、致畸、损害肾脏功能等副作用[6]。特别值得警醒的是，在当前国家倡导人们应合理“控糖”的情形下，国内外商家在我国市场推出名目繁多的“零糖”“零卡”热量的饮品、食品，在添加各类化学合成甜味剂的同时，还添加多种化学合成香精及色素，美其名曰功能饮料及食品，宣称口感好、风味特殊而无能量、“减肥纤体”，误导消费者。并且，化学合成甜味剂的制造以及人体代谢排出后，还会造成严重的环境污染。例如，来自欧洲、亚洲和美洲的分析数据表明，三氯蔗糖在这些地区国家的污水处理厂、地表水、地下水、海洋、土壤、沉积物等环境介质中常会稳定存在。由于三氯蔗糖广泛应用、进入环境中表现出持久性和稳定性，引发广受国际关注的环境和健康问题，已被视为一种新兴的持久性环境污染物。

三、我国食糖生产供给与消费及趋势分析

从消费看，据中国糖业协会资料显示，目前我国食糖人均年消费量10.93千克，仅为世界平均水平（22.65千克/人，含中国）的48.3%，亚洲平均水平（18.54千克/人）的58.9%，不及美国（31.4千克/人）、欧盟（33.02千克/人）的1/3。据预测，在城镇化、工业化进程中，伴随着人们对加工食品、方便营养食品需求增多，到2035年我国食糖人均年消费量将超过16千克，但仍为国际上较低消费水平。

根据2015—2017年中国居民营养与健康状况监测结果，我国每标准人日食用糖及糖果摄入量为2.5克，其中城市为2.6克，农村为2.4克，食品中的添加糖摄入水平较低；与此同时，我国食糖人均年消费量仅为10.93千克。无论是人均添加糖摄入还是人均食糖消费水平，我国都处在较低水平。

从生产看，我国食糖生产具有较大发展潜力。据统计，我国2020年食糖产量为1042万吨。历史上，我国食糖产量最高曾达1484万吨（2007年），近十年来最高产量也曾达到1332万吨（2013年），此后受进口糖冲击等因素的影响，年产量维持在1000万吨左右。通过加强食糖宏观调控、加大对糖料生产的支持力度等措施，在城镇化人口增加、加工食品消费增多的带动下，未来15年我国食糖产能将呈恢复性增长趋势。

从供给看，我国糖业产能不足以支撑国内消费，国内食糖消费约三分之一直接依靠进口，是全球食糖第二大进口国。据海关总署数据资料显示，自2017年以来，我国食糖进口量持续攀升，2020年国内进口量527万吨，同比增长55.5%，进口金额18.02亿美元，同比增长60.7%，进口远远大于出口（2020年出口仅为18.56万吨，出口金额0.87亿美元）。食糖进口来源国主要是巴西、古巴、萨尔瓦多、印度和韩国。从维护食糖国内供给安全看，未来我国食糖自给率需保持稳定，必须以提升国内生产供给为主、国际市场进口调剂为辅，加快形成食糖国内国外双循环协同发展的良性机制，以有效保障国内供应，满足消费需求。

从甜味剂消费结构看，目前我国食糖消费仅占53%左右，不及世界平均77%的水平，而化学合成甜味剂消费约占23%，远高于世界平均9%的水平。化学合成甜味剂消费比例过高，对我国居民生命健康带来不可忽视的负面影响。在食品加工中必须扭转这一趋势，逐步减少化学合成甜味剂添加，替代以天然糖类，并通过科学普及，使城乡居民能够合理摄入含有食糖的产品。

四、我国食糖产业可持续发展对策建议

在我国，食糖是重要的民生产业、富民产业，在城乡居民食物营养转型升级进程中，要坚持以人民健康为中心，以满足城乡居民日益增长的美好生活需要为根本目的，通过消费引领生产供给，加快食糖产业可持续发展。

（一）稳定推进产业发展，扩大就业增收

目前，我国食糖产业生产成本高、市场竞争力弱，主要表现为生产规模小、机械化程度不高，蔗糖精深加工能力弱。在甘蔗产区，要大力培育新型经营主体，推动规模化经营发展，发展全程机械化，降本增效；要加快培育高产高糖新品种，通过绿色健康食品研发，推动蔗糖营养型加工，多渠道带动农民就业增收[7]。

（二）科学适度加工，合理用糖

当前我国居民食物消费加快转向美味、营养、健康，要针对不同人群膳食特点，开发适度添加天然糖的营养健康食品。要出台相关政策，严格限定化学合成甜味剂应用范围和使用剂量，逐步减少化学合成甜味剂在各类加工食品中的使用，尽可能地科学合理使用天然糖类，助力“健康中国人”，倡导均衡饮食、吃动平衡、起居有常的美好生活。

（三）提倡适量摄入，避免陷入“控糖”误区

从健康需求看，人体对糖的摄入应以天然糖为主，但在吃饱吃好时应合理减少天然糖的摄入，特别是要少食、不食化学合成甜味剂，降低其对人体和环境污染的安全风险。要通过平衡膳食指导和消费引导，使人们形成科学的“控糖”理念，不能一边借助“控糖”“零糖”，“妖魔化”天然食糖，打击食糖产业发展，另一边不断扩大添加各类化学合成甜味剂加工食品的生产和消费，这势必对人民健康产生极大危害。鉴于此，必须要对当前这一愈演愈烈的做法进行严格限制和管控，积极稳妥地推进我国食糖产业可持续发展。

参考文献

［1］王亚伟. 食品营养与检测［M］. 北京：高等教育出版社，2005.

［2］广西壮族自治区统计局，国家统计局广西调查总队. 2020年广西壮族自治区国民经济和社会发展统计公报［EB/OL］.（2021-03-12）［2021-08-31］. http://www.gxzf.gov.cn/html/gxyw/t8329130.shtml.

［3］人民网-广西频道. 崇左市江州区新榨季产糖65万吨居全国首位［EB/OL］.（2020-03-12）［2021-10-09］. http://gx.people.com.cn/n2/2020/0312/c179430-33871313.html，2020.

［4］李冬华，赵丽云，于冬梅. 添加糖摄入状况及与健康关系的研究进展［J］. 卫生研究，2014，43（2）：328-331.

［5］中国营养学会. 中国居民膳食指南（2016）［M］. 北京：人民卫生出版社，2016.

［6］毛伟峰，宋雁. 食品中常见甜味剂使用方面存在的主要问题及危害［J］. 食品科学技术学报，2018，36（6）：9-14.

［7］高扬，肖玲，李雯. 中国食糖产业竞争力研究［J］. 价格理论与实践，2019（1）：141-144.

地方篇

广西糖业现状分析

广西糖业协会
韦善国

食糖贸易保障措施到期后，进口政策趋向宽松，在蔗糖糖浆及食糖预混粉等变相替代食糖进口的严重冲击下，广西糖业虽然面临新冠肺炎疫情下农村劳动力严重紧缺的挑战，承受着国内、国际食糖市场持续低迷的影响，但始终认真贯彻落实中央和自治区的决策部署，稳步推进“双高”糖料蔗基地建设和良种良法推广，引导制糖企业战略重组及狠抓降本增效工作。

一、广西糖业现状

在自治区党委、政府和各级政府部门的大力推动下，在制糖企业和蔗农的共同努力下，广西制糖产业在“十三五”末实现扭亏为盈，为“十四五”创下良好开局，成效突出。

（一）“双高”建设任务基本完成

截至2020年年底，广西已累计完成土地整治面积502.46万亩，超额完成国家下达的500万亩目标任务。“双高”基地由整合前的472.26万块地归并为46.78万块，实现“十并一”，提前完成了规模化经营目标。“双高”基地良种化率实现100%，带动全区良种覆盖率达93%，水利化建设和机械化进程也在稳步推进中。

（二）产能集中度进一步提高

战略重组效果显著。制糖企业集团从2015年的17家减少到2020年的10家，并形成了6家年制糖能力超百万吨的龙头企业，产业集中度达到81%。“去产能”也在稳步推进中，截至2020年，广西共关停16间糖厂，淘汰产能6.65万吨，产能利用率从2015年前的57.77%提高至2020年的67.79%，提高了10.02个百分点。

（三）糖料蔗和食糖产量实现恢复性增产，产糖率创下历史新高

广西糖料蔗和食糖产量分别从2015年的4434万吨和510万吨增产至2020年的4921万吨和629万吨，增幅分别为10.98%和23.33%，实现恢复性增产。随着良种覆盖率的提高，2019/2020年制糖期，广西产糖率创下13.11%历史最高纪录，2020/2021年制糖期继续保持12.78%的历史第三高水平。

（四）降本增效效果显著

近年来，在中国糖业协会《糖业转型升级行动计划（2018—2022）》和广西壮族自治区政府《广西糖业降本增效三年行动计划工作方案》的指引下，广西糖业降本增效工作取得良好效果。生产负荷率的提高、产糖率的提高、企业管理水平的提高等使广西制糖成本呈现逐年下降趋势。广西制糖完全成本从2016/2017年制糖期的6299.51元/吨下降至2019/2020年制糖期的5501.34元/吨，减少了798.17元/吨，降幅达12.67%。

二、我国及广西糖业发展存在的问题

虽然广西糖业从土地整治、良种良法、企业重组、循环利用等方面狠下功夫，并取得了可喜成绩，但行业面临的根本问题仍然没有得到很好的解决，与国际同行相比仍然存在差距。

（一）我国糖业基础竞争力先天不足，难与世界主要食糖出口国进行竞争

我国的糖料种植主要分布在广西、云南、广东湛江、海南、贵州、内蒙古、河北张北、新疆等地区，部分为少数民族地区及贫困地区。受人口、资源和自然等客观因素制约，广西人多地少矛盾突出，甘蔗户均生产规模仅12～15亩。而食糖主要出口国巴西、澳大利亚、泰国的户均规模分别为40公顷（600亩）、80公顷（1200亩）和25公顷（375亩）。此外，广西85%以上的甘蔗种植在贫瘠旱坡地上，在基础设施建设、技术运用和机械化推进等方面面临许多客观制约，与世界上食糖出口国差距巨大。世界各国普遍对食糖采取高关税保护，世界食糖平均关税为97%，美国、欧盟、印度、韩国食糖关税分别高达185%、218%、150%、85%。但我国食糖实施关税配额管理，配额数量为194.5万吨，配额内关税为15%，配额外关税也只有50%。这一关税水平与我国食糖基础竞争力和世界主要出口国存在的差距不相匹配，与业已成倍增加的甘蔗生产成本差距不相适应，配额外50%的关税难以发挥进口调控和产业保护作用。这一问题将随着我国甘蔗成本的进一步增加显得更加突出。

（二）糖料蔗生产成本居高不下，产业竞争力明显不足

制糖业是典型的农产品加工业，糖料种植与制糖生产唇齿相依，但由于我国土地资源和基本国情，决定了我国糖料蔗种植成本依然居高不下。广西甘蔗进厂成本是泰国等主要产糖国的3倍，糖料蔗成本占食糖生产成本的比重处于世界主要产糖国的最高水平（根据英国农业咨询公司LMC的统计，广西79.66%、印度69.9%、泰国68.12%、澳大利亚62.17%、巴西54.16%）。

目前广西糖料蔗收购价格490元/吨，加上良种加价为520元/吨左右，这高于巴西、澳大利亚和泰国的140～200元/吨，也高于印度的250～280元/吨。虽然近年来广西的产能利用率有所提高，但也不足70%，与满负荷生产存在较大差距，企业“吃不饱”问题比较突出。

（三）糖料蔗生产保护区作用尚未显现，糖料蔗发展面临前所未有挑战

为保障国家食糖市场的基本安全自给率，国家明确提出要在广西、云南建立糖料蔗生产保护区，对糖料蔗生产保护区的划建管护都有明确的要求，糖料蔗生产保护区享受国家的支持政策，同时保护区所在地政府也应该尽相应的管护责任，确保保护区面积的稳定。但目前地方尚未出台具体的保护政策措施，糖料蔗生产保护区还得不到有效的保护。柑橘、香蕉、火龙果、桑蚕、速生桉、坚果等其他作物不断蚕食糖料蔗基地面积，基础设施建设和商业项目占用等也十分突出，造成糖料蔗面积不断萎缩，企业每年扩种的成果屡屡被各种抵消，糖料蔗发展面临前所未有的挑战。

（四）外部环境的消极影响还在持续

2020年以来，食糖宏观调控趋于宽松，进口糖数量激增，特别是蔗糖糖浆及食糖预混粉进口问题一度失控，对国内制糖业造成严重影响。

（五）糖料蔗收割机械化推进缓慢，劳动力不足问题愈加突出

据统计，2020/2021年制糖期广西机械化收获原料蔗158万吨，较上个制糖期的87万吨增加71万吨，增幅81.61%，但也仅占广西进厂原料蔗的3.21%。由于疫情的影响，来自越南和国内云贵地区的砍蔗工大幅减少，劳动力的紧缺对机械化收割的呼声更加紧迫，但当前距机械化收割担当收割主力的要求还相当遥远，其主要原因是机地相宜性不好，机械的性能还不够完善，机手的作业技能还有待提升，机收原料蔗损耗率大、含杂率高，企业和农民的积极性都不够高。

三、我国及广西糖业发展建议

综上所述，广西糖业面临的困难和问题也是中国糖业当前普遍面临的问题，要根本解决这些问

题，需要行业的共同努力，制糖企业要苦练内功，从稳面积、提单产、提糖分及提品质、延产业等方面攻坚，提升糖业综合实力，从而进一步降低国内制糖成本；而行业的提升发展需要良好的营商环境，稳定、持续的糖料资源，这些需要国家政策的支撑。

（一）继续挖掘企业潜力，进一步降本增效

1. 抓好“第一车间”生产，保证原料供应

长期以来，广西的糖料蔗单产普遍偏低，20世纪80年代以来，广西糖料工业单产一直在3.5～4.5吨/亩徘徊，仅在2007/2008年制糖期工业单产突破5吨/亩，创下历史最高水平。与世界产糖国相比，与相邻的云南省相比，广西单产仍有较大上升空间。通过提单产、提糖分、稳面积、提收入，提高农民种植积极性，提高生产负荷率，从而降低制糖生产成本。一是加强高产高糖品种的推广使用和深度研发，克服现有品种在普适性、宿根性、抗逆性等方面存在的不足，进一步提高良种覆盖率。二是探索适宜广西不同片区地质、地貌特征的种植技术，通过适时早播、深耕深松（山地挖沟种植）、覆盖地膜、科学用肥和防治病虫害等综合措施，减少“三旱两低”（秋冬春旱和冬春低温天气）气候条件影响。三是降低种植成本和提高种蔗相关收入，通过科学合理用药用肥，延长宿根性等，减少土地、蔗种、农用物资等的开支；同时通过开展间种套种和蔗叶等废弃物综合利用，提高农民种蔗相关收入，有效提高种蔗性价比，提高农民种植积极性。四是稳定榨季砍运榨秩序，合理安排榨期，提高入榨原料的新鲜度，真正实现“高糖高榨”。

2. 科技驱动，延伸产业，降本增效

加快糖业先进适用技术的研究与集成，加快新技术、新设备和新工艺的推广应用，创新行业发展理念，着力补齐糖业技术短板，激发企业自我发展能力。以市场为导向，以资本为纽带，进一步推动企业兼并重组，促进糖业跨行业、跨地区、跨所有制战略性重组，提高产业集中度。着力强龙头，补链条，拓宽产业链，加强品牌建设，促进产业可持续发展。

（二）产业环境及政策支撑

1. 坚持总量平衡的宏观调控政策，按需适量进口，防止盲目扩大进口规模

我国国产糖当前及今后长时期内仍处于供不足需，每年需从国际市场进口食糖弥补国内消费缺口。无序的、没有总量控制的进口势必影响糖料蔗主产区食糖生产，不符合中央“六稳”“六保”的要求，也不利于脱贫攻坚成果的巩固。与世界各主产糖国相比，我国糖业存在“先天不足”：一是自然禀赋差；二是缺乏关税壁垒的保护；三是甘蔗价格居高难下。世界各食糖主产国均对国内食糖产业采取强有力的进出口政策和立法保护。若大量进口糖涌入国内市场，将对先天缺乏成本优势的国内制糖产业造成毁灭性打击。因此，建议国家坚持总量平衡宏观调控政策。食糖是重要农产

品，要保证食糖供给安全，应坚持按需进口的原则，并注意把控进口的时机和节奏；同时也应对国内的制糖和原糖加工能力进行严格限制，防止无序盲目扩张；加强对蔗糖糖浆及食糖预混粉进口管理，避免其对产业的危害进一步扩大；继续保持打击食糖走私的高压态势，防止死灰复燃。

2. 延续现有扶持政策，建立长效机制，提升中国和广西糖业的竞争力

我国的国情决定了糖业成本（特别是农业成本）相对较高，虽然这些成本通过企业努力有所下降，但与世界主产国相比仍有较大差距。要保证食糖作为战略物资的自给率，还需要在不违反世界贸易组织（WTO）规则的情况下，建立长效的产业扶持保护政策。一是将健康脱毒种苗补贴、农机补贴、食糖储备补贴等现行政策常态化；二是认真总结和巩固广西糖料蔗价格指数保险的成功经验，进一步扩大实施范围，实现全覆盖。

3. 将糖料蔗收购资金列入政策性银行贷款

粮、棉、油、糖同属关系国计民生的重要农产品，粮、棉、油的原料收购资金都有政策性银行提供贷款支持，而糖料收购资金一直未得到政策性贷款支持。在“十四五”期间，不管是企业的优化整合、二步法的运用、产业链的延伸、产品的多样化还是个性化创新，这些提质升级改造都需要大量资金的投入，如果糖料收购资金能列入政策性贷款，不仅能够解决企业榨季期间集中兑付蔗款问题，也能利用本身自有资金投入技术创新改造升级，为糖业“十四五”高质量发展目标的实现交上满意的答卷。

4. 加大科技研发支持力度，解决中国糖业的可持续发展问题

我国糖料蔗收购价格处于全球高位，要提高行业竞争力，得靠降低糖料价格解决，但受制于我国土地资源、耕作模式和科研能力，糖料种植成本居高不下。根据李克强总理的讲话精神，针对制约我国糖业发展的瓶颈，建议国家加强在甘蔗新品种、收获机具（特别是中小微型机具）、生产新工艺、新技术及食糖延伸产品方面的科技研发力度，尤其是研发出适宜我国蔗区地形地貌的甘蔗收获机尤为关键，“因地制机”而不是“因机制地”。

5. 对产糖大县参照产粮大县给予奖励，稳定保护区面积

食糖作为重要农产品，与粮棉油同为重要民生产品，一定要保证以自给为主、进口为辅。为进一步调动地方政府抓好糖料蔗生产的积极性，保护1150万亩甘蔗保护区面积，缓解产糖大县财政困难，促进我国糖料和制糖产业的发展，保障国家食糖安全，建议国家对产糖大县（例如年产糖量20万吨以上的县、区）参照中央财政对产粮（油）大县实行的奖励政策给予奖励，奖励资金用于产糖大县推进种植结构调整和糖料基地基础设施建设等。

关于广西糖业“十四五”发展若干问题的探讨

南宁糖业股份有限公司
肖 凌

摘要

本文就广西糖业“十三五”存在的难点问题、“十四五”需要解决的重点问题进行了探讨，并对“十四五”糖业发展提出相关建议。

一、广西糖业“十三五”时期发展存在的难点问题

（一）国家政策方面

一是食糖进口关税较低。与国际主要产糖国相比，我国食糖进口关税偏低，加重了国内制糖企业的生存压力。

二是蔗糖糖浆及食糖预混粉进口政策存在漏洞。蔗糖糖浆及食糖预混粉与食糖在用途上实质等同，但其进口并没有纳入食糖进口相关管理，加之中国—东盟自贸区蔗糖糖浆及食糖预混粉进口零关税政策，严重影响了我国食糖市场的供需格局，使得食糖市场由“供求大致平衡”形势变为“供给过剩”。

三是缺乏针对性保护政策。食糖是关系国计民生的重要农产品，糖企更深意义上是农产品加工企业，世界各产糖国对本土糖业均有立法保护，而我国还没有针对性的保护政策。

四是市场保护体系仍不完善。目前的消费市场上，甘蔗制糖企业面临着进口糖、化学合成甜味剂等强力冲击。同时，白糖交易市场还面临着期货的炒作及资金打压。

（二）自治区政府层面

一是还没有可操作性的糖业法规来维护蔗区的正常生产秩序；二是还未能系统地规划、研制、推广甘蔗机械化推进体系；三是广西甘蔗收购指导价与全国其他省份相比偏高。

（三）制糖企业层面

一是农业成本上升，蔗地逐年缩水。当前劳动力严重缺乏，用地成本上升，甘蔗生产机械化收割推广难度大。如：南宁糖业“双高”基地年租金1000元/亩，吨蔗地租200元，吨糖地租高达1600元，这是种蔗成本高、制糖成本高的主因。近五年，南宁糖业甘蔗面积从2017年的100万亩以上减至2020年的80万亩，榨蔗不达产已成为常态，严重影响糖业发展。

二是糖价低迷时期，糖企融资困难。糖价低时，大部分银行都谨慎观望或者提高贷款门槛，减缓放贷审批速度，变相抽贷、断贷，对制糖行业纷纷减少授信额度，糖企融资受到较大影响。

（四）蔗农层面

一是农村劳动力、特别是砍蔗劳动力缺口很大；二是总体趋势而言，其他经济作物劳动强度相对甘蔗较低，更适应农村劳动力缺乏、以中老年为主的人口结构；三是与甘蔗相比，火龙果、香蕉等水果收益率普遍更高，蔗农收益不高，导致种蔗意愿也不高。

二、广西糖业发展需要解决的重点问题

一是营造与国际产糖国公平的竞争环境。参照各产糖国的立法保护、关税政策，打造公平的外部竞争环境。

二是实施甘蔗制糖精准保护政策。甘蔗制糖企业扎根在农业，建议相关保护政策做到对甘蔗制糖企业的精准补贴。

三是在甘蔗产业的农业及工业端提质增效，提升产业竞争力。糖业的发展不仅仅是制糖的发展，更是甘蔗产业的发展，甘蔗品种是基础，农业是根本，农业端需解决好甘蔗品种问题，提高早熟高糖品种的种植率，在耕、砍管理上降低成本，在蔗区管理上进一步加强行业自律，严格按照备案合同收购糖料蔗，严肃处理违规企业，坚决维护糖料蔗购销秩序。引导制糖企业对种植主体开展全程跟踪服务，加大扶持力度，并与种植大户、合作社建立长期订单合同，形成“糖业种植、加工联合体”。工业端是甘蔗产业的出路，产业链延伸是关键，在科技的保障及人才队伍的支撑下，做专、做深、做精食糖及其产业链，提高产品附加值和产业竞争力。

三、广西糖业“十四五”发展若干建议

（一）农业方面，从政策鼓励及技术创新上降低成本

一是加强蔗区田间管理，实现蔗区“高产”“高糖”。从甘蔗良种、种植、蔗区水利化建设、设施建后管护等着手，在有限的土地资源上解决糖料蔗的数量、质量问题。

二是大力发展推广甘蔗机械化。对广西农机企业研发、技术改造项目提供资金扶持、财税补贴政策，大力推动糖料蔗生产全程机械化，系统地规划、研制、推广甘蔗机械化推进体系，从技术上解决机械缺陷和适应性问题；加大国家补贴比例，保证农民用得起农机；此外，建议国家扩大农机补贴机械类型和对象范围，增加制糖企业作为可享受补贴对象，进而推动更多甘蔗生产机械的引进、示范和推广。

三是加快立法维护蔗区的正常生产秩序。借鉴世界各国的糖业法规，结合我国和广西的实际情况，尽快实现糖业立法。将糖料蔗订单农业管理作为糖业立法的重要内容，加快蔗区管理地方性法规的制定，尽快出台具有可操作性的蔗区管理条例和实施细则，便于基层糖业管理部门执法时有据可依，有据可循。

四是加大对糖料蔗价格指数保险支持力度。实践证明，糖料蔗价格指数保险是稳定糖料蔗种植面积、提升糖料蔗生产能力的有效途径。建议国家加大对广西糖料蔗价格指数保险支持力度，争取2022年将价格指数保险覆盖范围扩大到500万亩“双高”基地，2023年实现1150万亩糖料蔗生产保护区全覆盖，同时请求中央财政将对保费的补贴比例提高至50%。

五是将广西糖料蔗收购资金列入政策性银行贷款范围。粮食、棉花、油料和糖料作为关系国计民生的重要农产品，粮、棉、油的收购资金都有政策性银行提供，而糖料收购资金一直没有列入政策性贷款的范围。建议国家将广西糖料蔗收购资金列入政策性银行贷款支持范围，参照棉花收购的做法，从制度和资金上保证对糖料蔗收购的支持。

（二）工业生产方面，各糖企要努力提质增效

一是继续鼓励淘汰落后产能。对于淘汰产能工作提供支持政策，在财务核减、业绩考核方面予以支持。

二是糖企做专做深做精食糖及其产业链产品。目前，糖作为大宗的标准化产品，产品附加值不高，糖企要从产业链延伸、糖业综合利用、深加工方面寻找出路。

三是从政策上鼓励企业的创新、研发项目。对广西糖企产业链延伸涉及的技术开发、与科研院校的专利技术工业化项目给予补贴，助力广西糖企提高产业竞争力；鼓励发达商业地区的企业或基金与广西糖业进行合作，提供新产品销售的技术及渠道支持，鼓励与糖企合作股权投资，对具有创新项目的新公司提供发展奖励政策。

（三）国家进口政策及实施层面，提供稳定的行业环境

一是控制好进口糖节奏、配额及储备糖分配管理。建议按各糖业集团产糖量占全国制糖企业产糖量比例分配原糖进口配额及储备糖数量，各糖业集团对所分配的进口配额糖进行加工后，所得利润补贴制糖企业收购蔗农甘蔗价与市场糖价倒挂带来的亏损。同样，按全国制糖产量中糖企所占比例分配储备糖数量，也是对制造企业的保护。为避免进口集中到货对国内市场的压力，建议对一次性发放方式进行改革，控制好进口糖节奏，建议参照印度尼西亚的管理方式分步发放，并在每年第四季度进行微调。

二是建立总量平衡机制，严格以需进口。以需进口是全球国际食糖进口管控惯例，尤其发达国家严格遵循这一原则，以此保障其国内市场的稳定、国内糖业的可持续发展。以消费缺口来决定我国的食糖进口量，是确保我国糖业实现可持续发展的关键，是配额和许可证发放的主要依据。因此，建议根据国内食糖产量、国家可能的储备投放量、与我国食糖消费量之间的缺口确定可进口量。

三是蔗糖糖浆及食糖预混粉等糖的半成品、伴生品进口严格“从糖管理”。我国除原糖和成品糖进口外，2019年以来又有“食糖预混粉”“蔗糖糖浆或者糖水”等其他糖产品进口，蔗糖糖浆自中国—东盟自贸区进口为零关税，并按照9%征收增值税，严重冲击糖业秩序，建议国家尽快采取措施全部纳入“从糖管理”。

（四）商业贸易方面，保证有序的竞争秩序

继续严厉打击非法进口走私糖，合理控制非优势区域省、市发展糖料蔗生产及新建原糖加工厂，加强对化学合成甜味剂等食糖替代品的生产和使用管理力度，维护国内制糖企业正常、公平的竞争环境。

四、小结

广西糖业历经几十年的发展，有低谷，也有高潮。糖业要发展，甘蔗品种是基础，农业是根本，工业是出路，产业链延伸是关键，科技是保障，人才队伍是支撑。制糖企业要不忘糖业发展的初心，坚持走甘蔗发展的道路，坚持发展好甘蔗产业，以实现糖业高质量发展，开拓糖业发展新格局。

新形势下云南糖业的高质量发展

云南省糖业协会
邓　毅

云南是我国的第二大产糖省，2020/2021年制糖期食糖产量达221.23万吨，占全国食糖产量的20.74%。面对更为复杂的国际国内形势和疫情影响，云南糖业战线的广大职工在各级党委和政府、相关部门、社会各界的大力支持下，共克时艰，自2016/2017年制糖期起，实现食糖生产连增，高质量发展取得阶段性成果。但是，国际环境更趋复杂，企业经营环境未有明显改善，在国内食糖产不足需的条件下，糖业面临生存与发展的挑战。

一、云南糖业面临的形势

食糖是我国的重要农产品。云南糖业面临与全国其他食糖主产区共同的形势，承担起保障我国重要农产品供给安全的共同使命。云南糖业的兴旺，对产糖区贯彻落实国家乡村振兴战略至关重要。但是，目前面临的形势依旧是严峻的。

（一）我国食糖进口持续增长

2020年，面对突如其来的疫情影响和实现脱贫攻坚目标的要求，我国食糖进口创下了两个历史：①食糖进口总量的历史。食糖进口量超过我国采取“贸易保障措施”之前484万吨的历史，达到527万吨；同年，我国进口糖浆108万吨，按照67%的含糖比例折合为食糖达72万吨，两项合计相当于2020年我国的食糖进口总量达599万吨，超此前历史最高纪录115万吨；②单月进口规模的历史。2020年第四季度，我国食糖单月进口量分别为88万吨、71万吨、91万吨，单月进口超过以往47万吨的最大量。

面对全球新冠肺炎疫情形势严峻、经济复苏乏力的局面，2021年，我国累计进口食糖567万吨，全年进口糖浆66.49万吨，按照67%的含糖比例，折合食糖44.55万吨，全年累计进口食糖达611.55万吨，比上年进口增加12.55万吨，国际进口持续增长。

（二）我国食糖进口门槛偏低

我国食糖进口门槛偏低，配额内的食糖进口关税税率仅为15%，但进口配额数量高达194.5万吨；配额外的食糖进口关税税率仅为50%，而WTO成员方的食糖进口平均关税税率达97%，发达国家达122%。国际市场的主要生产国印度还实施了长达6年的大规模补贴出口，补贴出口量达600万吨左右，2019/2020年制糖期印度政府批准的补贴额度为5833卢比/吨（以2021年5月22日的汇率计算，相当于人民币30.89亿元的出口补贴额度）。更为重要的是，泰国、印度曾经在2017/2018年、2018/2019年制糖期连续过量增产，泰国两个制糖期的食糖产量分别达1458万吨、1470.1万吨；同期印度的食糖产量分别达3316.1万吨、3261万吨。面对严峻的疫情形势，2021/2022年制糖期印度再次刷新全年食糖产量历史，达3500万吨左右，超过巴西成为全球第一大食糖生产国，泰国、印度、巴西食糖增产动力十足，国际食糖生产面临复杂严峻的形势。由于食糖进口门槛偏低，我国在参与国际竞争中明显处于劣势，容易在全球增产周期中受到冲击，长期处于不公平的竞争状态。

在2020年7月开始内外价格持续倒挂的情况下，我国全年进口甘蔗糖水溶液在第四季度开始增加，国内糖业面临更大的进口压力。除此之外，近期“预拌粉”进口增加的反映增多了，糖的相关产品进口管理面临“从糖进口管理”的共同问题，在从政策上根本解决之前，始终将影响国内市场，最终影响到国内制糖业的生存与发展。

二、云南糖业存在的主要问题

（一）物流成本刚性，制约整体竞争力

与其他产区相比，云南糖业的物流成本是相对偏高的。甘蔗运输成本南方产区最高，达40元/吨左右；省内成品糖运输成本达180元/吨左右。受疫情影响，可运物资数量下降，汽车运输成本大幅增加，出省运输主要靠铁路运输，运输工具单一，物流成本刚性。最近几年，云南的铁路和公路建设获得进展，但是，对全省经济的带动尚需时日，整体物流成本难在短期内明显下降。

（二）土地和劳动力资源稀缺是糖业发展的瓶颈

我国的农业体系面临共同的瓶颈：土地和劳动力资源的稀缺。这是国情决定的，不是糖业自身的问题。人多地少是我国的国情，工业化和城镇化以后，劳动力向城市转移的速度加快，农产品价格普遍偏低，难以使农村劳动力“离土不离乡”，也无法产生劳动力的回流，劳动力资源的数量和质量下降必须通过乡村振兴战略实施产生的产业发展示范效应逐步得到解决，通过“新双高”（糖业的高效率和高效益）的推进得到解决。

三、树立糖业的绿色发展理念

（一）以绿色发展理念引领糖业发展

绿色发展是以效率、和谐、持续发展为目标的经济增长和社会发展方式，是新时期经济增长方式和产业发展的新模式，是产业转型升级的方向，是可持续发展的重要内容。早在2015年中共中央就提出了“绿色”“创新”“协调”“开放”“共享”五大发展理念，2017年，中国共产党第十九次全国代表大会报告中明确提出：“加快建立绿色生产和消费的法律制度和政策导向，建立健全绿色低碳循环发展的经济体系。”这是我国绿色发展理念的具体化、政策支持的制度化、绿色发展的趋势化。2019年4月26日，云南省人民政府发布《云南省人民政府关于创建“一县一业”示范县加快打造世界一流绿色食品牌的指导意见》，以市场导向、绿色引领、创新驱动为基本原则引领云南糖业的发展方向。2020年12月30日，中央全面深化改革委员会第十七次会议审议通过了《关于加快建立健全绿色低碳循环发展经济体系的指导意见》，对绿色发展提出新的要求。

（二）绿色基地、绿色生产与绿色消费

为贯彻云南省委省政府关于打造世界一流“绿色食品牌”的总要求，云南糖业从糖业现状、生产特点、气候环境等方面定位云南糖业“绿色食品牌”的基本定义。糖业，是云南继烟草之后的第二大农产品加工业，50%的州市产糖，43.84%的国家级贫困县产糖，84%的边境县是产糖县，糖业分布在云南的边疆、少数民族和贫困地区。云南拥有立体气候，拥有全国乃至世界独有的生物多样性，具有打造世界一流食品的基础与条件。食糖是食品工业的基础性原料，本身也是食品。要打造“绿色食品牌”，云南糖业就需要打造“绿色糖料基地”、实行“绿色生产”、产出“绿色产品”、促进“绿色消费”。打造“绿色糖料基地”就是要推广生产方式绿色化，持续开展化肥农药的减量行动，强化有机肥的使用，促进蔗叶和蔗梢的综合利用，重视、强化和规范废弃农膜的回收与管理，实现滤泥处理绿色化，生产智能化绿色肥料，推广行之有效的病虫害绿色防控措施和模式。蔗叶和蔗梢的综合利用在全省已经进入加速攻关突破期，食糖的“绿色生产”就是以《中华人民共和国食品安全法》为要求，严格按照工业和信息化部关于“绿色工厂”的规范要求，实施精准、精细化管理，保障生产条件、生产过程无添加，严格生产环境和生产过程的绿色化，确保食糖的绿色食品特质；食糖是绿色产品，以溯源系统建设和品牌建设为绿色管控措施、以云南产业互联平台为依托，充分发挥“互联网+食糖”平台的功能，集合现代物流服务，加强供应链管理，以“点对点”运输、多式联运等新物流模式增加物流便利性，充分运用现有铁路网，加强物流成本管控；以大生产促进现代大流通，宣传食糖绿色产品、促进绿色消费。

四、坚定不移推进糖业高质量发展

高质量发展是当今我国经济发展的主题。早在2018年，习近平总书记在全国“两会”期间就已经提出了高质量发展的要求，实体经济需要在发展思维方式上进行调整，建立现代产业新体系，打造新的增长极。根据国家关于推进蔗糖产业高质量发展的要求，2019年6月28日，云南省发展和改革委员会、云南省农业农村厅联合印发了《云南省关于推进蔗糖产业高质量发展的实施意见》（云发改产业〔2019〕447号文件），云南蔗糖产业高质量发展开始起步。

（一）云南糖业高质量发展的驱动力

高质量发展是新形势下应对全球化、实现糖业现代化、突破发展瓶颈的根本性措施。

1. 应对全球化

近几年来，国际市场主要产糖国除了在产品结构上的局部调整，在发展方式上变化较慢。我国食糖产业由于进口门槛偏低时常受到冲击，在参与国际竞争中比较被动。全球化条件下，我们面临明显的生产效率相对偏低、产业链相对短的“短板”。为尽快“补短板”，对标全球糖业先进水平，云南糖业需要加快“补短板”的进程。

2. 实现现代化

实现现代化、提高综合竞争力是食糖产业发展的根本目标。目前，我国进入实现现代化提速的时间窗口，在国家、社会各界的大力支持下，尽快实现传统农业向现代农业的转变、粗放化经营向集约化经营的转变，实现增长方式的根本性转变是我国当前迫切的任务，糖业高质量发展是实现现代化的具体措施。

3. 突破发展瓶颈

人多地少是我国国情，工业化和城镇化加速以后，农村劳动力向城市转移开始提速，农村劳动力数量、质量下降又成为农业发展中新的问题。面对国际市场冲击、国内农业产业的多元化，作物竞争加剧，问题更加突出。面对更加复杂的国际形势，为保障我国重要农产品的供给、确保国家经济安全，糖业高质量发展是根本途径。

（二）糖业的高质量发展涵盖全产业链

糖业，不仅是富农富县的产业，同时还是一二三产业高度融合的产业，产业带动广、对县域经济影响大，产业链上的受益者众多，对产糖区乡村振兴战略实施至关重要。糖业高质量发展涵盖糖料生产、食糖生产、食糖流通和糖业物流等多个环节。根据云南糖业高质量发展部署，各级党委和政府、社会各界对云南糖业加强了支持。全省在2019年9月、2020年12月两次召开高质量发展推进会，要求各制糖企业根据自身实际对高质量发展进行规划，提出时间表、路线图并强力推进。在绿色糖料基地打造上强化“良种良法”技术推广，开展提高甘蔗单产行动、提高产糖率行动；在食糖生产方面，开展精准管控、实施精细化管理，切实提升产品质量；开展二维码溯源系统试点，强化品牌建设；推动制糖工艺技术进步，促进降本增效；在食糖流通和糖业物流的第三产业方面，充分运用产业互联平台，强化现代金融工具、期货、期权和现代新物流运用，增强企业把握市场的能力与机遇，降低市场风险，提升糖业增值空间。

（三）糖业高质量发展取得阶段性成果

1. 甘蔗单产逐年稳定提高

通过“双高”基地建设，全省制糖行业在提高甘蔗单产方面进行了较长时间的艰苦探索，夯实了糖料发展基础，强化了科技支撑意识，加强了与甘蔗科技部门的联系与广泛合作，大力推广“良种良法”，各制糖企业逐步形成了提高甘蔗单产的基本模式。其中，云南英茂糖业集团探索形成了“早种、深挖开沟、良种和膜覆盖技术”的糖料种植“四项技术”，对促进全省甘蔗种植发挥了试验示范作用。云南南华糖业集团探索形成了“良种+膜覆盖+轻简种植模式+病虫害统防统治技术”甘蔗种植模式，其他企业根据本地实际，也进行了长时间、广泛的探索，逐步形成了符合自身实际的甘蔗种植模式。2018/2019年制糖期至2020/2021年制糖期，全省甘蔗平均单产已经稳定在4.2吨/亩以上，一改过去几十年甘蔗单产波动大的历史。2020/2021年制糖期全省甘蔗平均单产达4.5吨/亩。其中，个别企业平均甘蔗单产达5.14吨/亩，其他部分制糖企业甘蔗种植区单产超过5吨/亩，取得可喜的进步。甘蔗单产的提高，不仅直接提高了蔗农收入、产生了规模效益、降低了企业制糖成本、稳定了蔗农种植甘蔗的积极性，对乡村振兴战略的实施也至关重要，已经成为产糖区新的经济增长点。

2. 全省糖料蔗平均产糖率稳定提高

云南一向重视良种的推广与运用，最近十多年，全省糖料蔗的平均产糖率保持在全国较好的水平。2020/2021年制糖期糖料蔗平均产糖率首次达到13.04%，创下云南糖料蔗平均产糖率新的历史。

3. 食糖产量连续三个榨季增产

实施高质量发展基期的2018/2019年制糖期，云南食糖产量为208万吨。2018/2019年制糖期至2020/2021年食糖产量连续三个制糖期保持稳定增产。2020/2021年制糖期，全省制糖行业迎难而上，全省食糖产量达到221.23万吨。

4. 产业发展质量逐步提升

云南糖业立足于全产业链的全面发展，在历年同业绩效对标活动中取得较好成绩。全省品牌建设和品牌溢价初显，非疫情成本相对稳定，降本增效取得一定进展，一二三产业协同发展，综合竞争力有所提高，产业集中度逐步提高，产业集群建设稳步推进，延伸产业链的项目逐渐落地，围绕蔗渣、蔗叶和滤泥的综合利用技术与项目有新发展。

5. 产业带动稳步增长

蔗糖产业中，一产带动了糖料生产、农资、物流、蔗叶还田；二产带动了制糖、生物质发电及蔗渣、滤泥、辅料加工；三产带动了物流、修理、成品油、餐饮业。最近几个制糖期，由于甘蔗入榨量增长，蔗农增收达每年3亿元以上。较为突出的是对物流业就业、增收的带动。以糖业物流环节为例，糖业物流每年带动农村甘蔗运输及成品糖公路运输、铁路运输、仓储转运增加收入16亿元以上，实现了蔗农增收、企业增效、国家税收增长的良好局面，糖业直接或者间接为社会解决就业、带动产业链上的增收发挥了重要作用。

6. 产业互联有创新性发展

根据“十三五”规划，我省着眼于产业互联的平台建设取得进展，沐甜科技云南鲲鹏公司“互联网+食糖”面向全省糖业、面向全产业链、面向流通现代化，在云南产业互联、云南糖业数字经济的发展中发挥了示范作用。

7. 产品质量不断提高，品牌建设初见成效

我省制糖行业把不断满足人民群众美好生活需要放在食糖生产的重要位置，通过加大技改投入、产品质量管控，以绿色种植、绿色生产、绿色销售为主的全程管理、二维码溯源为科技支撑，加强品牌建设，已经形成个别全国性的著名商标，对普通产品溢价160元/吨，部分一类品牌对普通品牌溢价20～60元/吨，充分体现了“优质优价”的市场原则，品牌建设正在成为全省糖业转型升级中的新亮点。

8. 服务融入“一带一路”倡议，辐射带动效应初现

以替代种植为基础、以跨境农业合作为核心的甘蔗种植正成为“安邻、睦邻、富邻”、经贸互利共赢的重要产业，成为云南主动服务和融入“一带一路”的重要抓手之一。

五、促进云南糖业高质量发展的政策建议

我国的食糖产不足需，却面临不断亏损的压力。食糖是与“粮食、棉花、油料、肉类”同等重要的农产品，但是，贸易保障措施到期以后，生产恢复乏力，甘蔗种植面积大幅下降后始终未能有规模地恢复，制糖厂数量持续下降。为此，我们提出以下建议。

（一）坚持以国产为主、国际市场补充为辅的基本原则

全球面临越来越多的不确定性，加强国家总安全观的认识十分重要，强化国内供给保障能力应该放在重要位置。我国是14亿人口的大国，保障我国重要农产品的生产供给是保障国家经济安全的基本要求。《中华人民共和国乡村振兴促进法》将产业发展放在重要的位置，保障产业兴旺是巩固脱贫成果、实现乡村振兴战略的重要内容，应该实现糖业发展与乡村振兴战略实施的有效结合，在产业政策定位方面建议参照国际惯例，有必要明确：坚持国内生产为主，国际补充为辅。

（二）严格总量平衡、按需进口，将蔗糖糖浆及食糖预混粉等从糖统筹管理是免受国际市场冲击的根本保证

《中共中央关于制定国民经济和社会发展第十四个五年规划和二〇三五年愿景目标的建议》第21条“关于完善宏观治理”中指出：“完善宏观经济政策制定和执行机制，重视预期管理，提高调控的科学性”“促进经济总量平衡、结构优化、内外均衡”。为此，将原糖、成品糖、甘蔗糖或甜菜糖水溶液及其简单固体混合物等所有糖的相关产品进口统筹从糖管理，才能保证国家食糖进口政策的一致性，符合当前国家“关于建设全国统一大市场”的要求。

（三）巩固重要农产品保护区划定和建设成果

一直以来，我国国内糖料面积稳定与增长困难，不符合耕地用途的情况对供给保障能力提高产生影响。依据《国务院关于粮食功能区和重要农产品保护区建设的指导意见》，云南省完成了重要农产品保护区“划、建、管、护”工作，为严肃保护区政策、确保保护区建设成果，充分发挥保护区在稳定国内糖料种植面积、强化和提升保护区供给保障能力中的作用，建议中央相关部门定期对保护区建设情况进行检查，对保护区落实情况进行第三方考评，巩固保护区建设成果。

供需缺口逐步走阔，行业仍然生机盎然

云南省糖业协会
陆建国

一、云南糖业发展的现状

云南是全国第二大产糖省，食糖产量占全国的22%。糖业是云南省的传统和优势特色产业，对全省工业经济发展、产业转型升级、促进边疆稳定都具有十分重要的作用。经过多年的发展，云南糖业已经成为具有一定竞争力的产业体系。生产技术不断进步，特别是全膜覆盖法使甘蔗亩产提升0.6～1吨，从亩产2.8吨提升到4吨左右；综合收益率提高，产糖率提高0.5～0.8个百分点；在种植面积下滑的趋势下，产量保持在200万～230万吨；食糖生产成本也由5500元/吨降低到5250元/吨，累计降低250元/吨，企业竞争力有所提升。糖业是云南继烟草之后的第二大农产品加工行业。根据《糖料蔗主产区生产发展规划》，云南与广西一道被国家确定为全国的甘蔗种植主产区。云南省的施甸、昌宁、景谷、孟连、澜沧、凤庆、芒市、陇川等21个甘蔗种植县被列入国家级甘蔗的核心基地。糖业是“富农富县”产业，云南省是全国食糖的主要供应地之一。目前云南省拥有机制白糖生产线87条，日处理甘蔗能力14.23万吨，拥有3.3万行业员工，涉及12个地（州、市）的48个县（市），覆盖蔗农600余万人，基本形成了以怒江、伊洛瓦底江、澜沧江、红河及南盘江等低热河谷地区为主的糖业发展基地。

经历了煎熬的熊市周期，云南糖业同样面临产能过剩的问题，而且原料甘蔗供给不断萎缩、产量下降、产品单一，糖企效益欠佳，成本居高不下，在进口糖源的冲击下，不少糖企长期负债经营，糖业的发展处于生死存亡的阶段。云南糖业将何去何从是摆在我们面前无法回避的重大问题。

二、云南糖业面临的主要问题

目前，云南糖业遭遇的发展瓶颈主要表现如下。

第一，中国糖业经历了区域布局调整后，糖料蔗种植生产的责任历史性地落在广东湛江、广西和云南三个主产区身上。但是随着市场调配资源的进一步深入，广东湛江的甘蔗种植面积不断萎缩趋势明显；广西桂东南地区近十年来，农民种植糖料蔗的积极性不断降低，导致很多糖厂常年“吃不饱”，以至于不得不关停。糖业西移到了云南已经“移无可移”了。云南省除了上述地区外，发展甘蔗糖业的空间已经十分有限，因此可以发掘的潜力同样十分有限。那么今后的发展还有没有拓展的空间呢？

第二，云南和其他省（自治区）一样，糖业产品十分单一，基本上就是50千克的白砂糖和赤砂糖以及糖蜜酒精。那么能不能打破陈规，走出糖业商品多样化的道路？

第三，云南糖业的成本一直居高不下，这固然跟云南的自然条件有很大关系，比如甘蔗种植规模化经营推广难度大、蔗区分散、运距长、单产低、机械化程度低等。然而，在全球化背景下，如何与国际糖业竞争，走出高质量发展道路，也是我们要面对的重大问题。

三、如何走出目前的困局

（一）高屋建瓴确保产能红线

需得到国家政策支持保护，保障粮、棉、油、糖等基础农产品的供应，保证1000万吨的国产糖产能红线，从而形成国产糖和进口糖6：4格局，也是对现有耕种面积的保护。

（二）通过改革保持产能与产量匹配

国内制糖企业制糖成本保持在高位，更多是由于产能过剩，加工糖产能严重过剩，很多加工糖企业是吃不饱的；另一方面通过“一带一路”发展境外替代种植，以云南原有糖厂为基础，在老挝、缅甸通过国际合作，发展甘蔗种植，但存在配额难题。

（三）打破陈规，使糖业产品多样化，分散市场风险的冲击

云南和其他省（自治区）一样，二十世纪五六十年代以来都是走一步法直接生产白砂糖（简称白糖）的路子。所谓一步法直接生产白砂糖，就是在蔗区一定范围的中心点建一个糖厂，从甘蔗种植到压榨、澄清、蒸发、结晶、分蜜生产成品白砂糖。全国糖业产品结构单一，仅有白砂糖一种主要产品。也曾有糖厂尝试过生产方片糖、小块红糖、黄金砂糖、大颗粒赤砂糖，但是均形成不了拳头产品，走不出白砂糖的小圈子。

（1）改一步法为两步法　相对而言，原糖比白砂糖更方便保存。当糖价低迷时，可以多产原糖，少产白砂糖。糖价低迷时制糖企业本身也可以储存原糖，四月份后甘蔗原料无货后，可以常年以原糖加工白砂糖，解决开工不足的问题，降低成本。

（2）改一条生产线为两条生产线　这里所指的不是目前糖厂内部生产白砂糖的第二条生产线，

而是恢复糖厂的酒精车间，用甘蔗直接生产乙醇。糖厂的动力车间是固有的，锅炉设计往往都大。当糖价好时可以停掉酒精生产线，相反则直接用甘蔗生产酒精。目前国家鼓励在汽车燃料中加入燃料乙醇。尽管国际油价短时间内低迷，但是从长远来看，能源资源的紧缺是无法改变的现实，生物质能源是解决能源问题的良好途径，既然玉米或陈化粮能变成燃料乙醇，甘蔗蔗糖分达到14%～15%（田间测定糖分），用甘蔗直接生产乙醇优势明显，技术又十分成熟，不失为一个改革的方向。

（3）改单一成品为多种成品　除了上述的乙醇外，用甘蔗直接生产酵母是目前最佳的选择。目前国内酵母市场风生水起，长期来看，酵母的前景十分广阔。一直以来，国内生产酵母一般以甘蔗废糖蜜为原料。废糖蜜俗称废蜜，但废蜜产量有限，用甘蔗糖浆直接生产酵母是较佳的选择。除了上述的酵母、味精之外，可以生产乳酸及其下游产品，甚至可以发展为纺织产品。这需要技术创新，需要发散思维。除此之外，用甘蔗糖浆直接生产红糖，省去分蜜的生产环节，用废糖蜜的成本拉低红糖的成本，红糖价格哪怕跟赤砂糖同价，也有成本低的优势，相对的，红糖的品质和口碑要比赤砂糖好得多。

（四）合理运用期货衍生品工具稳定生产经营

企业要合理运用期货市场工具，与金融机构展开合作，学习巴西的先进经验，采用套期保值和期权备兑开仓的手段来化解和对冲经营风险，利用市场波动率进行期现货结合，进行现货的二次销售，从而提高综合收益，稳定企业的生产经营。

提高广东糖业竞争力探讨

广东省糖业协会，广东中轻糖业集团有限公司
刘汉德

摘要

制糖业实质是农产品加工业。如何提高制糖业综合竞争力，最关键的是要把甘蔗种好，做到高产高糖。高产，农民才有好的收益；高糖，糖厂制造成本才能够降下来。因此，制糖企业的工作重点是组织蔗区农民种好甘蔗，通过推广甘蔗高糖高产良种和蔗叶粉碎回田、因土配方施肥、科学防治病虫害等措施，降低种植成本。通过合理定价和支农服务，让种植甘蔗的农民能够挣钱，糖业发展才能可持续。

引言

广东制糖业在2000年之前，基本在全国处于领先地位：产量在全国产区中排第1位；技术领先，管理先进，研发和教育机构健全；最早发展外向型糖业经济，开展原糖加工业务，东莞糖厂、顺德糖厂、中山糖厂、江门甘化厂等是最早一批从事原糖进料、来料加工的企业，原糖加工业在全国处于领先地位。

随着东部经济的发展，全国出现了制糖业西移的局面。广东也一样，随着珠江三角洲经济的发展，该地区的甘蔗种植业慢慢失去竞争力，也朝粤西地区转移。粤西地区的甘蔗种植面积不断增加，目前发展成全省最主要的产区，占全省产量的85%以上。广东产糖量在1991/1992年制糖期达到216万吨，而2020/2021年制糖期只有54万吨，甘蔗产糖率仅有9.97%。

如今广东制糖业的发展，关键在于粤西地区即湛江的发展。然而湛江糖业发展却面临一系列问题，其中首要问题在于甘蔗产量不高，甘蔗单产长期在5吨/亩左右，农民收益低，种植意愿越来越低。其次是甘蔗蔗糖分长期偏低，常年处于12%以下，产糖率不足10%。而广西产糖率在12.8%左右；云南更高，为13.5%或更高。广西产1吨糖，大约需要7.8吨甘蔗；云南产1吨糖，只需要7.4吨甘蔗；而湛江产1吨糖，需要10吨甘蔗，比广西、云南多消耗2吨甘蔗以上，吨糖原料成本增加1000元以上。湛江的制糖业何来竞争力！

湛江的甘蔗蔗糖分低，主要原因是甘蔗品种差；土地连种，地力下降，土壤养分失衡；螟虫害多；农务管理跟不上等。要提高湛江糖业的竞争力，关键在于源头，要让农民乐意种、能种好。

一、合理制定甘蔗价格，让农民种蔗得到实惠

2019/2020年和2020/2021年两个制糖期，湛江相当数量甘蔗流失到广西。这里面有蔗区管理不善的问题，更主要的是湛江甘蔗收购价格远远低于广西。跨区抢蔗的问题，不单单是蔗区管理的问题，还有一个农民比价销售问题。湛江近几年甘蔗价格基本在400～470元/吨，而广西价格基本维持在530元/吨以上，跨区收购的蔗价甚至达到680～690元/吨，最高可达750元/吨。

甘蔗生产是糖厂的“第一车间”，没有甘蔗，就没有原料，糖厂就是一堆废铁。制糖企业的工作核心就是要保证原料供应。如何保证原料供应？核心是要让农民在种植甘蔗中得到收益。因此，甘蔗的定价必须考虑比价问题。一是跟其他农作物的竞争比价，二是跟周边省（自治区）甘蔗收购价格的比价。湛江近几年收购价格偏低，造成周边省（自治区）糖厂到湛江抢蔗。农民种蔗得不到实惠，造成湛江甘蔗种植面积不断减少，形成恶性循环。因此必须制定甘蔗的合理收购价格，工业要反哺农业，让农民真正得到实惠，才能保证糖业的可持续发展。按目前看，随着劳动力价格、地租、农业生产资料价格的提升，甘蔗价格不应低于470元/吨。

二、重视农务，加强农务管理

制糖业其实就是农产品加工业。农务是糖厂的第一车间。但是很多制糖企业并不十分重视农务工作。云南英茂糖业集团产糖率达到了14%，制糖成本能够降得那么低，效益这么好，究其原因是从上到下都高度重视农务工作。每个农务人员、每个基层党员都挂钩到每个农户，指导农民种甘蔗，为农民解决生产过程中存在的问题，让农民们种甘蔗致富，因此大家都愿意种。一项新的耕作技术的推广，农民开始不一定能够接受，农务人员就到田里具体操作给农户看，让农民了解新技术的增产效果，以点带面推广新技术。

我们到田间看，有覆盖地膜的，跟没有盖地膜的甘蔗长势不一样；有深耕深松的，跟浅耕的甘蔗长势不一样；水田蔗有做好排水沟的，跟积涝的甘蔗长势不一样。有没有做好某项技术措施，甘蔗单产可能就差异1～2吨。这多出来的1～2吨都是利润，每亩如果没有500元的利润是不值得种的，农民也不会有积极性。

要想产糖率高，甘蔗的砍运榨计划还要做得好。甘蔗要保持新鲜度，从砍到榨要做到不超过12个小时，至多不超过24个小时入榨，这样甘蔗糖分损失少。如果砍运榨计划没组织好，甘蔗放了两三天才入榨，蔗糖分至少损失一两个百分点。湛江甘蔗蔗糖分低，产糖率低，很大程度上是甘蔗新

鲜度出了问题。

如何重视农务，如何加强农务管理？最根本的任务是要转变思想。糖厂农务关系到糖厂的生存，因此，农务是制糖企业集团发展战略的核心。农务是“一把手工程”，不能按以前老思路找个没权力的副厂长管农务，管好管坏是他的事。必须大胆起用敢想敢干、不怕苦、有责任心的农务管理人员。农务人员必须经常到蔗区跟农户交流，随时做技术指导，使农户甘蔗单产不断提高。同时考核制度要跟上，大胆制度创新，大胆奖励能够扩大甘蔗种植面积、能够提高甘蔗单产、能够提高甘蔗糖分含量的农务人员。

三、推广蔗叶粉碎返田和因土配方施肥，提高土壤地力

湛江甘蔗单产低，还有一个主要原因是甘蔗长期连作和单施化肥，造成土壤养分失衡、酸化板结，土壤地力下降。化肥越施越多，但是效果越来越差，甘蔗生产成本越来越高。有些蔗区偏施氮肥，甚至到了八九月份还施氮肥，造成甘蔗蔗糖分低。

在计划经济时代和改革开放初期，农家肥、土杂肥、火烧土等都往地里运，化肥农药都少用。但如今农民提高产量靠的是不停地施化肥和下农药，因为人工成本贵，施有机肥用工多，不合算。

如何改变目前这种局面？要不断增加有机肥的投入，农民觉得施有机肥用工投入贵，最好的方法是用机械把蔗叶粉碎，再用大型机械深松深耕将粉碎的蔗叶深埋进土层。连续坚持三年，土壤的地力、肥力、保水能力肯定大幅度提高，甘蔗单产和蔗糖分也会有质的飞跃。这种做法成本不高，简单易行，效果又好。关键是要糖厂统一组织，建设专业队伍，提供服务。

针对土壤养分失衡的状况要开展土壤普查，画出土壤养分地图。针对不同地块的养分状况，采用精准施肥配方，使甘蔗生产的养分平衡。这样才能够提高肥料的效率，减少肥料使用量，降低甘蔗种植成本，提高甘蔗单产和蔗糖分。同时农务人员要引导农民不要在甘蔗生长后期施氮肥和灌溉。

四、建立螟虫预测预报机制，提高虫害防治效果

湛江蔗区冬季温度高，螟虫容易越冬。螟虫害是影响湛江甘蔗蔗糖分最重要的因素之一，在严重的年份，甘蔗蔗茎虫口率达到50%以上，蔗糖分下降很厉害。

防治螟虫有很多有效的方法，有灯光诱杀、性诱导影响成虫交尾繁殖、生物防治、化学防治等措施。土地承包经营以后，千家万户种植甘蔗，前面三种低成本、对环境没有伤害、行之有效的措施基本没人组织了，取而代之的是化学防治。过度使用农药的结果就是害虫抗药性增强，防治效果越来越差，农药开支却越来越大。制糖企业的农务部门要积极同政府的农业管理部门多沟通，争取

农业部门的支持，建立螟虫预测预报机制。针对螟虫暴发的时机，采取灯光诱杀成虫，田间插性诱导剂干扰成虫交尾产卵。在蔗区连片的地方，还可以放养赤眼蜂，推广生物防治。在幼虫的暴发期，找准喷施农药时机下药，才能够达到事半功倍的效果。目前很多地方对螟虫的生长周期没有建立预测预报系统，农民盲目喷药，防治效果差，防治成本高。

五、推广甘蔗高产高糖良种

国内主要蔗区都面临着甘蔗品种退化的问题。如何挑选适合本蔗区种植的甘蔗品种，是制糖企业农务管理的关键环节。好的品种，蔗糖分能高一两个百分点，同时抗逆性强，可以减少农药和其他生产成本。

如何推广良种？一是要多从科研机构、邻近主产区引进甘蔗良种；二是制糖企业（集团）要建立良种繁育基地，做好品比试验，挑选出适合本地种植的甘蔗品种；三是要以点带面推广甘蔗新品种，引导农民种植高产高糖良种；四是要对种植甘蔗高产高糖良种的农民给予扶持，包括提供种苗、地膜、肥料、农药预付款，以及有偿机耕服务等，指导农民科学种植。

可以和科研机构、高校建立合作，采取技术承包的方式得到技术支持。比如，与科研机构签订服务合同，约定在一定时间内，由科研机构派技术员指导本地区的甘蔗种植和生产管理，采用新的甘蔗品种布局和栽培新技术、新的病虫害防治手段，达到增产增糖效果的，增量部分给予科研机构一定比例的提成奖励。

六、因地制宜推广农业机械化

现在一提到甘蔗生产机械化，大家就瞄准大型机械，特别是大型甘蔗砍收机，最终很多不适用。甘蔗生产机械化可以分为两段，前段是甘蔗种植和田间管理，包括深松耕机械、甘蔗种植盖膜机械、喷药机等，这方面的机械基本成熟，可以满足甘蔗生产前段的需要。目前还没有更好解决的是后段生产的机械，即甘蔗的砍收和运输配套机械。目前大型甘蔗砍收机遇到了三个很难解决的问题：一是砍的蔗头高低不平，砍爆蔗头，压坏蔗头，伤害宿根甘蔗，造成宿根甘蔗出苗率低，生长差；二是甘蔗回收率低，至少每亩有半吨甘蔗收不上来，损失严重；三是甘蔗夹杂物太多，泥沙、蔗叶、蔗根等杂物达到8%以上，严重影响甘蔗入厂处理和煮糖环节。

如今劳动力紧缺，劳动力成本逐年大幅提升，问题日益严峻。而甘蔗砍收劳动强度过高，招工更加难，甘蔗砍收机械化是必须解决的一个环节。应因地制宜地研发推广小型甘蔗砍收机，先定位于能减少甘蔗砍收一半的劳动强度，提高一倍的砍收效率；可以单人操作，适合各种地形。这样就可以把目前人工砍收甘蔗每吨约150元的成本降低到70～80元/吨，把每人每天1吨的砍收能力提高到2吨。小型机械对宿根甘蔗的破坏力小，甘蔗田间回收率高，甘蔗夹杂物少，也许能够克服大型甘蔗砍收机的缺陷。小型机械还有一个优势，就是成本低、价格便宜，千家万户蔗农买得起，这样甘蔗机械化砍收推广就很快。

甘蔗砍收机械化喊了几十年，目前还是没能实现，最关键的是大型甘蔗砍收机不适合我国蔗区地块小、土地高低不平、蔗区分散的实际情况。搞机械化，不要学院派，不要为了机械化而机械化，一定要适合、适用，蔗区农民能够接受的才是适用的。

结论

本文所探讨的问题都是大家懂的、熟悉的问题，也是简单易行的问题。关键是我们很多人把这些简单的问题忘掉了。提高制糖业的行业竞争力，任重而道远。关键是转变思想，转变观念，从最基础做起。云南英茂糖业集团为我们提供了一个榜样，是全行业学习的楷模。他们从蔗区建设、甘蔗砍运榨组织和服务、工厂生产、成本管理、质量控制、销售策略到企业发展战略规划等，探索出了一条可行的道路，值得行业学习借鉴。

广东蔗糖产业发展现状及对策

广东省科学院生物与医学工程研究所
陈骏佳

广东是我国甘蔗主要种植省（自治区）之一，种植面积位列全国第四位，是我国第三大甘蔗主产区，是甘蔗优势生产基地，在食糖供应保障体系中具有重要的地位和作用。目前以甘蔗为原料已形成优质原料蔗种植、新型制糖、食糖精深加工、制糖副产物综合利用、物流等产业集群，年工农总产值100多亿元，甘蔗及制糖加工产业关系到数十万蔗农脱贫致富和产业员工就业。

一、广东糖业发展概况

（一）甘蔗种植规模

广东作为我国重要糖料蔗种植基地之一，其糖料蔗种植主要分布在粤西地区，其中湛江地区地处雷州半岛，土地连片，地形地貌平坦，光照、温度、灌溉条件好，是甘蔗优势生产基地，也是甘蔗糖业全程机械化生产的适宜区域。目前广东有广东广垦糖业集团有限公司、广东恒福糖业集团有限公司、广东金岭糖业集团有限公司、化州市耀明糖业有限公司等企业集团及20余家制糖厂，糖企职工1万余人，涉及糖料蔗种植者数十万人。近几年，糖料蔗年种植面积130万亩左右，年产甘蔗600万吨左右，年产糖60万吨左右。

（二）甘蔗种植品种情况

广东蔗区糖料蔗品种较多，主要以“粤糖系列”（粤糖61号、粤糖09-13、粤糖93-159、粤糖00-236、粤糖55号、粤糖83-271、粤糖94-128）、“桂糖系列”（桂柳05-136、桂糖42、桂糖49）以及“台糖系列”（新台糖22号、新台糖25号、台糖79-29）品种为主，大部分品种老化，新育成的高产高糖多抗良种以及甘蔗健康种苗推广应用滞缓，常规种苗退化和病虫害严重，造成甘蔗大幅度减产，同时其宿根年限缩短导致生产成本大大增加。

（三）甘蔗产糖率情况

广东甘蔗产糖率长期维持在9.5%~9.9%，比全国甘蔗平均产糖率低2个百分点（绝对值），其主要原因是甘蔗蔗糖分普遍比广西和云南低，因此造成吨糖成本高、企业效益低，严重制约蔗糖产业发展。

（四）甘蔗生产机械化情况

广东湛江地区甘蔗生产综合机械化率在60%左右，其中机耕率、机种率和机收率分别达到99%、65%和5%。湛江大部分土地具备全程机械化条件，推广甘蔗全程机械化优势明显。

二、广东糖业存在的主要问题

（一）种植面积不断缩减，甘蔗原料不足

自2017/2018年制糖期以来，由于甘蔗种植收益少，受番薯、火龙果、菠萝等其他经济作物的冲击，广东甘蔗种植面积逐年减少，加上甘蔗外流严重，连续多年减产幅度超过10%。就目前来看，甘蔗减产趋势还将持续，蔗源不足，糖厂“吃不饱”，已成为广东糖厂的最大问题。

（二）甘蔗蔗糖分低、质量差、产糖率低

广东蔗区甘蔗蔗糖分一直偏低，甘蔗品种退化、栽培技术落后、病虫害严重，土壤酸化板结，甘蔗砍削质量差、夹杂物含量多，产糖率多年低于10%，比全国甘蔗平均产糖率低2个百分点（绝对值），吨糖成本高。

（三）甘蔗生产全程机械化进展较慢

受制于甘蔗机收率低，广东甘蔗生产全程机械化进展较慢。机收甘蔗漏砍多、质量差、含泥含杂多，而糖厂目前甘蔗预处理除杂技术瓶颈未取得突破性进展，从而影响制糖生产工艺。

（四）糖厂设备落后

糖厂现有设备老旧、自动化及信息化程度低，影响榨季生产安全和工艺指标的完成，亟待升

级改造。最突出的是锅炉烟气排放问题。2019年3月，广东省生态环境厅修订了《锅炉大气污染物排放标准》，其中生物质锅炉烟气颗粒物浓度限值由100毫克/立方米调整为20毫克/立方米（国家标准为80毫克/立方米）。目前制糖企业通用的是锅炉水膜除尘器处理工艺，锅炉烟气排放无法达到要求，部分糖厂由于环保不达标而暂停开榨。

（五）员工整体素质偏低

技术工人缺乏，工厂技术力量薄弱，整体技能水平偏低。糖厂效益低，未能吸引和留住年轻人才，老龄化严重。部分糖厂不同程度存在岗位缺员现象，尤其是煮糖工、电工等技术工种。

（六）甘蔗种植扶持政策少

近年来，广西、云南出台了一系列扶持政策，分别发布了《广西壮族自治区关于印发广西糖料蔗良种良法技术推广工作实施方案的通知》（桂政办电〔2020〕60号）和《云南省人民政府办公厅关于印发云南省2020—2022年糖料甘蔗良种良法技术推广补贴实施方案的通知》（云政办函〔2020〕56号），对推广糖料蔗脱毒健康种苗按新植面积补贴350元/亩，对推广糖料蔗生产全程机械化技术补贴700～1000元/亩，补贴力度很大。而广东省蔗区的甘蔗种植和蔗糖生产的扶持政策少，导致政策性竞争差异较大，影响广东省的蔗糖产业发展。

三、广东糖业发展对策及建议

（一）加快土地流转，促进规模化生产经营

按照“依法、自愿、有偿”原则，逐步推动农用地合理规范、有序流转，逐步推进蔗地规模生产经营。培养专业种植大户、专业合作社等现代农业生产经营者，从事甘蔗规模化生产和管理，可有效降低原料蔗生产成本，提高经营效益，稳定蔗区蔗源。

（二）建立育种单位和制糖企业效益联动的联合育种技术体系，加快优良品种的选育和推广应用

甘蔗品种改良的最大受益主体是农户和制糖企业，国外长期甘蔗育种历史证明，建立育种单位和制糖企业效益联动的商业化育种技术体系对于持续提高品种和蔗糖分，提升产业竞争力至关重要。如澳大利亚，从每吨甘蔗中提取一定的费用支付给育种科研机构，由农民代表和制糖企业代表等共同决定是否推广品种，科研机构和应用单位建立了良性的利益共享机制。甘蔗育种过

程中后半阶段的试验主要是在企业的试验田中实施，因此更能够选育和推广出适宜企业需求的品种。

（三）强化品种结构管理，加强健康种苗的推广，实现品种优化布局

一是要结合蔗区小环境特点，筛选推广适应性强、高产、高糖的甘蔗品种，如粤糖61号、粤糖62号、粤糖63号等系列综合性状强的粤糖品种，优化品种结构；二是要推广甘蔗脱毒健康种苗，利用脱毒种苗的提纯复壮，缓解品种退化，“旧种新种”，重新妙用优质老品种，如粤糖93-159、粤糖00-236等具有重要价值的好品种；三是要推广轻简高效栽培技术和管理方法，如甘蔗全生物降解地膜覆盖等技术。

（四）加强病虫害绿色防控力度

建立虫害预警监测及综合防控体系，采用性诱剂、赤眼蜂等生物防治，提高病虫害防控技术水平，引导鼓励蔗农使用高效低毒生物农药，利用无人机飞防，降低用人成本，提高效率，从源头保障蔗糖质量安全。

（五）提高甘蔗生产机械化水平

一是加大先进适用甘蔗机械的引进和研发，解决种植、收获等技术瓶颈问题。结合湛江甘蔗地分散不集中的特点，推行以中小型机械为主，使农机与当地农艺发展水平相匹配，逐步提高甘蔗生产机械化水平。二是加强适应机械化种植的甘蔗品种的挖掘与推广，如近年来选育推广的粤糖63号（粤糖08776）具有高糖、特高产、抗压、抗倒伏、宿根性特强等特点，特别适合机械化生产。三是要建立健全农机服务体系，持续增加对甘蔗农机购置、农机作业的补贴力度，推动甘蔗机械化试验示范及推广应用，通过示范区的辐射和带动作用，促进整个现代甘蔗产业的发展。

（六）提高糖业精深加工能力，延长产业链

一是市县两级政府要在财税、金融、信贷等方面大力扶持糖业龙头企业，提高产业规模化、集约化水平，鼓励糖厂改善制糖工艺水平，多措并举降低生产成本，提高企业竞争力；二是加快甘蔗糖业的绿色转型升级，发展绿色循环经济，深化政产学研结合，提高精深加工能力和综合利用水平，不断开发新产品，真正做到“吃干榨尽”，打造生态循环糖业经济体系，不断延长甘蔗产业链，从而实现蔗料资源的循环利用和经济效益的最大化。同时，注重品牌建设，打响广东糖业品牌，提升产品附加值。

（七）建立有效政策扶持和保障措施

一是国家对蔗区的扶持，建议将广东蔗区纳入国家有关良种良法技术推广的政策扶持范围，参考广西、云南等地的补助政策，使广东蔗农能得到国家财政的普惠性补贴，提高蔗农种蔗积极性，切实保障食糖有效供给。二是加大财政对糖业技术进步的投入，按照问题导向、扬长避短、突出重点原则，组织科研力量，以实施项目为抓手，重点从“破卡点、补短板、强优势、夯基础、建平台、育主体”六个方面打好广东糖业翻身仗。

海南蔗糖产业出路何在

海南省糖业协会
李　京

2020/2021年制糖期，海南甘蔗、食糖产量分别仅有68.44万吨和8.77万吨，多家糖厂因原料不足而继续停产。在不到十年的时间内，食糖产量从50万吨下降至不足10万吨，海南的甘蔗糖业出路何在？

一、海南蔗糖产业发展历史回顾

海南岛是我国传统的食糖主产区之一，新中国成立之后在国家和广东省有关部门的重视下得以迅速发展。

几十年来，海南的甘蔗糖业经历了反复跌宕，但总体上是不断向前发展的。1950年，全岛甘蔗种植面积仅有4万多亩、产量5万余吨，生产土糖约0.6万吨。到1985/1986年制糖期，全岛甘蔗种植面积达173.55万亩、产量303.96万吨，生产机制糖31.92万吨。1986年，制糖工业产值占海南工业总产值的25%，利润占海南工业利润的71%，蔗糖税收占海南工商税收的28%。其时，甘蔗和制糖在全岛农业和工业中分别都是第一大产业。

1997/1998年制糖期，全省甘蔗和食糖总产量分别达到431.68万吨和51.67万吨。2012/2013年制糖期，在经过阶段性的低潮后，全省甘蔗总产量又增至433.10万吨，再创历史新高；产糖量达到49.83万吨，接近历史最好水平。

然而，从2013/2014年制糖期起，海南的甘蔗糖业形势可谓急转直下，近年来甚至呈现断崖式的下跌，并面临整体退出的危险。

二、海南蔗糖产业持续严重滑坡的原因

海南蔗糖产业持续下滑的原因是多方面的，以下几点为比较重要的因素：一是有关方面在农村

产业结构调整中对发展蔗糖产业未能形成共识，甘蔗生产缺乏政策支持；二是制糖企业与甘蔗种植户之间始终没有形成休戚与共的工农联盟，甘蔗生产中遇到的各种问题难以解决；三是种植户均规模过小，且生产方式落后，很难降本增效；四是栽培技术和良种良苗的推广十分困难，甘蔗单产无从提高；五是甘蔗生产机械化的推进太慢，严重制约生产基地化的建设。

三、海南蔗糖产业发展之我见

（一）充分认识到巩固发展蔗糖产业的重要意义，理直气壮地发动农民种植甘蔗

海南的蔗糖主产区在西部，那里是经济发展较为滞后的少数民族地区，蔗糖产业关乎数十万农民的福祉。而这些农民大都缺乏生产技能和学习能力，也缺乏周转资金和风险承担能力。甘蔗收购有保障，种植和管理容易，长期以来都是他们的基本生计。帮助这些农民脱贫致富，无论是地方政府还是制糖企业都是责无旁贷的。况且，蔗糖产业链长，可解决众多人员就业，带动诸多行业共同发展，增加地方经济收入。

此外，海南光温充沛，甘蔗生产容易实现高产高糖，当前专业户中甘蔗亩产超过10吨、收入超过5000元者大有人在。2019/2020年制糖期，全省甘蔗蔗糖分平均达16.03%、产糖率达13.90%，在全国处于较高水平。因此可以说，海南岛在甘蔗、食糖产业经济效益方面具有较大潜力。

与此同时，由于大量青壮年外出打工，目前琼西地区有上百万亩的宜耕坡地被荒废，甘蔗生产即便恢复到一百万亩也不会影响到新兴农业的用地。况且，这些坡地相对都比较平缓，容易实施机械化生产。

2020年春节后，海南省农业农村厅有关负责人根据海南省省长、副省长的批示，就糖料蔗产业发展问题召集省糖业协会和省甘蔗学会负责人座谈调研后提出的“科学种植、提高单产、降低成本、增加效益”的发展思路，是非常值得重视的。

海南糖业界对产业的恢复与发展应该充满信心，大力发动农民种植甘蔗。各地应配合省政府的农村产业结构调整战略，不与新兴项目争耕地、争投资、争劳力，要尽量利用撂荒的山坡地、轮作地来种植甘蔗，也要积极引进外地资金、技术与劳动力来发展甘蔗生产。

（二）争取地方政府及基层组织的支持，层层落实甘蔗生产计划

蔗糖生产涉及面广，制糖企业务必以最大的诚意主动争取蔗区市县和乡镇政府以及村委会等有关方面的重视与配合，结合扶贫攻坚和乡村振兴战略的实施，研究制定甘蔗生产计划，并以分片包干、奖励先进的形式把计划层层分解到每个乡镇、村委会、经济社，将甘蔗种植面积、植期、品种等下达、落实到每个农户和每个地块，并随时跟踪计划的执行情况。

在发展甘蔗生产的过程中，要特别重视引导有关方面对零星的土地资源进行必要的整合，扶持专业大户（公司）以现代化农业的理念与模式建设适度规模的甘蔗生产基地，并发挥他们的龙头作用，带动整片、整村、整乡镇的农民共同致富。有条件的企业还可以尝试以土地入股合作等方式，带动那些丧失劳动能力的农民走上脱贫之路。

（三）全面推广订单农业，强化糖厂与蔗农之间的工农联盟

订单农业是现代农业发展的必由之路。甘蔗制糖业固有的“砍、运、榨一条龙”等特点使得推行订单农业、实行原料甘蔗的计划生产与供给尤为重要。要坚持不懈地对蔗农群众做好宣传教育工作，不断提高大家的商品意识、合作意识和诚信意识，促使糖厂与蔗农之间建立起真正的利益共同体。

要反复向广大蔗农朋友讲明这样的道理：通过签订合同来种植甘蔗，糖厂才能放心地从资金、物资、技术等各个方面对其进行产前、产中、产后一系列全方位的精准扶持与服务，大幅度地实现降本增效，保价保量地收购糖料蔗，消除蔗农的后顾之忧。

（四）彻底摒弃落后的生产经营方式，走集约化、规模化、产业化的种蔗之路

海南甘蔗生产经营方式和栽培技术严重滞后，导致得天独厚的光温资源优势得不到发挥。要积极引导蔗农群众接受新思想、新技术，促使甘蔗生产从零星分散向集约化、规模化、产业化转变，种植管理从粗放型向精细化和标准化转变。

各蔗区应参照省内外的先进经验，与地方政府和各有关单位共同努力，积极推行“企业+合作社+农户”“专业合作社+农户+基地”等生产经营方式，支持建设具有示范效应的标准化的甘蔗生产基地，支持建设紧密型的甘蔗生产合作组织，推动甘蔗生产迅速向高产、高糖、高效方向发展。

（五）努力推广良种良苗良法，从根本上实现甘蔗生产提质增效

海南省甘蔗良种和科学技术的普及长期以来都得不到重视，导致甘蔗生产经济效益低下。应该弘扬“科学种植、提高单产、降低成本、增加效益”的理念，引导蔗农群众自觉采用良种良苗，接受先进技术，走高投入、高产出的道路，以期从根本上实现甘蔗产业的提质增效。

甘蔗良种的推广，重要的是加快推广适合本省栽培的高产、高糖和抗倒伏、耐干旱的良种，争取逐步做到早、中、晚熟品种比例达到4∶4∶2左右；甘蔗健康种苗的推广，要以已获得财政部、农业农村部肯定与支持的甘蔗脱毒种苗为核心建立良种繁育基地，满足各蔗区生产需要；甘蔗良法的推广，要力争集成推广轻简化优质高效栽培技术模式，推广深耕深松、地膜覆盖、测土施肥、病虫害综合防治、“水、肥、药”精准施用、节水灌溉及宿根蔗综合管理技术。

（六）以机收为突破口，坚定推进甘蔗生产全程机械化

甘蔗生产机械化程度太低是蔗糖产业难以发展的症结所在。只有实现“耕、种、管、收”的全程机械化，甘蔗生产才能实现跨越式发展。近年来，海南甘蔗生产中的机耕和下种乃至田间管理方面的机械化作业都有了长足的进步，收获机械化试验也取得了可喜的成效，反复改进的甘蔗机械也更加科学、高效、实用，但与先进地区相比，我们迈出的步伐还太小、太慢，不适应已经迫在眉睫的形势。

希望各制糖企业因地制宜认真研究制定本厂蔗区甘蔗生产全程机械化推广、普及的方案，并有计划有步骤地推进；积极扶持培育本地的甘蔗农机服务组织，向蔗农提供周全的服务；本着先急后缓的原则，优先推广应用甘蔗砍收和装载机械。

（七）充分利用土壤富硒的独特优势，研发富硒功能红糖

海南有近三分之一的土地属于富硒土壤，其生产的红糖中天然硒含量高达62.06微克/千克，国内外鲜见。政府应该支持相关制糖企业通过技术改造，以现代化手段组织生产富硒功能红糖，并利用自贸港的便利大力开拓国际市场。

从甜菜糖发展历史看内蒙古糖业未来发展

内蒙古糖业协会
孙秀才　吴　遂　马春慧

一、世界甜菜糖发展概况

与甘蔗制糖相比，甜菜制糖在世界上兴起要晚很多，仅有200年的历史。甜菜起源于阿拉伯地区，当时是作为蔬菜和块根饲料种植的。后来随着十字军东征传到欧洲，1747年先是德国化学家马格拉夫成功在甜菜中分离出蔗糖，后来他的学生阿哈尔德又首次培育出了糖用甜菜品种和提出了制糖方法。1802年普鲁士建立了世界上第一座甜菜糖厂。1821年法国人发明了甜菜切片热水浸渍提糖法，渗出法提糖由此开始至今。1840年至第一次世界大战前夕，欧洲的近代机械化工业得到长足发展。甜菜糖产量直追甘蔗糖，比例接近一半一半。后来因战火破坏，甜菜糖减少，二者差距又加大了。当前，世界甜菜糖、甘蔗糖供应量比例通常保持在2：8。欧洲依然是世界甜菜糖产量最大地区。

甜菜糖加工技术和设备发展趋势是大型、连续、高效，不断提高机械化、自动化水平，现如今糖厂车间用人越来越少，智能化、数字化程度越来越高。

甜菜种植方面，除了全部实行机械化外，欧美很早就开始了单粒型甜菜品种研究推广，并赋予其世界上最先进的种子加工技术。甜菜种子是世界上最早进行丸粒化包衣的种子，也是最大规模采用种子引发技术（俗称醒芽）的作物。目前德国已经筛选培育出天然抗除草剂的甜菜品种。

我国甜菜糖业的发展历史较短，仅百年多一点。1908年波兰商人在黑龙江阿城（现在是哈尔滨一个区）建立了我国第一座机制甜菜糖厂。东北沦陷后，日本人又重建了呼兰糖厂、新建范家屯糖厂。新中国成立前半封建半殖民社会，缺乏稳定环境，工业得不到发展。新中国成立后，甜菜制糖工业迅速发展，西北、东北的一些省（自治区）适合种甜菜的地方，几乎每个县城都有一座小糖厂，日加工能力从几十吨到几百吨的都有。

二、内蒙古甜菜糖发展概况

1955年内蒙古第一家糖厂——包头糖厂从欧洲引入先进设备，日处理能力上千吨，20世纪80年代通过扩建达到每天加工3000吨甜菜能力。20世纪90年代初，内蒙古糖业规模达到一个鼎盛阶段，1998年包头糖厂变身华资实业，成为国内第一家上市的甜菜糖厂，创造了一段辉煌的历史。

但巅峰之后的发展令人心痛。进入20世纪90年代后期，“糖家大院”的火热场面随着市场经济大潮冲击，跌宕起伏，阵痛中下行。延续到进入21世纪以来，甜菜糖业兼并重组成为主旋律。

自有糖厂以来，经过60年风云变幻，内蒙古开始一路狂奔，一跃跻身全国产糖第三位，成为甜菜种植面积最大的省（自治区），尤其“十三五”末产糖量较“十二五”末增长3倍，产糖量比新疆、甘肃、黑龙江等产区的量加起来都多。

虽然甜菜糖占国内食糖市场份额不高，不到整体的15%，但作为一个产业创造的经济效益和社会效益不容忽视。甜菜是国内种植专业化程度高、市场经济较完善的标志性订单作物，是种植户可以稳稳当当获得良好效益的赚钱作物。

三、风云变幻下迷失的种子

虽然内蒙古甜菜产业发展势头良好，但最可惜的是甜菜种子。新中国成立前甜菜种子都靠进口，新中国成立后通过引进国外种质资源，发展了甜菜育种和制种产业，从1963年到20世纪90年代，甜菜种子基本能够自给。后来成功培育了多胚种（种球有2个以上胚芽），并制造出机械单粒种。

遗憾的是，在20世纪90代后期甜菜糖业低谷阶段，随着许多糖企破产消亡、人才流失，品种选育工作几乎中断。彼时发达国家已经全部采用遗传单胚种，而国内的种质资源、育种方向、清选加工能力因没有足够重视和投入，导致国产甜菜品种折戟沉沙。现阶段国内市场上使用的甜菜种子几乎全部源于进口。

四、甜菜到底行不行，要多角度看种甜菜这件事儿

先从种植潜力看，甜菜在欧美国家都是数一数二赚钱的经济作物，其效益一般仅次于马铃薯。不谈补贴，欧洲厉害之处在于高效，单产高、含糖高、效率高、能耗低，环境友好。西班牙、法国每亩产出7~8吨、17%以上蔗糖分的甜菜很平常，糖厂只要不过分杀低甜菜收购价，种甜菜日子美得很。美国是靠农民作为糖厂股东利益共同体，以种植规模大、机械化程度高、成本较低取胜。日本模式高产又高糖，工艺损失不到1%，真精耕细作，还有农业协会助力，但投入成本太高咱们承受不起。

回顾历史，国产甜菜发展也取得十足进步。想想过去咱们国内甜菜单产仅每亩1吨左右，现在3~5吨/亩稀松平常，新疆、甘肃单产6~7吨/亩也很多，而且提升空间还很大。

从最直接竞争对手那儿看，我们国产糖产不足需，目前甘蔗产量遥遥领先。但从种植角度讲，

甘蔗根本竞争不过甜菜，甜菜的竞争作物是粮食作物，而甘蔗的竞争作物是果树，果树一栽上地就占上了。过去种甜菜也都是劳动密集型产业，现在基本实现了规模化、机械化，劳动强度大幅度降低。广西、云南作为甘蔗糖产业大省（自治区），一方面多数甘蔗种在山地；另一方面因为甘蔗是宿根作物，怕机械收割伤根，目前整体甘蔗采收机械化率不到10%，仍然耗费大量人力去砍蔗；另外，随着城镇化农村留守青壮年劳动力不断减少，边境产区因为疫情外防输入，缅甸、越南等地的劳动力输入十分困难。长此以往，甘蔗糖必受较大影响。

从产业外部形势看，“形”上内蒙古糖业有世界先进的工业制造装备，有适合的良好耕种资源条件，有受糖企支持、较为发达的第三方机械作业力量；“势”上自治区政府和协会有振兴边疆和促进产业发展的意识和服务；有“十三五”屡创新高的速度和质量基础，有像英联糖业、佰惠生集团等在甜菜农机、农艺、人才培养方面起到绝对引领作用的企业，有打击走私、国内经济大循环为主的外部形势……，总体利好咱们甜菜糖业。

从市场和销售半径来看，内蒙古14家制糖企业，北起呼伦贝尔，经兴安盟、赤峰、锡林郭勒、乌兰察布，西至包头，面向东北、华北和中原地区就近销售，十分方便，在运费上就已经较甘蔗糖占有很大优势。而且，如敕勒川糖业，集团旗下有乳品厂，不仅自产自销，而且所有主副产品蒙牛包销，问题不是卖不出去而是产不出来。

从产业内在发展规律来看，首先，任何一个产业都不可能一味高速增长，从高速发展转向放缓是客观规律。内蒙古甜菜糖业多年来就是这么过来的，当前处在又一轮快速发展和调整阶段，要进中求稳，稳中再进。从计划经济向市场经济转变的最困难时期已经度过，摊派种植、“打白条”时代一去不复返。其次围绕甜菜糖产业发展的上下游人心齐、干劲足，从科研单位到物资供应到物流运输，都很关心糖业发展，“糖家大院”的文化常在、基业长青。

原料种植通常被称为制糖“第一车间”，因此和甜菜生产相关的事也是糖厂的必然差事。谁给种、种多少、怎么种、怎么收、运输保管这些环节都需要原料队伍全程参与。作为原料人员，这就要求我们有大局思维、长远思维和开放思维。没有人种好甜菜出来，糖厂就得关门，糖厂原料人员就得回家，上下游供应链就作鸟兽散了。因此原料是产业发展的重中之重，那么怎样发展好原料呢？继续老生常谈吗？种不种最好先来算算账。

五、算算种菜这笔账

当前内蒙古地区的甜菜种植主要采取三种栽培模式，喷灌圈大型机械化直播（简称大直播）、膜下滴灌小农机直播（简称小直播），还有保驾护航提升保苗面积的纸筒育苗移栽模式（简称纸筒），三种模式三分天下、各有千秋、和而不同。

投入成本从高到低依次是纸筒>小直播>大直播。根据调查，一般大户（户均面积超100亩，含地租）的小直播成本1500元/亩上下，大直播要低200元/亩，而纸筒要在此基础上再增加200元。按照近三年甜菜的平均收购价520元/吨计算，亩产净菜3吨是小直播的盈亏平衡点，而纸筒要达到3吨半才能有结余。

种甜菜效益=产量×收购价–种植成本

根据内蒙古糖业协会提供的数据，全区甜菜在2016—2020年平均单产3吨/亩，蔗糖分15.14%。种植户的收益如何，一目了然；而根据加工成本测算，糖价低于5500元/吨，糖厂收益也基本在此盈亏线上。种植户赚钱困难，糖厂盈利有难度，咋都这么难？

因为糖价高低受国际和国内市场双重影响，甜菜的分量太小，我们无法控制。糖厂的主要运营成本在原料上，所以，重点在于算算种甜菜的投入产出，产出多、投入少效益才能最大化。

根据笔者过去两年自种经验，以小直播为例，先说投入成本，三大两小，八二比率。地租占26%、物资32%、机耕22%、人力14%和水电杂费6%。看起来前三项降低的空间已经有限，因为社会现实需求在那，唯一可以预见的是随着现代化进程和规模效应，技术提高导致人工投入成本有可能降低。总的来说眼前种甜菜想让成本降下来很困难。

那收购价还能大幅提高吗？似乎也很难。正常情况下成本提高，收购价也应该相应提高，但因为玉米价格高位运行，带来土地租金大幅上涨，疫情、环保和贸易战带来的影响导致全球原材料价格也大幅上涨，尤其钾肥、磷肥和近期的石油，买家欲哭无泪。

理论上对糖厂来说，随着生产力发展，单产提高，甜菜收购价向下走才对，但这个理论在国内行不通，甜菜收购价从过去的300多元一吨，到现在已经500多元、600多元一吨。况且即使大幅度提价也并不能为农民实现增收，十年前，已有过个别糖厂有过这样的先例，不乐意种甜菜？那就提到600元一吨，但最后还是没种多少，反倒糖厂倒闭了。单靠大幅提高收购价这条路似乎也不灵。

另外，同一块地即使人没变、种植方式没变，年份不同产量结果往往也不尽相同，蔗糖分变化也是如此。为什么？这就是大田农业的正常规律，风调雨顺还是流年不利，永远客观存在。而人的主观能动性的差异往往决定了种菜人之间的水平高低，要不怎么说什么行业都有干得好的和干得不好的。说到底农业就是人和自然合作的产物，天、地、人合一才能取得良好的结果。明白了影响农业最根本的决定因素是人，那么原料人员从中又该怎样发挥角色呢？

六、“人、菜、厂”三位一体才能成功

厂指糖厂、公司平台，农务人员都是厂的一分子；菜就是甜菜生产规律，这是农机农艺话题，本质上就是遵循作物生长规律；人指种植甜菜的农户、合作社和第三方作业集体，这是重点，是糖厂这棵大树最应该牢牢抓住的客户。

糖厂作为产业的主体，我们常说给客户提供最好的产品和服务。对糖厂而言就两句话：①不与客户争利，让种植户们做好他能做的，得应该得的；②打开格局，苦练内功和内涵，让自己的根深深扎到科技的泥土当中，与产业链同仁一起种出好菜！

从一粒重0.03克的丸粒种子培育出重近900克的块根，历经100多个不确定的日日夜夜，实属不易。

尽管面临着后疫情时代销售压力、水改旱政策挤压发展空间以及单产蔗糖分无法快速突破瓶颈等问题。我们清楚地认识到，不必过于担忧，抓住要点，重点施策。甜菜本身定力就强，不怕风吹雨打，我们也要站稳脚跟、埋头苦干、挖掘潜能、迎难而上。

星光不问赶路人，时光不负实干者。甜菜人，要有产业自信！

产业篇

浅谈广西制糖业发展现状及对策

广西糖业集团有限公司
李慈军

广西是中国最大的甘蔗生产基地和食糖生产中心，在全国1500万亩糖料蔗生产保护区中，广西独占1150万亩，甘蔗种植面积和食糖产量均超过全国的60%。从1992/1993年制糖期至今，广西食糖产量始终名列全国各省（自治区、直辖市）第一，广西糖业稳定发展对保障我国的食糖持续稳定供应有着举足轻重的作用。作为世界食糖消费大国，我国食糖还不能完全自给，近年来每年食糖产需缺口都在500万吨左右。与此同时，广西制糖成本上涨过快、国际蔗糖产能陡增等新形势的出现，将对广西糖业进一步发展产生重要影响。

一、广西制糖业发展现状

（一）国家和广西壮族自治区高度重视制糖业发展

2017年，随着中央一号文件正式将糖列为与粮、棉、油同等重要的国家战略物资，明确提出要科学合理划定糖料蔗生产保护区，广西糖业迎来新的一轮发展机遇。

2017年4月，习近平总书记视察广西时指出，要着力振兴实体经济，糖、铝等传统优势产业是广西经济发展的家底，要加大技术改造力度，加快产业重组，推动这些产业实现“二次创业”，为广西糖业发展指明了前进方向，提供了根本遵循。2021年3月，李克强总理在参加全国人民代表大会广西代表团讨论时，指出要沉下心来不惜重金和时间，力争在蔗糖研究领域实现重大突破。

中国共产党第十八次全国人民代表大会以来，广西壮族自治区党委、政府组合出拳，进一步助推广西从糖业大区向糖业强区迈进：先后出台《关于促进我区糖业可持续发展的意见》《广西糖业二次创业总体方案（2015—2020年）》《关于深化体制机制改革加快糖业高质量发展的意见》（桂政发〔2019〕8号），全面推动糖业转型升级。自2017年开始，国家首次在广西试点扶持开展甘蔗收购价格指数保险，到2021年已发展至400万亩的规模，仅此一项国家及广西壮族自治区投入的扶持资金就达20亿元，每年可为蔗糖产业（蔗农或制糖企业）增加10亿元以上的收入。2020年国家开始对种植甘蔗脱毒健康种苗进行补贴，每亩补贴350元，国家及广西壮族自治区政府每年投入的扶持资金约17亿元。

2020/2021年制糖期，广西甘蔗种植面积1150万亩，原料蔗产量4925万亩，产糖量629万吨，甘蔗种植面积、原料蔗产量、产糖量均处于近十年来较高水平，其中甘蔗种植面积连续四年稳定在1150万亩左右，产糖量维持在600万吨以上，处于比较稳定的水平。

（二）广西制糖业存在的短板问题仍比较突出

近几年来受进口食糖的冲击及影响，中国食糖市场持续低迷，广西制糖业的发展也普遍面临困境，主要体现在以下几个方面。

1. 国际国内糖价长期倒挂，进口糖冲击严重

目前我国糖业发展面临“内忧外患”局面，一方面，国内食糖行业整体存在供过于求的局面，高库存、低消费需求限制了糖价上涨，加上国内糖料生产和压榨成本居高不下，制糖企业的盈利前景面临困难。另一方面在国际糖价格低位徘徊时，进口成本下降，国外食糖的大量进口给国内食糖企业带来压力，加上近年来进口食糖政策调整，进口糖大量涌入国内市场，加剧了国内食糖行业供给过剩，对国内食糖市场造成巨大冲击。

2. 生产成本高企，市场缺乏竞争力

广西甘蔗生产经营规模小而分散，生产效率低，劳动力成本高，导致甘蔗生产成本连年上涨，甘蔗产出效益低。同时，地租价格逐年上升，甘蔗生产总成本过高，与其他经济作物相比利润很低，没有价格和效益的竞争力。据测算，广西吨蔗的生产成本为411元，是巴西、澳大利亚、泰国等国家的2～3倍。在原料蔗收购价格上，广西原料蔗平均收购价513元/吨，而广东为420元/吨，云南为450元/吨，广西原料蔗成本高于国内其他产糖区，吨糖成本更远高于国际主产糖国食糖的销售价格，在国际市场上没有竞争力。

3. 产能利用率低，制糖企业普遍“吃不饱”

目前广西甘蔗加工能力约为62.5万吨/日，按照甘蔗加工能力，年处理甘蔗可达7500万吨以上，而广西近三个榨季榨蔗量分别为5470万吨、4579万吨和4921万吨，产能利用率分别仅有73%、61%和66%，“吃不饱”的现象比较突出，这也直接导致广西制糖企业生产成本居高不下的难题难以得到根本性解决。

二、广西制糖业发展的应对策略

广西糖业要实现可持续、高质量发展，离不开国家政策的呵护和支持，更需要制糖企业创新发

展思路，练好内功，增强内生动能，提高企业竞争力。

（一）大力推动甘蔗生产的转型升级

广西户均种蔗规模约8亩左右，零星经营难以产生规模效益，必须加快推进糖料蔗经营规模化。实现糖料蔗种植规模化，有利于加快广西蔗糖产业化发展，提高农业劳动生产率和土地产出率，对于增加蔗农收入、实现农业现代化具有重要意义。可以通过以制糖企业为主体建立规模化的糖料蔗自营基地，同时壮大以专业种植公司、种植大户、合作社为主体的经营，并推广家庭农场经营模式，扩大规模化种植。

针对农村劳动力不足且短期内预计难有改变的现实情况，必须加速推进糖料蔗生产机械化。推进糖料蔗生产全程机械化是解决劳力不足、大幅提高效率、降低成本的必由之路。需要科技部门、农业部门、相关高校、研发机构以及生产企业加强联合，推进产、学、研、用一体化进一步深化，开展糖料蔗生产机具研发攻关，生产出真正适宜不同地形地貌土地的种、管、收机械设备，尤其需要针对目前砍收端比例过低的情况加大力度研究。要落实好全程机械化作业补贴政策，为机械化进程提供支持。

此外，要根据不同的地理气候条件，以及当地糖料蔗种植发展经验，必须持续推进糖料蔗种植良种化，进一步优化全区糖料蔗品种。推动科研机构、种业公司、制糖企业形成良种繁育基地建设共同体，加快构建“育繁推”一体化现代种业服务体系。

（二）加快推进制糖企业提质增效、降本增效

一是要立足淘汰落后产能、升级落后设备、优化生产工艺，加快先进适用技术装备推广和应用，紧跟行业前沿技术，鼓励制糖企业实施自动化、智能化、信息化、数字化改造，提高生产效率；二是加强精细化管理，从管理中要效益。继续实施降本增效行动，对制糖生产试行全流程、全要素的精细化管理；三是在全区制糖企业中持续开展“对标定标追标”活动，主动对标全球先进，推动制糖企业补短板、强弱项，提高节能降耗和管理水平。

（三）引导和推动制糖业开展产能整合重组

目前广西区内运营糖厂87家，制糖集团10家。各集团均存在糖厂分布地域广、规模小、产能利用率不高的问题，应从国家和广西壮族自治区层面进一步加强统筹谋划和引导，推进各集团糖厂整合重组，鼓励跨行政区域在一定蔗区范围内重组整合制糖企业，关停淘汰原料严重不足、技术装备落后、效益差的糖厂，集中蔗源保障重点糖厂原料需求，提高企业效益。制糖企业之间应从效益角度出发，加强交流合作，整合利用资源，如根据订单甘蔗与糖厂的距离进行适当的置换，降低运输成本，实现互利共赢。国家和广西壮族自治区从政策上对产能整合给予大力支持。

（四）大力推动糖业全产业链发展

目前广西糖业的产业链还没有得到充分开发，据有关方面估算，广西糖业除食糖以外的产业链产值潜力在600亿元以上，而现有规模仅100亿元左右，不到全区食糖产值的三分之一，“一根甘蔗吃干榨净”还有巨大潜力可挖。必须大力发展蔗糖精深加工，丰富相关产品，如糖果、蔗汁粉、甘蔗水等；大力推进糖蜜、蔗渣、滤泥等副产品高值化利用，积极发展酵母及其抽提物、生物质发电、绿色环保浆纸、环保餐具、生物有机肥、药肥、朗姆酒、调味品、蔗叶饲料等产业化生产。

（五）加快推动糖业科技创新

贯彻落实2021年全国“两会”期间李克强总理对蔗糖产业发展作出的重要指示，设立蔗糖产业创新发展基金，主要支持糖料蔗“双高”基地建设、糖料蔗品种选育推广、体制机制和技术创新、提高机械化水平、重大项目科技攻关、“糖业云”智慧平台和泛糖交易平台建设。基金资金来源国家支持一部分、广西壮族自治区财政列入预算一部分、制糖等企业提取一部分。对糖业产业化重大科技创新给予重点支持，鼓励企业开展技术装备创新，通过科技创新赋能广西制糖企业高质量发展。

三、几点建议

（1）建议国家层面坚持总量平衡，采取强有力的非关税保护措施，加强进口管控，并坚持打击走私糖，减少对国内糖业的冲击，维护国内糖业生产秩序。建议有关部委合理安排关税配额，分配向广西主产糖地区倾斜，增加制糖企业配额内的进口额度，助力生产企业经营，稳定国内制糖产业，提升国内制糖业竞争力。

（2）建议国家进一步加大资金投入支持糖业重大科技攻关、重大新产品开发及成果转化，助推糖业在良种选育、机械化栽培、装备更新、产品研发等关键技术尽快取得新的突破和成效，推动产业向中高端发展。特别是在全程机械化方面，出台并完善对小型、微型机耕和机收方面的补贴支持。

（3）建议广西各级政府鼓励和加大力度支持甘蔗规模化种植。一是加大力度扶持以专业种植公司、种植大户、家庭农场、合作社为主体的种植模式；二是进一步加大对土地流转的政策宣传，加强对农民的引导，转变农民观念，完善土地精准登记制度，提高土地流转数字化水平，消除农民后顾之忧，大力推动农村土地流转，为甘蔗种植机械化、规模化经营提供基础。

关于如何加快提升中国糖业国际竞争力的六点想法

上海市糖业烟酒（集团）有限公司
黄黎明　蔡　丹

我国糖业在整个国民经济体系中是个小产业，但其在国民经济体系中发挥作用特殊，产业跨一二三产。糖料作为国家重要农产品之一，涉及数千万糖农和数十万产业工人生计；食糖作为战略物资，关乎国家供给安全问题；我国食糖产区主要分布在“老少边贫”地区，长期以来，糖业为“老少边贫”地区扶贫攻坚、戍边守疆、经济发展、社会稳定、国家产业安全等作出重大贡献。这都说明了保持我国糖业健康发展是新发展阶段保障供给安全、巩固拓展扶贫攻坚成果、实现产业扶贫、优先发展糖料产区、农业农村全面推进糖料产区乡村振兴的重要举措。

我国长期以来就是食糖净进口国。对外开放是我国基本国策，是满足人民群众日益提高的生活需要的必然要求。随着我国经济发展，“国门不可能关，也关不上”，我国食糖净进口国状况，过去、现在、将来都是常态。从全球糖料来看，糖料资源丰富，是最廉价、最优质的可再生资源之一，但资源全球分布不均，产区主要分布在发展中国家，消费遍布全球，所以国际贸易市场健全且活跃。国际市场对我国国内市场影响已然存在，随着我国市场逐步开放，我国糖业必然面临国内国际市场相互影响更大的局面，国内国际成本差距问题和农业资源禀赋差异带来的影响必然会被放大。所以，保持我国糖业健康发展首要是加快提升我国糖业的国际竞争力。

关于加快提升我国糖业国际竞争力，现提出六点想法。

一、坚持“总量平衡，国内供给为主，进口补充为辅”的国内市场宏观调控总基调

我国食糖产业的发展和保护，不仅是经济问题，也是政治问题，所以长期以来，糖业得到了国家大力扶持、保护。国家继续扶持、保护食糖产业，当前非常必要，既是帮助产区企业度过艰难的“改革转型”期的需要，也是保障国家产业安全的需要，更是巩固、拓展“老少边贫”地区产业扶贫成果的需要。国家把握好“总量平衡，国内供给为主，进口补充为辅”宏观调控总基调，保持国内食糖合理自给率，有利于保障广大糖农利益，有助于国内产业提升驾驭“两个市场，两种资源”的能力。

二、必须切实维护市场秩序

由于国内外食糖市场价格巨大差异，长期以来，食糖走私、偷税漏税、假冒商标等违法行为困扰着国内市场，严重扰乱国内食糖市场秩序，严重影响了产业健康发展。尽管政府与产业企业一直坚持不懈地与之作斗争，但仍屡禁不止，并且不断变换花样。近年来，还出现了利用我国进口管理政策漏洞进行蔗糖糖浆及食糖预混粉等进口的情况，并且愈演愈烈。维护市场秩序是一项长期且艰巨的工作，必须坚持、坚决严厉打击走私、偷税漏税、假冒商标等扰乱市场秩序的违法行为；必须尽快规范蔗糖糖浆及食糖预混粉等进口管理，不仅要“从糖计税”，更要“从糖管理”，堵住漏洞，切实维护国内市场秩序。

三、进一步完善市场机制

我国食糖市场包括了糖料收购市场和食糖销售市场，改革开放以来，国内食糖市场正逐步增强与国际食糖市场的互联互通，相互影响。国内糖料收购市场、食糖销售市场以及国际市场这三个市场的利益联结、平衡机制对糖业健康稳定发展至关重要，是实现“工业反哺农业”和“城市支持农村”，产业“内循环为主，内外循环相互促进”发展的重要环节。

糖料市场与食糖市场价格联动、价格保险机制是发挥市场在资源配置中作用的重要手段，是保障糖农利益，实现产业共享共担利益共同体的重要途径。在过去较长一段时期，我国产区实行糖料价格与食糖市场价格联动，二次结算，将糖农利益与制糖企业利益连接起来，促进产业大发展，但也暴露出机制不完善的问题，对糖农利益的保护作用没有充分发挥出来，缺乏足够的风险保护措施，当风险超出制糖企业承受能力时，就可能将风险转嫁给糖农。我们必须认识到建立糖料与食糖市场价格联动机制，方向是正确的，应该坚定不移推进，但还要进一步健全食糖价格调控机制，完善食糖目标价格管理制度，建立由政府牵头的产业风险调节基金或实行价格保险机制，充分发挥市场的自我调节作用，化解糖料价格和食糖市场价格周期性不对应矛盾，有利于更好地发挥政府作用，发挥市场在资源配置中的决定性作用，促进糖业长期稳定地发展。

糖料是重要农产品，食糖属于国家战略物资之一，所以世界各国对国内食糖市场都是采取严格保护措施，我国也不例外。但在改革开放浪潮中，我国糖业已不能够、也不可能将国际市场拒之门外。驾驭好“两个市场，两种资源”在国内市场更高效、更公平配置，保障食糖国内供给安全、稳定国内糖农基本收益，实现行业高质量发展、提升国际竞争力，是我国制糖产业发展目标。所以，在新形势新阶段，我国食糖进口政策不仅仅是保供稳价，更应在保护国内产业、提升我国产业国际竞争力、培育我国产业企业在国际市场影响力上发挥更大作用。

当前，我国食糖进口政策中的进口配额管理是滞后于产业发展的，甚至人为割裂国际市场与国内产业发展的利益联结，不利于国内产业安全、长期可持续发展。受进口冲击最大的“十二五”期间，全行业亏损累计上百亿元。由此可见，我国食糖进口配额分配机制有必要与时俱进改革，配额应按国内产区产量适当扩大分配给具有国内产业规模优势和品牌优势的大型产业集团。一是有利于发挥市场在资源配置中的主要作用、产业集团在市场中的平衡作用，提高工业反哺农业效率，切实将进口利益惠及糖农；二是有利于产业集团贯彻落实“一带一路”倡议，全球化配置优势资源；三是有利于国内市场供给秩序维护，确保国内供给安全。

四、深化改革，培育大产业集团，促进产业转型升级

我国是世界人口第一大国，食糖长期处于产不足需状态，且无论是食糖消费总量还是人均消费量都低于第二人口大国——印度，这预示着我国食糖市场存在巨大的发展潜力；我国也是国际市场最大买家之一，我国产业企业本应在国际市场中具有话语权，但事实上，我国企业在国际市场中影响力不高。主要体现在：一是资源禀赋差异。我国糖料种植生产如同我国乡村发展现况一样，农业农村基础差、底子薄、发展滞后的状况尚未根本改变。产区农村一二三产业融合发展深度不够，农业供给质量和效益亟待提高；农民适应生产力发展和市场竞争的能力不足，农村人才匮乏；农村基础设施建设仍然滞后，国家支农体系相对薄弱；巩固脱贫成果任务依然艰巨，等等，使得我国糖料种植成本居高不下，且呈刚性上升趋势。目前，我国糖料收购价为75美元/吨左右时糖农才勉强获利，而在全球糖料种植资源十分丰富的主产区巴西、泰国、印度等地，糖料种植成本仅为25～35美元/吨；2016年，我国吨糖成本分别是巴西、泰国和印度的2.16倍、1.95倍和1.77倍，竞争力差距很大，其中最主要的差距是农业生产差距，根本还是资源禀赋差异，非“后天”能在“一朝一夕”跟上。二是我国产业集中度低。相对国际上具有影响力的糖业集团，我国食糖产业要素资源（产区资源、产能资源、进口资源、科技资源等）分割严重，集中度不高，国际贸易能力不强，导致产业融合度、产业链效率都很低，限制了一二三产业整体相互促进、相互协同发展，也阻碍了产业企业做强做大。三是国际市场供应链基本被跨国企业控制，我国企业在国际市场食糖的定价机制中缺乏话语权。我国食糖消费市场在国际市场中形成了巨大购买力，但这种购买力并没有帮助我国企业改变价格接受者的尴尬地位，我国产业企业除传统的进出口企业中粮外，在国际市场交易价格上的影响力基本没有。在我国食糖市场中，没有孕育出3～5家有影响力的世界产业集团，难以提升产业整体国际竞争力。

所以，在产业发展政策上应扶持3～5家产业集团做强做大，促进产业结构改革加快、产业要素资源整合加快，促进资源利用效率提高，提升产业整体国际竞争力；应在进口政策上扶持这3～5家产业集团主动与国际接轨，努力提升国际竞争力，配置全球优势资源，保证国内产业安全。

五、进一步推进糖料生产保护区落实措施

按照国务院《国务院关于建立粮食生产功能区和重要农产品生产保护区的指导意见》（国发〔2017〕24号），糖料作为重要农产品，以广西、云南为重点，划定糖料蔗生产保护区1500万亩，其中：广西1150万亩，云南350万亩。按计划，2017年起三年时间，糖料蔗生产保护区划定工作已经完成，这对保障国内产业安全具有重要意义。

糖料蔗生产保护区建立的目的是稳定种植面积，保持种植收益在合理水平，确保保护区建得好、管得住，能够长久发挥作用，不能简单“一划了之”或“一建了之”，更重要的是要“建管并重”。当前，糖料蔗生产保护区存在监管有待完善、保护区建设政策引导有待加强等问题，进一步推进糖料生产保护区落实十分必要。一要加强政策引导，增强农民参与积极性。应专门出台长期性保护区种植补贴政策，积极引导农民参与保护区建设和管护，鼓励农民发展糖料蔗种植生产。二要完善制度保障体系，建立奖惩机制，进一步落实各级政府监管责任。三要进一步加大金融支持政策向保护区倾斜，引导金融机构通过创新金融支农产品和服务，加大信贷支持；进一步完善政府、保险公司、金融机构联动机制，优先在保护区范围内探索农产品价格和收入保险试点。四要动态管理保护区，以“总量不变、动态调整”为原则，予以基层政府管理机动性，确保基层区域经济作物结构合理调配，以利于在糖料蔗生产保护区内糖料蔗的种植者获得政策扶持，保持糖料蔗种植面积和产量稳定，保障供给安全。

六、尽快培育发展“公开、公平、公正”的我国原糖交易市场

2011 年以来，随着经济高速发展，我国食糖进口量快速增长，食糖对外依存度由2008年的5.22%增至2015年的32.24%，尽管“十三五”期间对外依存度有所控制，但2020年食糖对外依存度又恢复到1/3左右。可预见，在国家进一步扩大进口，实施农产品进口多元化战略，支持企业融入全球农产品供应链大背景下，食糖对外依存容忍度提高会是常态，这符合产业安全要求，也符合满足人民群众日益提高的消费需求的要求。

我国进口食糖以原糖为主，进口加工后投放市场。原糖便于长途运输、长期储存，物资储备功能优于白砂糖，二次加工成白砂糖品质优。反观我国产区，制糖工业建立在“短缺经济”时代，产区制糖厂一般都是采取一步法生产，季产年销，已经难以满足消费需求。所以，食糖对外依存容忍度提高，有利于促进国内产业转型升级。但与之相矛盾的是，相比白砂糖交易市场，目前国内尚无“公开、公平、公正”的原糖交易市场，原糖流通不畅、标准不规范、价格不透明，严重阻碍产业转型升级。所以，建议与国际接轨，探索建立及培育“公开、公平、公正”的原糖交易市场，促进国内产业转型升级，有利于国内市场周期性调控，保证国内产业稳定健康发展，有利于更好满足人民群众日益提高的消费需求。

甘蔗产业对巩固脱贫攻坚成果具有重要意义
——来自广西蔗区的实践

广西湘桂糖业集团有限公司
劳建铭

摘要

甘蔗产业在广西农业生产中具有重要地位，要巩固脱贫攻坚成果，必须加大产业扶持力度，真正把脱贫攻坚同实施乡村振兴战略有机结合起来，为巩固脱贫成果提供支撑保障。湘桂集团在广西蔗区扎实发展甘蔗产业助力脱贫攻坚的具体实践验证了：没有产业振兴就没有乡村振兴，没有产业扶贫也不可能从根本上实现贫困群众从脱贫到小康进而走上富裕之路。

一、引言

食糖属于国家战略物资，糖业是广西最具优势的特色支柱传统产业，广西是中国最大的蔗糖生产基地，食糖产量占全国总产量60%以上，在保障我国食糖安全方面具有重要战略地位。据统计，广西糖业从业者约2000万人，占广西全区人口的40%。在广西全区88个市县行政单位中，有60个市县种植甘蔗，占68.18%；全区有450万农民靠种蔗脱贫，占贫困人口的64.26%；有1500万农民靠种蔗增加收入，占全区农村人口的4.35%。2020年之前，在糖料蔗种植的78个县区中，有26个属于国家级贫困县，有15个属于自治区重点扶贫县，有6个属于自治区边境县，财政收入来自糖业比重超过10%的县超过10个。

广西地处华南地区南亚热带气候区，甘蔗种植条件得天独厚，甘蔗产业和其他产业相比有相对较好的产业基础，也是广西财政收入的主要来源之一。由于蔗糖价格及收入相对稳定，蔗款兑现有保障，因此，种植甘蔗与种植其他农作物相比凸显出明显的优势，如果不种植甘蔗，会导致广西部分蔗农尤其是边境贫困县的蔗农返贫。

在未来较长一段时间，糖业仍然是广西巩固脱贫攻坚成果的重要产业，对推动广西社会经济发展、优化产业结构布局、促进农民脱贫致富、保障地方财政收入、实现蔗农增产增收、增进民族团结和谐、巩固边疆和平安宁等具有举足轻重的作用。

打赢脱贫攻坚战、实施乡村振兴战略，发展壮大产业支撑是关键。下面将湘桂集团多年来深耕南疆蔗区发展蔗糖循环经济，通过产业帮扶、科技帮扶、新农村建设帮扶、就业助学帮扶、精准帮扶等模式助力脱贫攻坚的具体实践与业界分享。

二、湘桂集团发展蔗糖循环经济产业赋能脱贫攻坚的实践

（一）企业基本概况

广西湘桂糖业集团有限公司是一家以蔗糖循环经济产业为主，集农、工、商、贸为一体的跨地域综合型民营企业集团，始终秉承“艰苦奋斗、诚信经营、回馈社会、奉献国家”的经营宗旨，集团下属公司主要分布在广西及云南两省（自治区），蔗区总面积130多万亩，日榨蔗能力8万吨，年产值超60亿元、年缴税2.35亿元、总资产近90亿元，员工总数6500多人。

广西湘桂糖业集团作为自治区级农业产业化重点龙头企业，始终把“以扶促增”作为企业可持续发展的要务，通过多种帮扶模式增强贫困村农民脱贫致富能力，助力开展脱贫攻坚工作，让当地蔗农有了稳定的经济收入来源，帮助广西湘桂糖业集团蔗区100万蔗农脱贫致富。2019年，广西湘桂糖业集团下属崇左湘桂公司获得“全国‘万企帮万村’精准扶贫行动先进民营企业光荣”称号；2019—2020年，湘桂集团及下属子公司均荣获“广西‘万企帮万村’精准扶贫行动先进民营企业”荣誉称号。

（二）发展甘蔗产业助力脱贫攻坚的具体实践

1. 产业帮扶

广西湘桂糖业集团视甘蔗生产基地建设为第一要务，实施“公司+农户+基地+科技”的龙头企业带动原料蔗发展模式，将资金、技术、人才等资源倾斜农村、服务农民，发展甘蔗种植。通过龙头企业拉动大力发展甘蔗循环经济产业，积极带动以糖料蔗种植为主业的“双高”甘蔗种植业的健康发展，确保糖料蔗优质增产，促进农民增收减贫。

2016/2017年制糖期以来，通过实施连片土地流转，建设“双高”甘蔗示范基地近7万亩，并配套实施甘蔗种植机械化、水利化、科技化、精细化管理，向蔗农提供免机耕、免肥料、免地膜、免蔗种、免农药、补贴蔗农购买农用机械等“五免一补”扶持政策，累计预付和补贴肥料、农药、薄膜、蔗种及投入机耕和维修蔗区道路资金等产业帮扶资金共计10683.21万元，大力发展甘蔗产业，帮助蔗农脱贫致富。

2. 科技帮扶

广西湘桂糖业集团重视利用科技扶持甘蔗产业，增强农民科技意识。近五年来，每年都在甘蔗

种植季节和田间管理季节由农务技术员组成小分队深入蔗区宣讲惠民政策，积极推广甘蔗优良品种和科学种蔗技术，开展甘蔗“双高”栽培技术培训，指导蔗农田间科学管理技术，推广“双高”种植新农艺和新农法。

近几年来，对321659个蔗农、51541个贫困农户开展了新农艺新农法培训，受训率达88%以上，蔗农运用新技术种植甘蔗面积达90%以上；推广甘蔗优良品种约50.5万亩，使所属糖料蔗区甘蔗“双高”优良品种种植率达60%以上，单产提高1吨/亩以上，糖料甘蔗单产提升至6.33吨/亩，蔗农人均增收达220元/年。

3. 新农村建设帮扶

广西湘桂糖业集团与蔗区村屯等结成共建对子。2016/2017年制糖期以来，先后捐资近百万元建设贫困村屯党群活动中心、支部办公室、文艺舞台及党建示范基地。每年投入近200万元为所属蔗区的232个贫困村屯维修和新建蔗区道路、涵桥、村级公路；投入80多万元援建乡镇路灯亮化工程。自2013年广西全面启动“美丽广西·清洁乡村”活动以来，先后捐款170余万元，出动近1200人次，投入铲车、运输车辆等近150余个台班，为重点扶贫村屯修建休闲广场、开挖排水排污沟、清运垃圾、配置垃圾集中焚烧池和维修村屯道路等，并出资60万元配备了80多套健身器材和音响设备用于帮助蔗区农民休闲娱乐。

4. 就业助学帮扶

在甘蔗循环经济产业链拓延发展中，广西湘桂糖业集团优先安排当地农村贫困农民子弟入厂就业，每年组织开展“和谐企业、感恩发展”扶贫助困活动，共安置44位当地农村残疾人入厂就业，解决残疾人的生活问题。先后吸纳贫困农民子弟400多人进厂务工，每年安排860多人发展运输业，安排各种零工3500多人次。

广西湘桂糖业集团在蔗区贫困乡村大力扶智与扶志，每年深入公司所在地、蔗区慰问贫困户子女、希望小学青少年，以实际行动关心关怀青少年的成长。2016年以来，累计捐资1100余万元兴建希望小学、资助贫困学子、支持教育事业。

5. 精准帮扶

在精准扶贫工作方面，通过“因村施策、按户设计、依人定案、专项处治”方式，在“精”字上狠下功夫，在“准”字上反复琢磨，已累计确保定点帮扶特困农户11户、53人提前实现脱贫目标，并将继续做好“扶上马、送一程”，确保其持续进步，绝不返贫。

近五年来广西湘桂糖业集团每年捐资超过30万元慰问蔗区“五保户”、困难群众，救助失学儿童，不断增强蔗区贫困户的造血功能，累计慰问困难群众570户（次）、特困户255户（次），帮扶贫困学子191名（次）；对一些年老体弱、土地资源少且劳力缺乏的贫困家庭或孤寡老人则采取上门慰问的方式进行帮扶，让那些生活较为困难的群众感受到企业的关怀和社会的温暖。

三、小结

广西湘桂糖业集团自2000年创业至今在大力振兴甘蔗产业的同时加大扶贫助农力度。在扶持补贴蔗农、品种改良、机械化推广、蔗区修路、捐资助学、扶危助困等方面累计无偿投入15.74亿元，安置就业6500人，技能培训5.2万人次，精准帮扶382个贫困村，蔗区脱贫攻坚蔗农建档立卡24805户，帮扶当地农民实现了脱贫致富；蔗农人均年收入从3000元左右增长到3万多元，增长了10倍之多。集团年纳税额达1.5亿～3.6亿元，为地方经济发展、社会和谐、边疆稳定、脱贫攻坚以及实现“六稳”“六保”作出了积极贡献。

毋庸置疑，甘蔗产业在广西农业生产中具有重要地位，要巩固脱贫攻坚成果，必须加大产业扶持力度，真正把脱贫攻坚同实施乡村振兴战略有机结合起来，为巩固脱贫成果提供支撑保障。

广西蔗区广西湘桂糖业集团的实践具体验证了：没有产业振兴就没有乡村振兴，没有产业扶贫也不可能从根本上解决贫困群众实现脱贫到小康进而走上富裕之路。

浅析新形势下我国制糖业面临的困难及对策

广西东糖投资有限公司
李锦生

食糖是国家重要农产品，糖业长期稳定健康发展对保障我国食糖供应安全及广西、云南等边疆少数民族地区蔗农脱贫致富具有重要意义。当前中国食糖产业正处于整合和变革时期，从生产领域到流通领域各环节都面临新的考验。为解决我国食糖产业当前存在的问题和矛盾，需根据我国发展阶段、环境、条件等各方面变化，谋划我国食糖产业持续高质量发展的现实路径。

一、2020/2021年制糖期广西制糖业概况：生产成绩喜人，经营状况堪忧

广西作为国内最重要的产糖区域之一，产糖率继2019/2020年制糖期创历史新高之后，2020/2021年制糖期又取得优异成绩——产糖率达到12.78%。这样的生产效率即使在全球范围内也处于领先水平。但反观各大糖业集团的经营状况，却并未随着工业生产水平的提高而改观，仍然在盈亏线附近挣扎，其根本原因是国内糖价依旧处于相对低谷，农业成本却居高不下，导致制糖企业盈利水平没有显著提高。

二、我国制糖业面临的困难：旧愁未消，再添新愁

众所周知，过去十多年我国制糖业遇到的主要困难是：进口关税过低，进口糖总量不平衡，低价进口糖对市场的冲击；自然资源先天不足造成甘蔗成本过高；人口红利逐渐消失，劳动力不足等。这些因素仍是未来较长一段时期内影响我国制糖业健康发展的老问题。进入2020年，突如其来的新冠肺炎疫情严重打击了全球经济的发展，各国政府为对冲疫情影响实施货币宽松政策，从而拉动大宗商品价格普涨，国际原糖价格也由9.5美分/磅以下上升至最高约20美分/磅。然而在这样的货币宽松的金融环境和全球食糖减产的供求环境下，国内食糖市场价格并未顺势上涨。以广西为例，

2020/2021年制糖期平均食糖销售价格仅为5447元/吨，究其原因，主要是由于近两年来内外环境的变化带来的新难题。

（一）对外开放带来的不确定性

2020年7月1日起，关税配额外进口食糖在实行自动进口许可管理的基础上，进一步纳入进口报告备案制度。2020年中国食糖进口总量达到527万吨，2021年进一步攀升至567万吨，是我国自2000年加入世界贸易组织（WTO）以来进口量最大的年份，压制食糖市场价格上涨。糖价长期在成本线附近低位运行，农业成本又不断攀升，广西糖业难以进入良性发展轨道。在开放的大背景下，如何加强国内制糖业的保护是亟须研究解决的问题。要把保护国内制糖业作为一项重要的政策取向和防范风险的措施。建议一方面采取更加积极的措施保障国产食糖基本自给率，同时要研究一套调节进口和贸易救济的有效办法。

（二）进口蔗糖糖浆及食糖预混粉成为改变供给平衡的重要变量

近几年，蔗糖糖浆及食糖预混粉进口量呈爆发式增长，2017年进口1.83万吨、2018年进口2.2万吨、2019年进口16.7万吨、2020年进口108.02万吨。目前蔗糖糖浆及食糖预混粉主要从泰国、马来西亚零关税进口，到港价格在3300元/吨左右（钦州、黄埔，折白糖价4920元/吨左右），对国内食糖市场造成严重冲击。蔗糖糖浆及食糖预混粉与食糖在用途上实质等同，蔗糖糖浆及食糖预混粉进口相当于变相替代食糖进口。蔗糖糖浆及食糖预混粉进口失控可能引发食糖市场供需关系由基本平衡转为过剩，国内多年来努力开展技术革新以实现“降本增效”的措施定将难有成效，破坏糖业发展根基。

（三）食糖进口贸易保护措施到期取消

我国为期三年的进口食糖保障措施已于2020年5月22日到期，配额外的食糖进口关税恢复至50%，在国际糖价低位徘徊时，食糖进口成本大幅降低。由于我国配额外50%关税发挥的调控作用有限，因此难以对国内食糖产业进行有效保护。

（四）劳动力紧缺问题成为制约甘蔗发展的关键因素

广西、云南种植地块多为丘陵，地块分散，种植、砍收机械化程度普遍很低，人工成本占甘蔗种植成本的45%。随着经济的发展和人民生活水平的提高，农村青壮年纷纷到沿海等发达地区务工，甘蔗种收的劳动力日渐减少。边境地区一些制糖企业原来依靠越南输入外籍劳工砍收甘蔗，2020年新冠肺炎疫情暴发以后，越南劳工无法进入国内，2019/2020年制糖期出现砍蔗更难、砍收成本更高的局面，劳动力紧缺对甘蔗种植和砍收的影响更加明显。

三、世界食糖主产国保护措施借鉴：他山之石，可以攻玉

欧美、日本等发达国家和地区的糖业发展面临的困难与我国相似，比如进口糖影响、劳动力成本高、土地面积少等，这些国家对糖业均有较成熟、完善的政策保护措施。在政策保护下，各主产国保持食糖生产和价格的稳定，国家、蔗农、糖厂都得到较好的保障。

（一）立法保护

世界食糖主要产消国（地区）都建立了完善的法律体系，将进口限制、生产配额、种植补贴、食糖价格、糖业金融和保险等以立法形式规范，严格管控和保护国产糖业。主要糖业法有美国的《糖业法》、巴西的《糖业发展法案》、印度的《食糖控制法》、泰国的《甘蔗与食糖法》、澳大利亚的《制糖工业法》、欧盟的《欧盟糖业政策》及日本《甜味资源特别措施法》和《关于安定食糖价格法》等一系列细致的法规。

（二）高关税率管理

食糖进口关税一直是发达国家（地区）食糖贸易控制的重要手段，也是在世界贸易组织（WTO）相关协定中唯一合法的保护政策。目前全世界平均关税率为97%，发达国家（地区）平均关税率为122%，如美国关税率高达185%，日本、欧盟等国家（地区）甚至高于200%。高关税水平不仅给国家（地区）增加财政收入，同时减少了对食糖进口量的需求，提高了国（地区）产糖自给率，稳定了糖价合理水平。

（三）技术性贸易壁垒

为符合世界贸易组织规则，同时又保护本国糖业，WTO很多成员采用了技术性贸易壁垒，例如提高进口食糖的技术标准让其他国家难以适应，从而使食糖进口量降低，最终起到保护本国食糖产业的效果。美国、日本等发达国家为保护国产糖业设置了名目繁多的技术性贸易壁垒，这些新型贸易壁垒具有强大的隐蔽性和灵活性，如美国《食品与药物管理局（FDA）食品安全现代化法》包括了进口商问责制度、第三方认证制度和强制召回制度等，通过严格的技术限制、强硬的标准和苛刻的检查程序来减少农食类产品的进口数量。技术性壁垒是目前广泛被发达国家（地区）采用的贸易保护手段。

（四）糖料收购价格管理

世界主流的方式为按质论价，如巴西、泰国、欧盟、日本等，按质论价可以充分调动糖农对提高糖料蔗糖分的积极性，提高糖业生产的产糖率，有助于高产高糖品种的推广，增加农民收入，有

利于糖企降本增效。此外还存在政府干预、蔗价糖价联动等收购定价方式，如印度由政府定价，干预蔗价和糖价；澳大利亚蔗价充分与糖价联动，糖厂和蔗农利益分享；日本对糖料生产者进行补贴，保证糖农收益不低于种植小麦和土豆的收益，确定收购糖料的最低保护价。

（五）食糖目标价格管理

美国、欧盟、日本等发达国家（地区）都采取价格补贴政策，稳定食糖价格在目标价格内合理波动，保证糖农和糖厂的收益。美国政府授权商品信贷公司按照一定固定贷款利率向糖厂提供无追索权贷款，糖厂以原糖或者成品糖作为担保品，贷款到期后，如市场价格低于支持价格，商品信贷公司无权索回贷款，如市场价格高于支持价格，糖厂可按市场价格出售，再偿还贷款本息。欧盟的食糖价格体系由目标价格、干预价格和门槛价格组成，干预价格相当于最低收购价，目标价格相当于价格上限，门槛价格是进口最低价，通过完善的三个价格组合政策，有效解决内外价格波动造成的市场扭曲，保障欧盟糖业生产的安全。日本实行以进口糖养国产糖的政策，采取高关税政策和差价补贴制度。

四、对策：加强宏观调控力度，精准保护提高竞争力

虽然我国糖业自然条件先天不足，但市场需求巨大，国产糖产量长期供不应求，优劣势明显。因此，国产糖业健康发展需要扬长避短，对外把好国门，实现供需总量平衡，减轻进口糖冲击；对内加大对糖业的政策扶持，加强行业管理，降低生产成本。

（一）加强宏观调控力度保障供需总量平衡

坚持“以国产食糖为主，适当进口食糖补充不足”的原则，把握好食糖进口与国内食糖自给率的平衡点，确保国内食糖供求关系平衡。

（二）将“蔗糖糖浆及食糖预混粉”进口纳入总量平衡管理范畴

对“蔗糖糖浆及食糖预混粉”产品按照等折糖率进行从糖管理、从糖计税，维护市场供需平衡。

（三）创新符合世界贸易组织（WTO）规则的食糖保护政策

根据我国国情，借鉴发达国家做法，制定国际化的食糖技术标准，在实施过程中严格执行标准，禁止不符合标准的国际食糖产品进口。

（四）继续保持打击走私糖的高压态势

随着扫黑除恶的深入开展及对走私糖的持续打击，食糖走私得到有效遏制，打击食糖走私成效显著。建议继续保持打击走私糖的高压态势，加大对“走私”和“用私”企业处罚力度，维护公平的食糖市场秩序。

（五）加快糖业立法

借鉴世界主要产糖国经验，出台糖业法规，规范宏观管理和经济主体行为，从进出口管理、销售与价格、糖料收购、政策补贴、金融支持等环节建立法律机制，促进糖业长期稳定发展。

（六）实行糖业目标价格管理

参照国家保护棉花产业的政策和发达国家相关政策，以兼顾政府、蔗农、糖厂三方面利益为原则，对糖业实行目标价管理，提高糖业竞争力。

（七）继续加强和完善糖料蔗订单农业管理

配套实施细则，做好订单农业管理，禁止扰乱甘蔗收购等违规行为，促使制糖企业提高蔗农服务质量，保证糖企原料蔗相对充足，降低“内耗成本”。

（八）提高机械化生产水平

利用土地流转政策，集中整理分散的地块，推进和巩固“双高”基地建设，推进甘蔗生产全程机械化，减少对人力的依赖，降低农业生产成本。

（九）持续加大对糖业发展的资金补贴

参照现行的《广西糖料蔗良种良法技术推广工作实施方案》对使用脱毒、健康种苗按新植面积补贴 350 元/亩的政策，出台更多支持糖业发展的补贴政策并长期持续地施行，推动糖业高质量发展，稳定糖料蔗生产保护区种植面积。

（十）提高价格指数保险覆盖率

在《2020—2022年广西糖料蔗价格指数保险试点方案》基础上进一步完善并全面推行糖料蔗价格指数保险方案，化解市场价格波动对蔗农和糖企造成的风险。

我国糖业发展面临一些问题的思考和建议

广东广垦糖业集团有限公司
王亚彪

食糖是关系国计民生的重要战略商品，糖业发展事关国家食糖供应安全大局。随着经济全球化和国内食糖市场开放日益加深，国产、进口等多糖源共存的新格局已然成形，并将随着国家糖业政策调整和国际国内市场走势加速演化。如何在这种内外多糖源共存的格局下，既实现国内市场供求总量平衡和价格稳定，又保证糖业基本安全自给和产业安全健康发展，值得行业内外深思。

一、我国糖业发展面临的问题

（一）国内食糖供不应求，但糖价长期在成本之下运行

我国食糖年消费量约1500万吨，国内食糖年产量约1000万吨，缺口近500万吨，市场本应呈现供不应求、糖价稳定在成本价之上运行格局。为确保国内供求稳定，国家以进口糖作为补充，但大量低关税、低成本进口糖涌入，加之走私糖一度泛滥，国内食糖经常呈现供大于求格局，糖价长期在国产糖成本之下运行，国内制糖企业连年亏损严重，或是盈利一年亏损二三年，糖价和行业变化难以预判。

（二）国产糖逐年减少，进口糖逐年增加，国内食糖制造业和整个产业链利益得不到根本保障

根据中国糖业协会统计数据显示，国产糖2015/2016年至2019/2020年五个制糖期累计产量4948万吨，比上五个制糖期少产糖944万吨，减幅16%。其中，甘蔗糖累计产量4372万吨，同比减少1082万吨，减幅19.8%。进口糖逐年递增，2020年高达527万吨，全国食糖自给率从83%下降至66%；2021年食糖进口量创历史新高，达到567万吨，全国食糖自给率进一步下降至64%。全国糖料年均种植面积维持在2110万亩左右，同比上一个五年下降了19%，国内食糖制造业生存空间进一步被压缩，全产业链可持续发展问题凸显。

（三）国内制糖和原糖加工产能过剩

目前，国内近190家制糖厂年产能1700万吨；原糖加工企业25家，年产能1200万吨，总产能2900万吨。但按当前国内食糖年消费需求约1500万吨计算，有近50%产能被迫闲置，并且相当部分设备落后、陈旧，规模效益差。

（四）国家扶持补贴政策仅面向广西、云南，政策差异下的不对等竞争在加剧

在稳定国内糖业、助力脱贫攻坚和乡村振兴上，全国各大食糖产区都发挥了积极作用，作出了很大贡献。但国家对糖业的补贴政策仅在广西、云南两地实施，其中，甘蔗健康种苗补贴350元/亩，机械化作业补贴700元/亩，并且两地还享有“双高”基地扶持政策，其他产糖区却没有享受到同等待遇。在这种政策差异下，其他产糖区与广西、云南相比，市场竞争力完全不在同一个平台。这也严重挫伤了其他产糖区制造业和糖农生产积极性，最终将导致国内有限的食糖生产进一步萎缩，与国家确保糖业健康有序发展的初衷相背离。

（五）进口糖和国储糖的宏观调控作用发挥不够

作为国家维持糖业稳定的宏观调控手段，进口糖和国储糖的作用在于保证食糖供求平衡和价格稳定。而现实是进口糖管理多变的政策成为国产糖新冲击变量的主要因素和关注点；而动用大量财政资金储备的国储糖不仅无法真正发挥价格和供给上的调节作用，反而会因持续累积的高库存成为后续食糖市场的不稳定因素。

（六）初级糖产品进口低关税成为市场秩序新的焦点

2020年，国内蔗糖糖浆及食糖预混粉进口高达108万吨，呈几何倍数增长。由于蔗糖糖浆及食糖预混粉等初级糖产品进口关税低甚至零关税，且不纳入食糖管理范畴，对国内食糖市场造成严重冲击，不利于糖业的可持续发展，已成为行业新的焦点热点问题。

保护并维持国内食糖市场供求总量平衡和价格稳定，始终是我们国家制定政策和宏观调控的主线。而随着我国改革开放程度不断深化，国产、进口等多糖源共存的市场格局将长期存在。为推动我国糖业有效应对国际市场，提升行业综合竞争力，实现健康稳定和可持续发展，要从解决以上六个问题方面进行思考和改进，维持食糖供需和价格稳定，解决糖农收入低、企业生存和可持续发展困难等问题。

二、解决我国糖业发展面临问题的对策和建议

（一）食糖供给坚持立足于国产糖为主、进口糖作补充的战略定位

从当前国内行业发展实际和乡村振兴、社会稳定等方面考虑，建议在优先保证国内糖业健康有序发展的前提下，充分利用国内国外两个市场两种资源，即国产糖规模稳定在消费总量的70%（年供应量1050万吨左右），进口糖作为补充。此外，建议国产糖按甘蔗糖80%、甜菜糖20%的比例布局。

（二）全面整合行业资源，提升产业综合竞争能力

国内制糖企业布局分散、规模小、市场竞争力弱，且产能过剩。建议全面整合行业资源，淘汰落后产能，优化产业布局，制定科学合理、竞争适度的行业规则，消除制糖企业在糖料收购价格、产品销售等方面的无序竞争和恶意竞争，有效提升产业综合竞争力。当前，国内甘蔗制糖企业近160家，甜菜制糖企业30多家，建议将甘蔗制糖企业整合至100家，将甜菜制糖企业逐步整合至30家以下。

（三）建议给予其他产糖区与广西、云南同等政策待遇

建议对广东蔗糖产区实行良种和机械化补贴，对北方甜菜糖产区也给予相似政策，让糖农都享受国家的扶农政策，一视同仁，公平的“三农”政策才能永久，才能惠及全体糖农。

（四）坚持供需总量平衡

建议国家按照产需缺口制定适应国内糖市运作的调控措施，避免糖价起伏过大，伤企伤农。坚持供需总量平衡有利于整个行业的规范管理和市场稳价保供。

（五）调整和完善现行配额内进口食糖分配机制，提高配额分配的科学性、合理性、公平性

广东农垦、广西农垦等国营单位应与其他大国企一样享有同等国营进口原糖配额分配指标。

（六）对蔗糖糖浆及食糖预混粉等糖的初级品的进口量予以控制

蔗糖糖浆及食糖预混粉的进口税率太低，近两年大量涌入，严重冲击了国内市场，影响了糖价稳定，影响市场公平，建议提高税率，从糖计税。

（七）实行食糖目标价格管理

根据市场供需制定甘蔗价格和食糖价格的目标管理政策，保护企业和农民利益。目标价格建议以广西成本为基础上浮5%～10%制定，并制定相应的价格保险政策。

（八）对国储糖管理的建议

一是建议国储糖出库抛售实行公开拍卖；二是建议出库拍卖与目标价格管理相结合；三是拍卖方法建议通过召开行业听证会广泛征求意见来制定，避免市场大幅震荡。

（九）加大力度打击走私糖，并妥善处理被查处的走私糖

走私糖被查处后，往往通过海关等部门拍卖等形式流入国内市场，变相地挤占了国内有限的市场份额，建议由国家统一收储，择机投放，进而稳定市场和价格。

（十）企业练好内功，降本增效，提高产品附加值，提高市场竞争力

主要着力于：一是"双高"基地要高产高糖，目前"双高"基地单产低，未达到"双高"标准，占用地大、土地利用率低；二是大部分糖厂设备陈旧、落后，应逐步淘汰，推进智能化、信息化管理；三是积极推进甘蔗生产全程机械化，特别是要攻关在斩甘蔗含杂高、损耗大的难题，降低劳动力成本和砍蔗费用；四是努力提高甘蔗质量和产品质量，改变品种单一化、传统化的大包装一级白砂糖，推行"二步法"加工精优产品和多元化产品，提高产品附加值。

总而言之，我国糖业要可持续健康发展，在"十四五"期间国家宏观调控和企业练好内功转型升级均不可或缺。

统筹谋划一盘棋，构建糖业共同体

英联糖业中国
张有基

一、英联糖业中国的贡献

英联糖业中国（以下简称“英糖中国”）是先进和可持续的制糖企业，始终严格遵守和支持国家食糖产业政策，积极响应行业协会的号召，致力于推动行业发展及增进农民福祉。

英糖中国自1995年开始运营以来，以成为中国领先的制糖企业为愿景，在中国食糖产业中审时度势，不断深耕。一方面，通过不断总结和客观分析制约食糖产业发展的桎梏，及时转变传统观念，引导和推进糖料现代化种植方式，并通过一系列降本增效的措施增加种植户收入，成为农业现代化发展的重要推力，为乡村振兴作出卓越贡献；另一方面，作为中国经济的重要参与者和负责任的企业公民，英糖中国还在运营中始终秉持对可持续发展的承诺，不断借鉴先进经验，适时引入全新理念，支持和推动行业协会制定和完善了有关产业标准，规范甜菜制糖行业发展。

目前，英糖中国共经营位于河北省张北县的博天糖业（张北）有限公司和内蒙古察右前旗的博天糖业（察右前旗）有限公司两家甜菜加工厂，支持4000名当地种植户。生产能力为日处理甜菜9000吨，年可加工甜菜150万吨，可年产白糖20万吨。生产的主要产品——白砂糖和绵白糖在华北各省市销售。绵白糖以民用为主，“雪景”牌绵白糖处于市场领先地位，深受消费者欢迎。白砂糖以工业企业为主，广泛应用于食品饮料行业。

（一）发展与创新技术并进，引领产业变革

在2007年之前，中国甜菜种植仍处于小户传统的手工种植模式阶段。从纸筒育苗的点籽、秧苗的移栽到除草和起收等全过程都依靠人工劳动，5.2万的甜菜种植户仅能提供56.2万吨甜菜量，单产量低。对此，英糖中国引入成熟的大农机设备，启蒙种植户的观念向机械化种植转变，随后携手国内厂家设计定制化的农机。同时，英糖中国还与政府合作农机租赁以大规模推广应用。截至2020年，90%的甜菜种植户已实现全程机械化作业。不仅如此，随着农业机械的推广和生产效率的提升，英糖中国为甜菜制糖行业进一步带来系统性变革，及时推广数字加农业技术，启用客户关系管理（CRM）系统，对种植户进行系统化、数字化管理，为种植户提供及时、有效的全程技术支持，

使大型种植户的数量得以增加，促进土地整合。

在此基础上，于2019/2020年制糖期，英糖中国率先推出了“以糖计价”糖料收购新模式，真正将种植户的目标与企业目标对齐，这一举措对化解横亘在农民、企业之间的焦点问题起到了积极的推动作用，且获得显著成效。对于种植户而言，这一举措提高了他们的收入和竞争力。对于行业而言，为行业树立了良好的模式来促进糖料作物的高质量种植。为了更好地引领行业转型，英糖中国还投资于人员能力发展，提高其技术能力、商业思维和沟通及影响技能以成功地实施农业战略。英糖中国一直以来秉承积极促进行业协同发展的运营理念，多次接待国家有关部委、糖业协会、研究机构及其他制糖企业的考察。

（二）扶农助农，振兴农村经济

英糖中国多年来始终坚持龙头企业的带动作用，将甜菜产业作为富民、惠民的重要支撑。根据公司确定的“只有让种植户持续盈利，企业才有机会实现良好发展”的重要观念，英糖中国确定了推广机械化种植是破解甜菜种植瓶颈唯一途径的发展理念。鉴于此，英糖中国实行订单模式、保种保收，大力推广机械种植，降低种植成本、提升种植利润，很大程度提高了种植单产和农民收入。不仅如此，英糖中国更切实调动起了广大农民种甜菜的积极性，持续扩大种植基地规模，不断增强产业帮扶的后劲，带动数千农民脱贫，为产区实现龙头企业带头致富工作发挥了积极作用。

另一方面，英糖中国积极带动农民学习农业实践和农学知识，大幅度提高了生产效率。英糖中国还为种植户提供了自由沟通与交流的平台，将优秀种植经验加以推广。2016年至今，包括小户和散户在内，英糖中国平均每年约带领约3千多农户、逾万人创收致富。

（三）将可持续农业和运营视作核心

作为中国领先制糖企业之一，英糖中国致力于提高生产效率、保护环境与资源和改善生活。英糖中国设定了坚定的目标——到2030年，甜菜产量将较2000年翻一倍，并为此引进先进的植物品种，改良农场管理式方式。

此外，英糖中国还提供创新的工具和技术，在提高生产率的同时通过节水、适应气候变化、最大限度地提高土壤健康度以及精确使用化肥和植保产品等投入物来保护更多的资源。英糖中国的目标是到2025年将农业对关键资源的使用减少三分之一。

英糖中国对可持续发展的承诺体现在工厂运营的方方面面。通过建设及改进现代化的工厂，英糖中国不仅在生产中降低能源消耗，提高能源利用率，还全面运行减排项目，并成立固体废物处置替代解决方案工作小组减少固体废物。例如，在过去的五年里，通过谨慎用水及最大限度地循环使用水，英糖中国工厂的用水量逐年大幅减少。企业也在寻找利用废弃物生产副产品的可能性，将石头、土壤、灰烬、污泥作为副产品。例如，张北的一部分固体废物被送到制砖厂，被回收整合至产品中。

在英糖中国的运营中，员工的健康和安全是重中之重。在工厂，英糖中国为员工制定安全守则，注重安全教育培训，同时继续加强工厂监管，从系统安全入手，密切关注潜在危险的调查和管理。未来，英糖中国将持续建立一支多元的工作团队，构建高效绩效工作系统，为员工发挥潜能、实现自我价值提供良好的发展空间。

作为中国糖业重要的一分子，英糖中国积极承担起社区教育的责任，于2020年发起了“科学理解糖”活动，通过简单、直接、丰富的信息，让消费者更为方便地获取关于糖的科学知识，并打破常见误解。迄今为止，已有超过13万人受到影响和教育。

综合上述，英糖中国在各级政府的深切关怀下，在中国糖业协会及业界同仁的大力支持下，一直以来坚定以推进行业实现良好发展为宗旨和信念，坚持以完全市场化运作为导向，勇于探索，敢于担当，不断探寻适应产业链利益均衡的新机制和发展新模式，对化解农企之间横亘已久的焦点和矛盾问题作出了积极的贡献。

二、对当前我国食糖产业管理政策的相关建议

中国是世界上少数几个既产甜菜糖又产甘蔗糖的国家之一，糖料面积约占世界糖料种植总面积的6%，目前是世界第四大食糖生产国、第三大食糖消费国和第一大食糖进口国。在过去的几年里，年均产糖990万吨，年均消费1500多万吨，自给率不足70%，人均消费约12千克糖，低于世界平均消费水平。

农业是立国之本，强国之基。可以肯定地说，中央政府对于农业农村工作高度重视，自2004年至今连续18年发布了以“三农”为主题的一号文件，聚焦和推进解决“三农”问题。特别是2020年年末出台的《中共中央关于制定国民经济和社会发展第十四个五年规划和二〇三五年远景目标的建议》以及2021年《中共中央、国务院关于全面推进乡村振兴加快农业农村现代化的意见》里都已经进一步明确，“糖”是与粮、棉、油、肉有着同等地位的重要农产品，因此，食糖产业是关系国计民生的重要产业，产业的发展如何，关系到国内食糖有效供给和市场安全问题。

就目前中国食糖产业生产能力而言，整体竞争力偏弱是不争的事实，糖企普遍存在产能过剩、装备落后、管理低效等问题，特别是近几年行业创新不足，发展较为缓慢。未来行业如何增强国际竞争力，实现持续、稳定、健康发展要走怎样的道路，值得我们深思。

鉴于上述，提出如下建议。

（一）增强宏观支持力度，强化统一协调管理

对于中国食糖产业的发展，价格形成、利益分配和宏观调控等管理上缺乏规范的统一协调的管理机制。应借鉴欧盟、美国、日本、巴西等国家和地区的管理模式，建立食糖产业管理模式和统一的管理机构；规范企业无序竞争冲突和平衡农工利益关系；实施落实国家制定的常规性和阶段性临时管控措施，以及有关产业的管理政策。

（二）加强原糖进口管理，以进口反补国内生产

近些年来，关于原糖进口加工一直是行业反应比较强烈的、影响国内食糖市场稳定的最为关键的因素之一。针对原糖进口管理的问题，可参照日本已经成熟的管理模式，即按照总体消费水平，每年春季和秋季两次确定当年食糖的整体产量，不足部分由进口原糖加以补充。在进口商进口的原糖入关后，必须销售给政府指定的机构，按照“即时买卖”征收相关费用后反卖给加工企业。增收费用水平接近或相当于国内市场差价，该收入直接用于补贴糖料种植户和建立糖业发展调整基金。此方式既可从容应对贸易自由化的冲击，同时可以平稳国内市场。

（三）立足统筹兼顾，确保平衡发展

中国食糖产业的发展离不开政府的鼎力帮助，各级政府为我国糖业发展倾注了大量的心血，付出了巨大的努力。但近些年来的政策仅以简单的通过财政投入降低特定产区制糖成本为导向，而并非以鼓励企业增强自主发展意识、重视基础竞争力提升为核心来加大研发投入、提高管理水平等方向上的引导，导致行业创新动力不足，发展缓慢。

我国是少数既有甜菜糖又有甘蔗糖的国家之一，但从近几年的政策上来看，似乎从战略规划上甜菜糖几乎成了可有可无且无足轻重的一分子。但从战略发展意义上来看，甜菜糖产业应是我国糖业不可或缺的重要组成部分。甜菜制糖既承担了稳定农民收入和扶贫攻坚的重任，又是促进地方经济繁荣发展的主力军。特别是北方的甜菜糖有着得天独厚的优势：随着城镇化深入拓展推进，土地流转进程不断加快，其土地平整，连片面积大，土质偏重于弱碱和半沙化；再加上甜菜糖生产企业通过十余年的自身努力，历尽艰辛，自主试验示范带动广大种植户实现了种植全过程的机械化；同时，专业化的种植大户和专业合作社不断增加，这为甜菜糖发展奠定了坚实的发展基础。因此，从长远看，甜菜糖发展后劲十足，是实现我国食糖确保稳定供给和推动全行业实现可持续发展的中坚力量。将甜菜糖与甘蔗糖提到同等地位，是有利于我国食糖供给合理布局和保障人民用糖安全的根本。因此，在政府出台支持政策上要统筹兼顾，全国谋划一盘棋，推动构建糖业共同体，同呼吸共命运，让企业轻装上阵，为中国食糖产业的良好发展贡献更大的力量。

浅谈我国糖业发展现状及建议

佰惠生新农业科技股份有限公司
宿彦良

一、我国北方甜菜糖业发展现状

甜菜是我国北方的重要经济作物，具有喜温凉、耐瘠薄、耐盐碱、适应性广的特点，是北方糖业的重要原料。就内蒙古地区而言，具备其他食糖产区不具备的先天优势：一是自然资源优势明显，甜菜种植只占耕地面积不足1%，且地势平坦适合机械化作业，发展甜菜种植有充足的耕地资源；二是现代化程度高，糖厂大多在2010年后建成，规模大、技术新、工艺总损耗低，生产糖质量稳定；三是技术化水平高，近几年研发推广了机械化膜下滴灌和纸筒育苗移栽等丰产高糖栽培技术，解决了多年来春旱出全苗的难题，使甜菜单产稳定提升；逐年增加机械化作业也大幅减轻了农民劳动强度，农民与企业得到了实惠。凭借着得天独厚的资源优势，紧抓行业发展机遇，内蒙古甜菜制糖产业得到了快速发展。2020/2021年制糖期，内蒙古甜菜种植面积达230万亩，收购697万吨，产糖89.1万吨，排名全国第三，也是中国糖业唯一逆势上涨的区域，为当地脱贫攻坚作出了突出贡献。

内蒙古佰惠生新农业科技股份有限公司作为内蒙古自治区农牧业产业化重点龙头企业，其原料产区位于北纬43°～44°黄金产区，以其优越的种植资源优势、成本领先优势、先进的技术工艺优势，抓住市场机遇，近年来得到了快速发展。公司由原来年加工30万吨甜菜增加到年加工200万吨以上的生产规模，通过产业扶贫引领带动农户致富增收。

但近几年随着食糖价格低迷，与国外食糖价差扩大。同时短期内玉米等大宗农产品价格上涨带动甜菜主产区地租上涨，农户种植成本刚性增加，企业需提高甜菜收购价以维持种植面积，否则将面临原料不足等问题，最终导致生产成本增加。如国内糖价仍维持目前水平或更低，甜菜制糖企业将面临未来生存与发展的重大挑战。

二、我国食糖产业存在的主要问题

当前我国食糖产业发展的主要问题突出四个深层次的矛盾：一是糖料种植户收益提高的需求与

糖料种植成本逐年增加的矛盾；二是国内食糖成本偏高与国际糖价偏低的矛盾；三是国家储备库存偏高与国内价格偏低的矛盾；四是食糖供给与食糖市场需求不平衡的矛盾。这些矛盾在食糖产业上集中体现为生产成本偏高、缺乏竞争优势、糖料供给不稳定、廉价进口糖和走私糖冲击国内市场、糖价长时间处于低位徘徊，具体分析如下。

（一）我国糖料种植自然资源禀赋条件差

当前我国糖料种植成本高，食糖生产成本高，我国食糖产业缺乏国际竞争力。我国糖料种植区域立地条件较差，食糖主产区位于广西、云南、海南、内蒙古、新疆等“老少边贫”地区，这是食糖主产区的综合比较优势和社会经济发展水平选择的结果，导致与国外食糖成本差异从根本上无法消除。同时国家对糖料种植、制糖生产缺乏有效的支持和补贴。

（二）食糖供大于求造成食糖价格低位徘徊，食糖生产成本提升导致糖企经营举步维艰

近年来，农村劳动力减少，城市化进程加快，主产区地租上涨，农户种植成本刚性增加，劳动力和物资成本不可逆的上升，为维护农民种植，糖料收购价格持续上涨。令人忧虑的是，收购价上涨并没有显著增强农民种植糖料的积极性，而工厂生产成本又直线上升；另一方面，无论是农户种植糖料效益还是工厂生产效率都没有显著提升，使得糖价越来越难以支撑成本上涨。再加上近三年来食糖价格大跌，国内市场缺乏关税保护，内外价差扩大，食糖进口大幅增长，步步紧逼国内市场，对国内市场的影响也不容小视。淀粉糖等其他甜味剂的崛起也开始瓜分食糖的消费市场，导致食糖市场供大于求，糖价始终低位徘徊。要解决糖业发展深层次问题，不仅仅是一个行业、一个地区的责任，而是需要国家完善调控，统筹规划，建立我国糖业发展的长效机制，要保障国内食糖安全，必须坚持“国产食糖为主，适当进口食糖补充不足”的平衡原则。

（三）我国糖业需要加强有效政策保护

我国食糖进口门槛低，即使配额外进口，成本也低于我国食糖生产成本，尤其是我国加入世界贸易组织（WTO）以后，我国食糖配额内进口关税15%，配额外进口关税50%，远低于WTO成员97%的平均进口关税水平。世界各国无论是发达国家还是发展中国家，都对本国糖业通过高关税壁垒等政策实施了有效保护。在高度“扭曲”的世界糖业市场，我国糖业面临着巨大的挑战和压力。

纵观几大产糖国的糖业政策发现，首先，国外食糖产业的发展是建立在自然条件优势和国家政策大力扶持之上的，无论哪个国家的食糖产业要得到持续发展，都离不开持续的产业政策扶持，通过食糖产业改革，推动产业在技术、效益、管理上的不断进步。其次，制糖是一条产业链，农业和工业联系十分紧密，稳定的食糖市场需要一个稳定的农工利益联结机制。值得一提的是，提高农业

环节的竞争力，形成集约化、规模化的现代糖料种植模式，是各国食糖竞争的重要基础。再者，由于世界食糖市场受到高度贸易保护政策影响，有效的贸易手段保护本国糖业稳定也十分重要。

三、我国糖业发展意见和建议

我国食糖行业的兴衰不仅取决于糖料发展水平，还受政府宏观调控影响。鉴于此，宏观调控应坚持食糖立足国内的战略方针，根据我国食糖产业的特征，战略上从保护4000万糖农利益、维护边疆地区社会稳定、巩固脱贫攻坚成果与乡村振兴的大局出发，保障国内自产供给、控制隐性供给（走私）、适当减少进口供给、消化市场库存，坚持食糖进口“按需、有序、平稳”的政策，围绕稳定国内食糖生产的基本点，坚持食糖供求总量基本平衡的原则，制定相关的政策措施，稳定市场价格，从而让关系到国计民生的制糖行业休养生息，能够有精力去提质增效、提高生存能力和竞争力。在当今国际化程度逐渐提高、本国产业与世界联系愈加紧密的现状下，我国食糖产业需要尽快破解以上分析的各个制约因素，以提高我国糖业核心竞争力，最终达到行业的持续健康稳定发展。现有以下几点建议：

第一，《中华人民共和国国民经济和社会发展第十四个五年规划和2035年远景目标纲要》提出，保障粮、棉、油、糖、肉等重要农产品供给安全。应全力维护好“十四五”发展规划要求，确保全行业有一个共同的行动纲领和明确的发展目标，力争为行业创造良好的发展空间和政策环境。

第二，加强食糖进口管理，确保食糖进口“按需、有序、平稳、可控”，规范蔗糖糖浆及食糖预混粉进口管理，减少其进口对国内食糖市场冲击，有效破解制糖行业供大于求导致的市场价格低于行业制造成本的深层矛盾，保障我国食糖市场价格稳定。

第三，继续加大打击走私工作的力度，确保食糖供需总量平衡，维护市场稳定。原糖进口加工企业需加强自律，做到均衡有序进口。

第四，加大农业扶持力度，加强糖料基地建设，提高糖料种植效率，降低糖料生产成本。

第五，制糖企业需要苦练内功，以降本增效为中心推动产业升级，加快糖业结构优化升级。

我国糖业的健康稳定发展关系到脱贫攻坚成果巩固和乡村振兴的有效衔接，承担着保障供给的重要职责，肩负着维护产业安全的重要使命，要强化政府引导与市场机制协同共治，强化政策支撑与企业自强双向发力，强化一二三产融合与关联产业协同推进，构建现代糖业发展新生态，全面提高糖业竞争力。

聚焦中国糖业发展，成就甜蜜事业

日照市凌云海糖业集团有限公司
凌清海

一、引言

国家“十四五”规划中指出，要提高农业质量效益和竞争力，保障粮、棉、油、糖、肉等重要农产品供给安全，提升收储调控能力。李克强总理在全国“两会”期间指出，蔗糖是食品加工行业中不可替代的重要原料，事关国家发展大局，与老百姓的生活息息相关。

2022年，是国家“十四五”承上启下的重要一年，在总结糖业“十三五”发展经验的基础上，谋划未来5年我国糖业发展，机遇与挑战并存，甜蜜与苦涩共生。

二、世界食糖产业的发展经验

世界甘蔗种植主要集中在沿着地球南北回归线分布的热带、亚热带国家，甜菜种植则大多数集中在气温较低的欧洲各国。纵观世界产糖排名靠前的国家，带给我们的经验如下：第一，甘蔗种植、施肥、除草、收割和运输等机械化程度高，工厂自动化程度高，管理费用很低；第二，注重甘蔗品种的改良，成立以改良甘蔗品种为主要目的的研究所，提高了甘蔗的产糖率；第三，制定专门的甘蔗生产条例，成立专门的政府机构，在政策上给予支撑。

三、凌云海糖业集团生产经营概况

日照市凌云海糖业集团有限公司（以下简称“凌云海糖业集团”）成立于2002年，是集食糖生产、精炼糖加工复出口、销售、仓储、国内外贸易于一体的大型股份制企业。自成立至今先后兴建了3条原糖精炼加工生产线，年生产加工原糖能力达240万吨，拥有现代化高标准食糖储备库30余座，储存能力可达200多万吨。公司于2009年被山东省人民政府列入省重点企业集团，2010年被日照市人民政府列为全市重点培植的骨干工业企业。

凌云海糖业集团坚信先进的工艺技术是优质产品的保障，优质产品是占有市场的基础。精炼糖生产线采用先进的碳酸饱充法+离子交换树脂工艺，已达到国内一流水平。厂区引进国际先进的德国知名品牌和国内名牌产品专用制糖设备，生产过程中不再使用硫漂进行脱色，确保产品没有SO_2残留，产品为全产精制白砂糖，符合高端用户需求。公司生产的“凌雪”牌绵白糖、白砂糖以优异的产品质量和良好的公司信誉畅销全国大部分省市和地区。

2016年以来，面临复杂的国内外形势，公司的生产经营艰难维系，2016年加工原糖39万吨，成品糖销售收入18.7亿元；2017年加工原糖17.4万吨，成品糖销售收入7亿元；2018年加工原糖20万吨，成品糖销售收入10亿元；2019年加工原糖21万吨，成品糖销售收入20.9亿元；2020年加工原糖36.8万吨，成品糖销售收入27.7亿元。

四、新背景下我国糖业发展的问题与建议

目前对于原糖加工糖厂来说，原材料主要依靠进口。为了促进糖业高质量发展，稳定国内食糖市场，现阶段对关税配额外食糖进口实行大宗农产品进口报告制度。但因为管理层面操作节奏缺乏预期，原糖加工糖厂在制定进口原糖方案、安排资金、合理安排工厂产能、把握生产进度上都有现实性操作的困难。我们站在全行业以及原糖加工糖厂的角度提出以下建议。

（一）改革完善现有关税配额管理办法，配额内食糖进口适当向规模性民营集团倾斜

建议国家相关部门进一步改革和完善现有关税配额管理办法，在进口配额上向主动承担社会责任、具有规模优势和品牌优势的大型民营企业集团倾斜。民营企业集团在纳税、提高就业率等社会责任上发挥着重要作用。民营企业集团的正常运行，是切实关系民生福祉的事情。配额内食糖相对较低的关税能在一定程度上保证加工糖厂的利润，增加加工糖厂的经营积极性与运营信心，从而更好地履行社会责任。

（二）严格限制新建原糖加工产能，依法清理整顿违规建设原糖加工企业

全国目前共有1000多万吨原糖加工能力，建议国家严格限制原糖进口加工产能，根据国务院《促进产业结构调整暂行规定》等的要求，对各地原糖加工项目进行检查，依法对违规建设的项目进行查处，坚决制止各地再上新建项目和扩建项目。

（三）建立健全国家糖业保护基金和糖业风险基金

糖业生产具有一定的风险和不确定性，必须建立健全风险防范体系。当前，需要探索健全国家糖业保护基金和糖业风险基金，建立政策性糖业保险体系，切实保护企业的利益。

（四）大力打击食糖走私

建议海关总署牵头，会同相关部委，尽快研究出台打击食糖走私的专项指导意见，健全打击食糖走私的联动机制，加强联合执法，完善一线堵、二线查、三线市场管的打私机制，形成边境一线查缉与市场清查整治相结合的反走私工作链条。

不忘初心，方得始终。我们会准确研判糖业“十四五”时期面临的机遇和挑战，加强组织谋划，立足我国糖业发展的实际，共同铸就甜蜜的事业！

把握新阶段，贯彻新理念，构建中国食糖产业新发展格局

中粮糖业有限公司
吴　震

“十三五”期间，中国食糖产业取得了长足的进步。食糖主产区逐步建设完善、龙头企业市场竞争力不断提升，为相关上下游产业可持续发展奠定了坚实的基础。食糖产业事关国计民生，其快速发展也为战略物资保障供给、兴边富农、脱贫攻坚作出了突出贡献。

进入新发展阶段以来，党中央在《中华人民共和国国民经济和社会发展第十四个五年规划和2035年远景目标纲要》中明确要求，“保障粮、棉、油、糖、肉等重要农产品供给安全”。为此，中国食糖产业需要紧跟有关指示批示精神，在保障基本供给、维护产业安全、助力乡村振兴方面发挥更大作用。

一、风险挑战接踵而至，发展问题亟待解决

随着食糖产业环境不断变化，国内外市场竞争进一步加剧，国内食糖产业面临着更加严峻的多重风险挑战。为推动食糖产业在“十四五”期间的高质量发展，其发展不平衡不充分问题亟待解决。

（一）供给安全重要性愈发凸显

受不利天气和糖料作物种植收益下降的影响，国内制糖生产规模出现萎缩。2021/2022制糖期，国内制糖产量不足1000万吨，与国内需求相比存在较大缺口。中长期来看，国内制糖产量增长乏力，食糖消费量稳步增长，产需缺口将持续扩大。同时，我国食糖进口来源较为集中，其中巴西占比峰值在70%以上。食糖作为重要农产品，受全球宏观形势和金融市场波动影响较大。随着国际地缘政治、经贸环境变化，食糖进口可能面临安全挑战。

（二）消费需求不断分化

过去，国内食糖消费主要集中在食品制造等工业生产领域，民用消费规模保持缓步增长，消费

市场相对单一。随着社会经济发展、居民消费水平提升、国内人口结构变化，尤其是新冠肺炎疫情暴发以来，以医药用糖为代表的工业消费、以健康用糖为代表的民用消费快速增长，终端客户敏捷供应、定制生产诉求不断增多，各级政府区域保供、市场预期引导以及宏观调控等需求不断强化，碳达峰、碳中和、可持续发展等要求倒逼产业加速升级，主动适应新形势新变化。

（三）产业竞争日益激烈

随着国内外市场不断融合，国际糖商通过兼并整合不断提升产业竞争优势，在国内市场规模占比和影响力持续扩大，不断挤压国内企业生存空间。国内制糖产业、炼糖产业集中度虽不断提升，但低效落后产能尚未完全出清，产业资源配置仍待进一步优化。随着大数据、物联网等新技术的快速应用和迭代，加速产业、企业能力倍增再造，将进一步拉大竞争差距，亟须在农业种植、工业生产、贸易流通等环节加快转型。

二、立足国内产业建设，加强食糖体系建设

面向“十四五”，中国食糖产业应当准确把握新发展阶段，贯彻新发展理念，从强化产业基础竞争力入手，做好产业谋篇布局，多措并举，构建可持续发展新格局。

从国内产业发展角度看，重点是围绕食糖生产加工、市场流通、监测预警、产业政策等体系建设，提升国内产业竞争力。

（一）强化食糖生产加工

多措并举助力新品种研发，选育、改良适合国内产区特点的蔗种和甜菜种子，从根本上提升产业竞争力。因地制宜，因地施策，在新疆等具备规模化生产能力的区域加速建设现代糖料生产示范区；在广西、云南等主产区稳步推动农业合作社等项目建设。同时加快产能整合和技术改造升级，创新使用良种良法、小型机械、农田大数据等现代农业技术，持续优化蔗区、能源、物流等资源配置，提升规模化生产加工能力和资源集约化利用能力。

（二）畅通食糖市场流通

随着产业集中度提升，产业发展不平衡愈发凸显。以光明集团、中粮糖业为代表的集团化企业，同时涉足甘蔗、甜菜糖、炼糖多个细分领域，产业形态差异对食糖流通提出更高要求。必须进一步提升食糖产品质量、仓储管理、物流运输、仓单交易等标准化体系建设；完善公铁场站、港口码头、区域集散等物流节点网络体系建设；完善边疆糖料主产区农产品运输绿色通道建设。通过不

断提升食糖供给效率，借助郑州商品交易所等平台推动大宗食糖期货、现货交易发展，畅通食糖流通大循环。

（三）优化食糖监测预警

中粮糖业有限公司等市场主体从各自角度感知市场，为产业发展建言献策。未来，应立足长远，面向国内外市场竞争和国内宏观调控需要，完善食糖数据网点建设，加强风险识别能力，提高市场趋势分析水平。不断增强市场监测预警工作的前瞻性、预见性、针对性；不断提高服务决策、服务行业、服务社会的能力水平。

（四）统筹食糖产业政策

统筹各类产业政策工具，保障食糖安全。做好食糖进口管理，规范蔗糖糖浆及食糖预混粉进口，对食糖走私、假冒食糖注册商标侵权等违法行为保持高压态势。完善国内糖料种植补贴政策，在甜菜主产区重点推广良种良法补贴，提高良种覆盖率；在甘蔗主产区重点推广机械化补贴，提升机械化程度。支持国内糖料良种自主研发，针对云南、新疆、内蒙古等偏远地区食糖外运运距长、费用高的问题，参照棉花等重要农产品的扶植政策，建立运费补贴制度；支持糖料种植土地流转，向糖料收购提供政策性贷款，合理实施，加大贸易调整援助糖业提升竞争力的规模和力度。

三、聚焦国际糖业市场，优化糖源整体布局

从国际产业合作角度看，重点是客观看待国际市场产业竞争格局、趋势规律，提升利用“两个市场、两种资源”能力，推动国内食糖行业提升糖源掌握、糖源进口、糖源转化能力水平，构建安全、稳定和多元的进口渠道，推动形成国内国际双循环相互促进的食糖保障体系。

（一）加速进口国别多元化

在双边和多边经贸体系中更加重视食糖产业规则制定，加强与“一带一路”食糖主产国合作，支持产业龙头企业进一步提升国际贸易能力，综合考虑成本水平与安全系数，逐步降低单一国别依赖度。

（二）稳定国际糖源供给

目前，除中粮糖业、洋浦南华等少数企业通过海外并购、替代种植等方式掌控部分一手糖源

外，大多企业主要靠贸易进口。加强产业上下游企业“走出去”产业协同，加大在食糖主产国仓储、物流、加工领域的投资，依托农用物资、资金、技术等要素禀赋深化与当地种植业从事者的合作，提升优势产区供给稳定性。

（三）建设国内配套设施

支持制糖企业在国内进行配套的保税仓储、加工贸易等产业支点和资源能力建设，优化口岸营商环境，多措并举提升进口通关便利化水平，确保海外低成本糖源及时、高效地转化为国内市场消费、储备管理所需产品。

在“两个一百年”奋斗目标的历史交汇点上，我们要深刻领悟“新发展阶段、新发展理念、新发展格局”的核心要义，以系统性思维做好前瞻性思考、全局性谋划、战略性布局、整体性推进和专业性运营。面对激烈的糖业产业竞争，“沉下心来，一步一个脚印，用三年五年、甚至八年”，蹄疾步稳推动中国食糖产业健康、可持续发展。

中国食糖产业安全与发展初探

营口新北方制糖有限公司
万卫光

2021年，恰逢国家“十四五”规划开局之年，如何为中国食糖产业构建新发展格局，展现行业新气象，为中国食糖产业未来5年至10年规划好蓝图和方向，结合我国糖业发展政策和宏观调控大背景，直面中国糖业发展所面临的问题并擘画应对之策，是行业同仁必须认真思考和回答的问题。对此，提出以下几条建议。

一、中国食糖安全与国家产业政策的包容并蓄

在行业协会和甘蔗糖主产省（自治区）政府部门持续多年为农民利益多渠道的呼吁和宣传争取下，国家有关部委近年来对甘蔗种植给予了高度关注和倾斜性政策支持。但是，放在中长期的时间框架下和国家食糖安全的大格局下考量，作为行业协会要呼吁国家有关部委在产业政策和糖料种植扶持上对于甘蔗和甜菜要包容并蓄，不能厚此薄彼，顾此失彼，尤其是考虑到南方劳动力成本持续上涨和机械化适耕土地资源有限等先天不足而导致的糖料供给已达峰值并艰辛维持等客观事实，北方内蒙古、新疆和黑龙江甜菜种植区适合大规模机械化作业，农业种植技术、生产组织形式和适合轮作的土地资源还有很大的待开发潜力。未来5～10年，南方和北方糖料供给存在此消彼长的客观趋势，但是国家食糖安全需要南方和北方糖料产区共同发力，才能保证中国食糖适度的自给自足率。虽然在不同时期，南北糖料供给的比重会有所不同，但是对中国食糖安全的责任和担当却是没有地域南北之分。

国家产业政策对甘蔗和甜菜的支持，一方面要一视同仁，另一方面要“亡羊补牢”，尽快启动和落实国家层面对甜菜糖产业扶持政策具体措施。中国食糖安全和一定比例的自力更生、自给自足需要双轮驱动，甘蔗和甜菜相互依存、缺一不可。中国北方主要的两种根块作物——土豆和甜菜，只有甜菜最适合土地轮作，可实现土地资源的规模化和合理利用，优化作物结构。落实李克强总理2021年在人大会议上关于食糖产业的讲话精神，甜菜要比甘蔗更有潜力，能事半功倍地实现农业科技突破。例如，在黑龙江已经大规模完成土地流转千亩和万亩规模的地块上，着手实施秋整地、秋起垄和秋施肥等农业实践。农业农村部在“十四五”期间要大力解决动植物基因和种子等“卡脖子”

项目，关于本土甜菜种子的培育和恢复，建议中糖协将其作为协会专家技术组的一项重要课题，正式向农业农村部提报立项。

二、制糖与炼糖两个板块以及保护与开放关系的平衡和兼容

中国食糖市场从20年前的制糖企业一统天下和沿海几家名不见经传的炼糖厂拾遗补阙，历经20年发展，特别是十年前几家大型炼糖厂参与平抑“糖高宗”，大规模加工国储原糖并适时把握了崛起的历史机遇，发展到目前制糖和炼糖相互依存，产能等量齐观、工艺技术炼糖占优，后者三分天下有其一的食糖供给格局，未来5～10年炼糖在食糖供给中比重持续上升的趋势很难逆转。从原料来源和经济利益分析，制糖企业天然地倾向于政策保护，炼糖企业更赞成开放政策，中国国情决定了保护和开放之间需要适度平衡，才能确保中国食糖的整体安全。

2014年肇始并于2015年正式实施行业自律，在食糖产业生死存亡之际，炼糖企业牺牲产能、放弃利益的做法展示了可贵的责任担当，为整个食糖产业争取了宝贵的恢复和发展缓冲期。2015年实施行业自律和2017—2020年实行三年食糖贸易保障救济，没有带给制糖企业大规模降本增效和竞争力提高，但保护造成的人为价格扭曲加速了部分工业用户在其产品配方中用糖的调整替代和玉米糖浆的大规模应用，导致国内食糖消费总量在1500万吨门槛徘徊，还加速了玉米糖浆对食糖存量和增量消费市场的蚕食和替代，食糖行业以部分放弃食糖消费基本盘和市场增量为代价换来了中短期的高价格。食糖供给和消费的总量平衡是一个动态过程，宏观调控有关部门应风物长宜放眼量，收放自如，平衡好开放和保护的关系，兼顾制糖和炼糖两个板块的产业利益诉求，避免偏向一个板块而造成事与愿违的反面影响。

三、食糖安全性的正面宣传与成品糖的合理价格

近几年以一批“网红”饮料为代表的甜味剂和代糖产品大行其道，伴随着对高倍化学合成甜味剂和代糖的不实吹捧以及吃糖导致糖尿病等污名化误导宣传，客观上给广大消费者对食糖的正确认知造成了不容忽视的负面效应和影响，一定程度上也制约了民用市场对食糖和用糖产品的消费。对此，我们要高度重视，积极开展行之有效的公关和宣传，争取国家主管部委和社会媒体对食糖消费形成正确认知，消除代糖厂家和媒体误导宣传的负面影响，正本清源，为食糖营养价值和食糖消费正名，还以公道。成品糖高价格是否就是行业应该追求的目标和明智的理性选择呢？食糖高价格和甜味剂等代糖在市场上规模化出现和搅局，是否存在正相关性？这些都需要行业同仁认真反思。

四、未雨绸缪，谋定而动迎接新老挑战

中国食糖产业未来5～10年面临诸多问题和挑战。

第一，未雨绸缪与国外成熟市场对标，着手研究和逐步引入国际通行的槽罐车散装白糖供货运输、液体糖供货运输以及集装箱内衬超大吨袋整箱运输散装白糖等新方式，解决食糖产业长期过度依赖50千克包装的单一方式，为工业用户提供全新的包装和运输解决方案，提升工厂端的装车效率，大幅减少工厂端和客户端在装车和卸车方面的人工投入，局部范围内彻底解决存储和运输过程中白糖板结等行业顽疾。

第二，中国制糖和炼糖都存在产能过剩、产能利用率不足的问题。如何引导行业中领先企业，特别是沿海炼糖厂中的优秀企业加入国际大循环，将部分产能释放到国际市场，供应符合伦敦5号白糖期货标准的白糖，是非常值得研究的课题和机遇。

第三，为了贯彻总量平衡、按需进口的原则，对于存量炼糖企业在兼顾产能合规性的同时，对于产品质量高、市场销路好、遵守行规行约信誉好的企业，建议在进口配额分配等方面优先考虑或适度倾斜；对于增量的炼糖产能宜严格控制，杜绝利益驱动下炼糖产能的进一步无序扩张。此过程中，建议发挥各省糖业协会和中糖协作用，配合政府主管部门，严格控制炼糖产能的新增项目。

虽然存在上述各种问题和挑战，但是办法总比困难多。回顾过去，在2014年食糖产业生死存亡之际，在中糖协的坚强领导和协调下，食糖产业创新思路和管理机制，依靠制糖和炼糖企业的精诚团结和包容互助，抱团取暖，从容度过了危机。展望未来，行业同仁有信心和能力妥善处理好甘蔗糖和甜菜糖两种资源、制糖和炼糖两个板块以及食糖合理价格和消费基数增长等诸多错综复杂的矛盾和问题，开创中国食糖产业可持续发展的新生态、新格局、新气象。

站在“十四五”新的历史起点，促进糖业全产业链高质量发展

沐甜科技股份有限公司
高　文

中国糖业站在“十四五”新的历史起点，要谋划糖业转型升级，进一步巩固糖业基础地位；深化供给侧结构性改革，扩大开放合作，加快破解发展瓶颈；借助现代信息及科技手段推动产业链智慧化升级，提升区域品牌影响力；强化政府引导与市场机制协同共治，全面提高糖业竞争力，实现全产业链的高质量发展。

一、我国糖业发展面临的问题

（一）宏观政策及国际市场制约明显

我国是全球第三大产糖国、第二大食糖消费国、第一大食糖进口国，虽长期产不足需，但由于受进口政策及走私等因素的影响，使整个制糖产业多数时间处境困难。从 2013年下半年开始的我国西南沿边地区陆路走私、2017年下半年开始的海上走私，以及2020年的蔗糖糖浆及食糖预混粉进口增加持续冲击国内市场。通过严厉打击，到2020年7月开始，食糖走私规模才大幅下降。但是，不法分子依然蠢蠢欲动，依然需要保持高压态势。

国际市场对我国形成冲击主要还有两个方面的原因：一方面是我国的进口门槛偏低。国家对食糖进口实施关税配额管理，关税配额内食糖进口关税15%，数量194.5万吨；关税配额外食糖进口关税50%，远低于WTO成员97%的关税水平、发达国家122%的关税水平。2020年，全年食糖进口量达527万吨，超出我国食糖消费缺口；另一方面是零关税的蔗糖糖浆及食糖预混粉进口持续增长，对国内食糖市场形成不利影响。

（二）产业发展成本上升，比较收益增长缓慢

一是土地、劳动力资源稀缺导致成本上升；二是全程机械化推广缓慢，制约效率提升和成本下降；三是作物竞争激烈，甘蔗种植面临萎缩危险。

（三）产业成长总体缓慢，结构仍需进一步优化

“十二五”以前，我国糖业小散弱差现象明显，行业集中度低，甘蔗单产一直处于3.6～4.2吨/亩，产业链短，糖料全程机械化推进慢。“十二五”开始，在《国家发改委、农业部关于印发糖料蔗主产区生产发展规划（2015—2020）》的支持下，主产省（自治区）糖业并购和资源整合加速，蔗糖产业呈现加速发展势头，全程机械化得以启动，机械化收割逐步推进，但由于没有合理的国内价格水平环境，企业发展环境不好，金融服务滞后，贷款难、贷款贵，税费多，企业负担重等原因，制约着企业积累、投资、发展以及结构的进一步优化。

二、促进我国糖业发展的政策和措施

我国糖业发展已具备提速提质发展的基础和条件，正处于弥补产业短板，充分发挥“两种资源、两个市场”独特优势，实施内外联动发展战略的关键时期。要深入贯彻落实中央关于糖业发展的重要精神，坚持绿色发展、创新发展理念，以供给侧结构性改革为主线，以《区域全面经济伙伴关系协定》（RCEP）为契机，以实现高质量发展、打造在全国具有一定实力和地位的产业增长极为目标，全面推动我国蔗糖产业发展。

（一）有关产糖主要省（自治区）争取国家总量平衡政策，为国内糖业发展创造良好的市场预期

我国是食糖产不足需的国家，立足国内生产为主、进口补充为辅是确保国内糖业可持续发展、保障国家经济安全的重大原则。由于缺乏治理机制，全球糖业市场处于急剧波动之中，加之部分主要产糖国过量增产、补贴生产、实行补贴出口，国际贸易环境持续恶化。国际贸易的不公平性，严重冲击国内糖业的生存和发展。在全球糖业中，以国内消费缺口组织进口已成为国际惯例，在这方面，世界发达国家，以及进口大国印度尼西亚已经为我们树立了榜样，提供了有效管理的经验。鉴于食糖是关系国计民生的重要农产品，为保障国家经济安全，建议会同我国主要产糖省（自治区）政府向国务院建议建立总量平衡机制，强化制糖与食糖进口合作共赢，构建现代糖业发展新生态，特别是打击非法走私行为、完善蔗糖糖浆和食糖预混粉进口管理措施，为国内糖业发展创造促进糖业持续、稳定、健康发展的有利环境。

（二）大力推广良种良法，鼓励规模化种植，切实做强第一车间

以提高甘蔗单产、甘蔗蔗糖分为核心，实施第一车间提升行动。紧紧抓住农业农村部、财政部明确支持广西、云南两省区推进糖料蔗种植良种良法的政策机遇，把全面部署、全力推广良种良法

作为未来几年糖业工作的重中之重，助力我国蔗糖种植业高质量发展，加速我国糖业全程机械化的进程。着力培育糖料蔗新型经营组织，鼓励探索土地流转集中经营方式，努力提升种植规模化水平。

（三）继续推进战略并购重组，加快蔗糖产业集群化发展

国内主产区经过“十二五”“十三五”的糖业整合和并购，制糖企业小散弱的状况得到明显改善，生产集中度得到显著提高，但大企业大集团不够强、中小企业发展困难问题依旧存在。目前，制糖行业的新一轮并购整合已经开始，在新一轮并购重组中，要注意把引入新的战略投资者与增强企业综合实力、发展精深加工和副产品综合利用、拓展产业链条结合起来，形成促进蔗糖产业集群化发展新格局。要切实加大蔗糖产品开发、精深加工及综合利用研究，形成多种产品拉动蔗糖产业发展的局面。

（四）服从服务“一带一路”倡议，境内境外同步发展，形成边境省份糖业发展“双轮”驱动格局

主产区中云南省糖业实施“走出去”战略，作为跨境农业合作的重要部分，尤其近2年来获得了长足发展，形成了“3+2”模式（我方的资金、技术、市场+对方的土地、劳动力），实现了我国与周边国家之间优势互补、互利共赢。下一步，应在国家发改委《关于支持云南省加快建设面向南亚东南亚辐射中心的政策措施》的支持下，进一步夯实合作基础，扩大与周边国家（特别是老挝、缅甸）的跨境农业合作规模，加快糖料蔗种植力度，为糖业发展提供稳定、可靠、丰富的原材料来源。这是糖业立足区位和自身优势，实现风险最小、见效最快、跨越发展的特色路径。尤其要紧紧抓住“RCEP”带来的发展机遇，认真谋划跨境农业合作，促进“一带一路”发展，形成边境省份糖业发展“双轮”驱动格局。

（五）以数字经济引领，全力推进糖业的高质量发展

数字经济是新时期经济发展的方向与潮流，将对传统产业的改造与升级引入数字经济发展理念，强化数字经济发展理念，加速全产业链的数字经济发展，将糖业的数字经济纳入规划，在食糖生产流通过程中稳步推进信息化、自动化、智能化，以全产业链为主线切实推进糖业的高质量发展。

（六）充分发挥糖业平台产业互联的作用，推进新的发展理念，强化食糖生产经营

强化数字经济发展理念，通过“互联网+”打造先进的电子商务平台。基于灵活的微服务架

构，通过区块链、大数据赋能产业链，为供应商和客户提供一系列食糖销售、金融、物流及信息服务的综合解决方案，服务三农小微企业，助力实体经济。运用金融科技和数字技术为中小微企业提供快捷优惠的融资渠道，提高核心企业经营效益和供应链整体竞争力。打造云仓管理系统并在糖业中进行推广。运用5G技术和区块链技术，食糖企业与金融企业可进行资产存货的数据化管理，金融企业能实时对投入资金的存货进行有效管理，能有效避免资金风险，同时提高相关企业的信用，为规范食糖仓储行业发展提供更高的技术支持，是解决食糖营销障碍、提供更多商机、提高糖业发展效率的重要手段。充分发挥已拥有的产业互联平台的作用，有利于促进全国糖业的大生产、大流通，将会成为食糖产业发展的新亮点。

三、我国糖业发展建议

（一）食糖生产方面建议平衡好制糖与炼糖的关系，严格做好蔗糖糖浆和食糖预混粉进口管理，严厉打击食糖走私行为

1. 抓住市场机遇，实施内外联动发展战略

食糖市场处于低谷时间太长。“十三五”期间，通过对进口糖加强管理，食糖市场总体供求基本平衡，食糖市场的人气人心在恢复。“十三五”成果来之不易，行业信心在加强，但不确定因素依然存在，依然需要巩固，避免从极度的悲观到极度的乐观。要抓住市场机遇，充分发挥“两种资源、两个市场”独特优势，实施内外联动发展战略。

2. 保持国产糖自给率达到70%左右，平衡好制糖与进口的关系

食糖关系国计民生，与粮、棉、油一样是国家十分重要的战略物资、重要农产品，关系国家经济安全。在事关全球化、事关糖业生存与发展问题上，“十四五”期间建议根据全国食糖消费量进行食糖供需平衡的宏观调控，平衡好制糖与进口的关系，严格做好蔗糖糖浆和食糖预混粉进口管理、严厉打击食糖走私等工作，保持国产糖自给率达到70%左右。制糖期产糖量约1100万吨，其余以食糖进口作为补充，食糖进口量稳定在500万吨左右。

3. 打造全国产业集群，全面推动我国蔗糖产业高质量发展

深入贯彻落实中央关于糖业发展的重要精神，坚持绿色、创新发展理念，以供给侧结构性改革为主线，以《区域全面经济伙伴关系协定》（RCEP）为契机，通过优化产业体系布局和高水平建设糖料蔗生产基地，高质量打造在全国具有一定实力和地位的产业集群，加快破解国内制糖企业面对土地和劳动力资源的发展瓶颈，全面推动我国糖业高质量发展。

（二）食糖消费方面，建议加强宣传力度，促进食糖消费和流通，提升区域品牌影响力

（1）根据对“十三五”期间食糖消费量的跟踪研究，“十三五”末期我国食糖消费量稳定增长到1530万吨左右，“十四五”期间建议利用行业有影响力的网站和平台加强对食糖消费有利于身体健康的正面引导和宣传，促进人均消费，促进工业和民用糖的增长，有利于食糖消费量稳定增长到1600万吨左右，有利于食糖市场销售空间的扩大。

（2）加强对果葡糖浆等淀粉糖及化学合成甜味剂替代量的研究，关注和加强替代品的数据统计，促进信息的透明化，建议参考工业和信息化部对糖精的管理方式，加强对其他化学合成甜味剂的监督管理。

（3）提升区域品牌影响力，调整食糖产品结构，加强品牌建设，推进二维码溯源工作，促进食品安全建设上新台阶。

（三）行业效益方面，建议市场价格运行范围注意保持制糖成本线，有利于全面提高行业竞争力

强化政府引导与市场机制协同共治，强化政策支撑与企业自强双向发力，强化三产融合与关联产业协同推进，强化制糖与原糖加工合作共赢，构建现代糖业发展新生态。建议市场价格运行范围保持在制糖成本线合理波动，保证企业的合理利润空间，保障产业利益，全面提高行业竞争力。

（四）市场流通方面，建议以数字经济和产业互联平台提升糖业全产业链高质量发展，推动糖业由大变强

打通食糖全产业链的资源融合，进一步深化互联网在食糖产业链中的应用，为食糖生态圈参与者提供开放、共享、共赢的产业链垂直大平台，促进食糖大流通。借助现代信息及科技手段推动产业链智慧化升级，以数字经济为理念，充分发挥食糖电子商务交易平台产业互联的功能，高起点推动糖业数字经济发展新技术逐渐向仓储、物流行业渗透，持续优化仓储物流等配套措施，促进食糖大物流，提升糖业全产业链高质量发展。

有效发挥白糖期货功能，助力中国糖业高质量发展

郑州商品交易所
刘鸿君　孙元瑞

食糖产业是我国重要的基础性农业产业，食糖产业的健康发展对促进地方经济发展、保障农民稳收增收具有重要意义。郑州商品交易所（以下简称郑商所）于2006年1月6日上市白糖期货，长期以来高度重视、扎实做好白糖期货相关工作。目前，白糖期货市场运行平稳，价格发现和套期保值功能发挥良好，已成为市场上较为成熟的品种之一，在助力中国糖业高质量发展方面发挥了积极作用。

一、白糖期货运行特点

（一）期现价格高度相关，价格发现精准有效

如图1所示，自上市以来，国内白糖期、现货价格无论是走势，还是涨跌幅度都高度相关。2010—2021年，白糖期现价格相关系数为0.98，2021年，白糖期现相关系数达到0.93，是期货市场期现货价格相关性最高的品种之一。期现货价格高度相关，白糖期货价格能够提早反映市场未来变化，从而指导企业制定经营策略和风险管理方案，也为国家相关部委研判市场形势提供了有效参考。

（二）市场流动性充足，规模长期稳定

如图2所示，白糖期货自上市以来，虽然成交量由于每年情况不同而有较大变化，但持仓规模一直处于较为稳定的水平，市场流动性充裕。2021年，白糖期货日均成交47.93万手，日均持仓60.15万手。白糖期货交易活跃，为价格发现和套期保值功能有效发挥创造了有利条件，2021年白糖期货套期保值效率超过98%，能够有效满足产业客户的套保需求，服务实体经济功能凸显。

（三）市场结构完善，产业客户积极参与

自上市以来，白糖期货市场参与结构日趋完善，法人客户参与数量、成交持仓占比稳步提升，

图1　白糖期货上市以来期现货价格走势图

资料来源：郑州商品交易所、美国洲际交易所（ICE）、沐甜科技、泛糖科技。

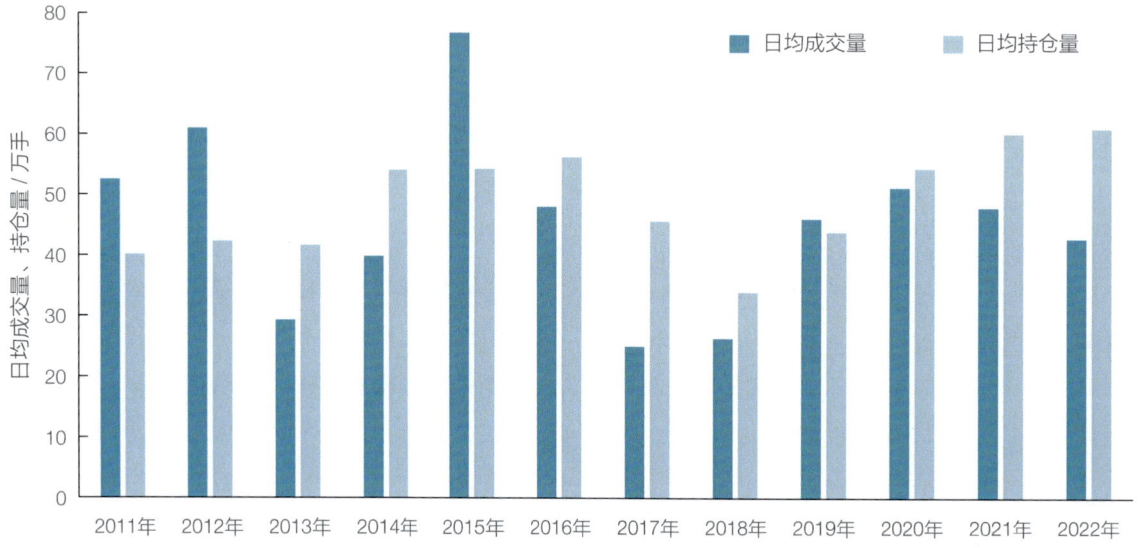

图2　白糖期货成交、持仓统计图

注：2022年数据截至2022年3月31日。

资料来源：郑商所。

较上市初期都有了较大幅度的提高（图3）。2021年，参与交易的法人客户数量达到9557个，较上市首年增加646.64%；法人持仓占比60.06%，达到了上市以来的最高水平。白糖产业客户积极参与期货市场，生产企业方面，国内食糖产量前10名的制糖企业集团有8家直接参与白糖期货，产量占国内总产量的67%；贸易企业方面，国内有超过200家专业白糖贸易企业参与白糖期货，贸易量约占国内贸易量的50%以上。

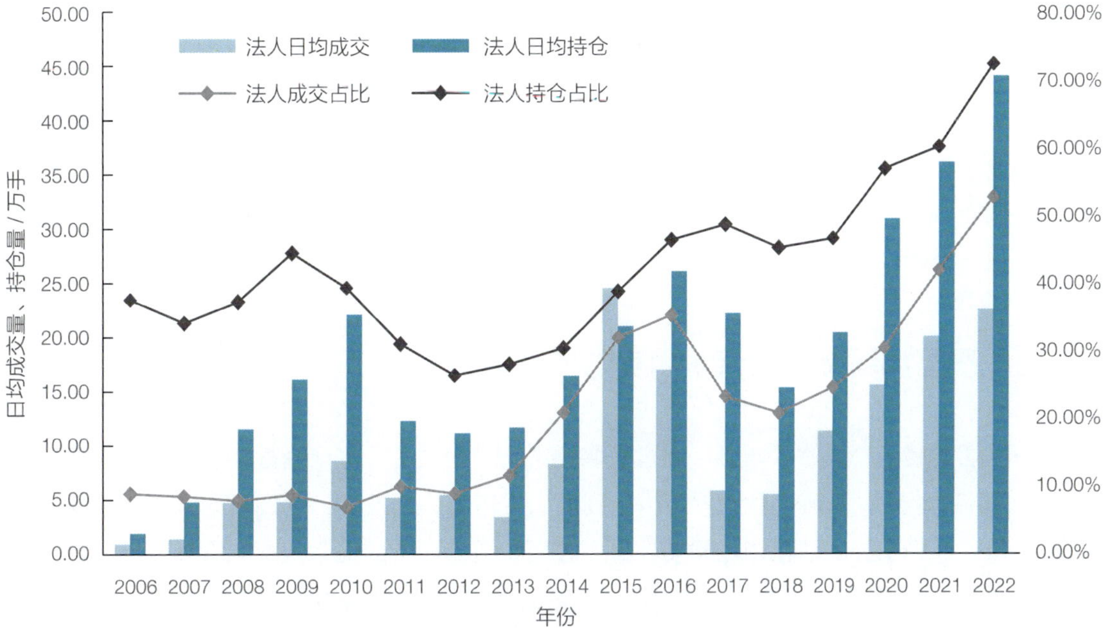

图3　白糖期货法人客户成交、持仓情况统计图

注：2022年数据截至2022年3月31日。

资料来源：郑商所。

二、郑商所积极开展工作，助力产业行稳致远

（一）持续跟踪产业格局变化，适时调整规则制度

为应对产业格局的不断变化，郑商所不断完善规则制度，分别于2016年、2018年和2020年对地域升贴水和交割仓库布局进行调整，使白糖期货与国内现货贴合更加紧密。同时，为缩短升贴水调整的实施周期，郑商所于2018年将白糖期货合约挂牌时长从一年半调整为一年。经过持续调整，白糖期现基差越来越正常，持续处于合理运行区间。

（二）扎实做好市场培育，推动期现产业对接

近年来，郑商所连续举办四届“中国郑州国际期货论坛白糖分论坛”，以“三业活动”“产业基地”“稳企安农、护航实体”等活动为抓手，开展了多层次市场培育活动，有效提升了产业客户参与期货市场的能力与水平。2020年以来，郑商所累计开展百余场白糖期货线上线下市场培育活动，线下参与企业超过300家，参与人数超过10000人次。此外，郑商所选取广西泛糖科技有限公司等成为白糖“产业基地”，创新开展走进企业系列培训活动，覆盖了广西七大重点制糖集团，参与企业均反馈积极。

（三）高度重视市场意见，持续加强行业交流

郑商所高度重视行业协会和产业企业的意见与建议，近年来多次通过函告、座谈、调研等方式与中国糖业协会、地方糖业协会和重点制糖企业等交流白糖期货运行及有关工作情况。广西制糖企业肯定了郑商所在白糖期货规则优化以及市场培育工作方面取得的效果，中国糖业协会在会员大会审议的工作报告中也明确肯定了白糖期货在服务国内糖业发展中的功能作用。

（四）严格加强市场监管，切实防范风险

郑商所切实履行一线监管职责，通过采取提高交易手续费、保证金标准等措施，坚决抑制投机过度。2020年上半年，为避免食糖保障措施到期引发市场大幅波动，郑商所一方面提前积极开展宣传培育工作，合理引导并消化市场预期；另一方面将白糖期货的涨跌停板幅度和最低交易保证金水平分别由4%和5%上调至6%和7%，扩大风险覆盖范围，保障了市场的平稳运行。

三、白糖期货服务我国实体经济功能凸显

（一）树立行业价格“风向标”，指导企业生产经营

价格发现是期货市场的基本功能，白糖期现货价格相关系数长期保持在0.95以上水平，为产业企业生产经营和风险管理提供了决策依据。正是因为良好的“风向标”作用，国内重要的生产、进口加工和贸易企业都将白糖期货价格变化作为现货销售策略制定的依据，根据市场变化调整销售策略和价格。例如，根据某国际农产品贸易企业中国区白糖业务负责人介绍，其在中国的贸易主要集中于有期货品种的商品，白糖是其贸易量最大的商品之一。他们根据白糖期货价格的波动，调整每天的白糖现货报价，因为在采购和销售时已经通过白糖期货完全套保，企业的经营利润一直保持稳定。

（二）丰富现货交易模式，促进企业经营转型升级

白糖期货在服务实体企业、提高企业经营方式多样性方面发挥着重要的作用。目前，很多企业采用期货价格进行远期点价、买卖基差，并且创新出许多运用期货及其衍生品的新型模式，丰富了现货交易方式，这些模式在主要的生产和贸易企业中都已经普及。

白糖期货点价交易，买卖双方都可以有效管理自己的销售或采购风险，同时还可以满足双方个性化的需要，提高交易的效率。国内某大型原糖进口加工企业进口加工糖品质较好，销售价格一般高于白糖期货价格。企业负责人介绍，企业采用“点价+仓单”的模式，首先注册白糖仓单进行套

保，然后与下游客户交易时约定以期货价格加点进行结算，在客户提货的时候平仓，下游客户可以灵活选择仓单或是现货，这样不仅可以得到进口加工糖的升水，同时套保还有一定的收益，而仓单在没有进行贸易的时候还可以进行融资，达到了一举多得的效果。

（三）增强企业发展韧性，灵活应对市场风险

现货市场风险多种多样，产业企业具有个性化、复杂化的风险管理需求，白糖期货在帮助企业实现稳定经营、灵活应对市场风险方面能够发挥重要作用。

国内某大型白糖贸易企业，在2020年新冠肺炎疫情暴发前还有较多的剩余库存，然而随着疫情蔓延，食品加工企业大面积停产，库存销售较预期明显放慢，导致出现了计划外的风险敞口。为了避免现货价格下跌带来损失，企业利用期货市场进行套期保值，及时锁定风险敞口，并根据套保锁定利润的价格优势，采用基差交易迅速清理库存，大大化解了疫情期间的销售压力，规避了疫情带来的市场风险。

（四）积极开展“保险+期货”试点，助力蔗农脱贫攻坚

自2016年起，“保险+期货”已连续六年被写入中央一号文件。截至2020年，郑商所已在广西、云南等地开展白糖“保险+期货”试点项目38个，覆盖糖料种植面积141.02万亩，保障金额达到30.33亿元，累计赔付金额5160.55万元。白糖试点项目打通了期货市场服务实体经济的“最后一公里”，为保障蔗农收入、助力脱贫攻坚发挥了积极作用。

四、郑商所助力中国糖业高质量发展工作展望

下一步，郑商所将继续按照国家对糖业的总体部署，不断夯实白糖期货市场运行基础，注重发挥期货市场功能，支持、配合好调控政策改革，严控市场风险，助力国内糖业高质量发展。

一是持续完善合约规则制度体系。以市场化原则为导向，持续跟踪研究食糖产业格局的变化，在科学预研预判的基础上，不断优化调整升贴水体系。二是多渠道、多层次开展市场服务工作。通过产业基地、协会、会员单位等，广泛开展各种市场培训，搭建产业沟通交流的平台，提升企业参与的能力和深度。三是探索创新“保险+期货”试点模式。探索将制糖企业纳入试点项目的可行性，通过模式创新巩固制糖企业与蔗农的关系，既能保障蔗农种植收益，又能稳定企业原料供给，提升市场竞争力。四是切实防范市场风险。高度关注国内外白糖期现货市场运行情况，对关键信息加强研究，视情况需要及时采取措施，坚决抑制投机过度。

深入实施糖业数字化转型，全面推动糖业高质量发展
——广西糖业“十四五”数字化建设思考

广西泛糖科技有限公司
吕英杰

《中共中央关于制定国民经济和社会发展第十四个五年规划和二〇三五年远景目标的建议》指出，我国已转向高质量发展阶段，要加快发展现代产业体系，推动经济体系优化升级，要加快发展数字经济，推进数字产业化和产业数字化，推动数字经济和实体经济深度融合，打造具有国际竞争力的数字产业集群。“十三五”时期，广西糖业通过开展“自动化、智能化、数字化”改造，大力推动物联网、北斗技术、大数据等新一代信息技术在糖业落地应用，在生产经营管理模式转型、行业降本增效方面取得一定成效。“十四五”期间，广西糖业深入实施数字化转型，全面推动糖业高质量发展非常必要且意义重大。

一、糖业数字化建设的必要性

当前广西糖业成本高、竞争力不强、抗风险能力不高，一方面是受广西自然条件、劳动生产率低等限制，另一方面也受到生产经营管理模式落后、信息化及数字化水平不高等因素的制约。根据调研，广西制糖企业（集团）中有专项信息化投资的集团仅有3家，信息化投资超过500万元的集团仅有2家；2018—2020年有独立的信息化项目投入的糖厂仅有30家，信息化建设覆盖率不足40%。没有机械化、自动化等先进作业方式及信息化、数字化科技手段作支撑，降本增效就没有着力点，转型升级就缺乏驱动力。

（一）制糖企业生产、经营、管理数字化协同势在必行

糖业作为广西传统优势产业，面对数字化转型存在认识不足、投入不够、能力边界有限等问题。大部分集团对各糖厂缺乏统一高效的现代管理手段，种植、加工、仓储、销售、管理各自为政，不能实现一体化、集约化、协同化，生产不清楚甘蔗的砍收计划，销售不清楚糖厂的生产、库存进度，仓库、物流不清楚糖厂的提货安排，生产经营管理中存在的隐性成本较高。以数字化方式实现生产经营管理各环节断点、堵点的有效链接和高效协同，将对供给侧降本增效发挥重要作用。

（二）农业生产数字化转型蕴含无限创新价值

农业生产成本控制是糖业盈亏的主战场，但是多数糖厂农务管理和甘蔗生产仍以人工、经验方式为主，甘蔗的种、砍、运、收及蔗款结算等耗费了大量人力物力。卫星遥感、北斗定位、人工智能等新一代信息技术应用在监测甘蔗长势、砍运调度、品种判别等方面，可以为农业生产转型提供技术支撑，改变由人工经验判别操作的方式，农务管理有望从“人控”向“技控”转变，由粗放式管理向精细化管护发展。

（三）工业互联网应用于制糖生产释放巨大潜能

广西糖厂虽经过一定程度的“自动化、智能化、数字化”改造，但局部性强，体系化支撑作用尚未形成，各环节数据孤立存在的局面没有改变，极少数环节还处于人工统计、制表流转的状态，制糖企业不仅在生产过程中的节能、降耗缺乏数字化手段，在设备运行、检修中也缺少数据依据。集中力量打造一批具有糖业属性的工业App，形成服务糖业的特色型工业互联网平台，实现制糖生产的“数字化、网络化、智能化”，对于提升制糖工艺、释放制糖生产潜能有着重要作用。

（四）数字驱动的现代流通体系利于食糖稳价保供

传统的产区销区界限模糊，食糖购销运输方式、流向变化加剧局部区域竞争，正在倒逼糖企营销模式转变，数字驱动的线上线下协同、期货现货联动、国际国内互动的现代流通体系将形成多元的定价模式和多层次的市场体系。仓储物流管理通过数字化、标准化实现在途在库的可视化，可以大大提升食糖储运过程中的效率，对于制糖企业、仓储物流企业及金融机构的仓单管理、质押也将提供更加高效便利的支撑。

（五）治理体系和治理能力现代化急需数字技术作为支撑

糖业带动能力较为显著，前后关联了涉及第一、第二、第三产业的40多个行业，糖业的治理场景复杂多样，政府施政要做到精准、服务要做到高效，急需将传统线下治理拓展至数字治理。行业治理需要通过多元化的数字化解决方案，系统全面地掌握行业发展动态，真正加快线上线下深度融合，不断拓展治理边界，提升治理能力现代化水平。

二、泛糖科技在糖业数字化探索中的实践

泛糖科技致力于食糖供应链服务和数字糖业的探索和研究，公司聚焦糖业产业链的关键环节和

流程，建设糖业的数字化基础设施、开放共享的赋能工具、糖业业务与数据的智慧中台，经过两年多的实践，在糖业农、工、贸、仓储物流等场景探索了30个数字化、网络化、智能化产品及服务，取得了良好成效。

（一）初步建立糖业的数字化基础实施

在农业侧，泛糖科技建设了糖料蔗订单农业云平台，实现糖料蔗订单合同管理、地块信息管理、运蔗车辆管理、政府补贴核验等农业数据的整合，平台利用北斗、人工智能等信息技术及无纸化、电子签章、电子地图等互联网化手段，实现订单合同签订、备案、核查等全流程线上化、可视化。平台汇聚了76个糖厂、57万农户、1150万亩蔗田的精准数据，基于该平台，未来可实现甘蔗种、砍、运、收及蔗款结算等一体化管理和服务。在流通侧，泛糖科技建设了泛糖产品交易服务平台，提供泛糖产品的多模式线上交易服务，打造泛糖产品的交易市场集散功能，为上下游企业提供白糖、赤砂糖、副产品等购销服务，2020年平台各类产品线上销售超过200万吨，为制糖企业、全国27个省1000多个客户提供了高效便利的泛糖产品购销服务。

（二）初步建成一批适用糖业的数字化赋能工具

泛糖科技深挖行业需求，将人工智能、大数据、物联网等先进数字技术与具体的业务场景进行创新探索，累计为制糖企业降本增收超过1.5亿元。物资采购平台将食糖生产所需的原材料、零配件等实现线上规模化阳光采购，降低原材料成本；设备资产管理平台和生产管理平台，通过物联网设备和互联网手段，集中监控生产运营的全过程，固化标准，提高了设备运行和安全生产监管。基于物联网技术的销售储运一体化平台，开启数字化仓单的探索，厂区仓库通过数字化改造已实现货物位移的实时监测。甘蔗人工智能（AI）质检首次将人工智能技术商用于糖料蔗入厂管理，品种识别准确率超过92%，原料入厂多了“火眼金睛”。基于北斗技术的车辆管理系统上线试运营，年内推广至全自治区所有运蔗车辆。经营决策分析辅助系统已建成并陆续接入数字化应用沉淀的数据，成为制糖企业“中枢”信息集成系统。

（三）初步探索了数字糖业的业务与数据中台

泛糖科技积极探索“建设+服务+运营+维护”的一体化数字化服务模式，推动糖业产业链和供应链企业“上云、用数、赋智”，使各制糖企业在不投入或少投入的情况下获得数字化应用服务。网络货运平台以全流程的线上服务体系提高食糖现货储运效率，为制糖企业货物出厂流通提供高效、优质的物流服务，平台承接业务累计已超过60万吨，吨糖成本降低近7元。供应链金融服务平台利用互联网、区块链等新技术，完善企业的信用评价，为制糖企业设备采购、物资采购、糖产品销售供应链金融服务提供监管依据，2020年为行业提供金融服务超过9000万元。大数据服务平台整合糖业农工贸大数据，打造了价格指数、供应指数、销售指数、库存指数等，成为行业的标杆，泛糖科技食糖现货价格指数已经成为广西糖料蔗价格保险的指定价格依据。

三、我国糖业数字化转型升级展望

2021年是“十四五”开局之年，乡村振兴规划建设火热开展，工业互联网创新发展三年行动计划深入实施，数字商务生态加速形成，糖业在双循环发展格局中迎来新的机遇和挑战，糖业数字化已经走到了转型升级的十字路口，面临的不再是“不愿转”“不敢转”“不会转”的困扰，而是新形势下“如何转”的问题。泛糖科技探索实施糖业经营主体在不投入或少投入的情况下享受到数字化应用的便利，为糖业高质量发展注入了新的活力。

（一）探索糖业数字化发展总体规划和实施路径

“十四五”期间，糖业应将数字化发展作为重要内容加强研究和探索，通过课题研究、专题项目组或委托专业机构等方式，对糖业数字化发展进行全面思考，提出系统性解决方案，制定升级发展分阶段目标和措施，也为政府施政决策和企业转型提供参考。政府主管部门和行业协会应定期组织信息化、数字化专题研讨，邀请国内外专家、科研机构共同为糖业数字化发展献计献策。

（二）深入探索糖业数字化发展综合解决方案

行业要着眼于产业链稳定，探索种、产、销融合的数字化基础设施解决方案，连接断点，打通堵点，实现一二三产业业务与数据的联通。要着眼于供应链效率提升，探索流通、仓储、物流、金融等赋能解决方案，提质增效，升级转型，推动农工贸一体化协同和网络化、数字化、智能化发展。

（三）针对影响糖业发展的关键环节，加快推进新型数字化基础设施建设

行业要探索数字农业，实现农业资源的高效整合利用，保持种植面积稳定，降低农户种植成本。要努力建立一套线上线下、期货现货、国内国际协同的数字流通体系，提高全国糖业流通整体效率。要对全国仓储、物流进行系统性规划，建立食糖在途在库管理标准体系，依托物联网等技术提升供应链服务能力。

（四）加快糖业赋能解决方案的创新探索和推广应用

行业要加大具体业务场景的数字化解决方案探索，推动生产经营管理模式转型，提升行业议价

能力。研究各业务场景嵌入金融科技，创新产业供应链金融服务新模式。探索建设糖业大数据中心，为产业上下游提供数据存储、处理、安防、应用等一揽子服务，以数据反哺行业。

（五）研究糖业工业互联网安全保障体系

行业要努力探索糖业全产业链安全标准和数据安全管理体系，开展安全技术产品及解决方案的试点示范和集成应用，探索产学研用协同推进技术研发和成果转化，提升产业安全支撑能力。